W0318096

DAS GROSSE BASTEL-ABC

tandem.VERLAG
print line

Inhaltsverzeichnis

KLEINE GESCHENKE

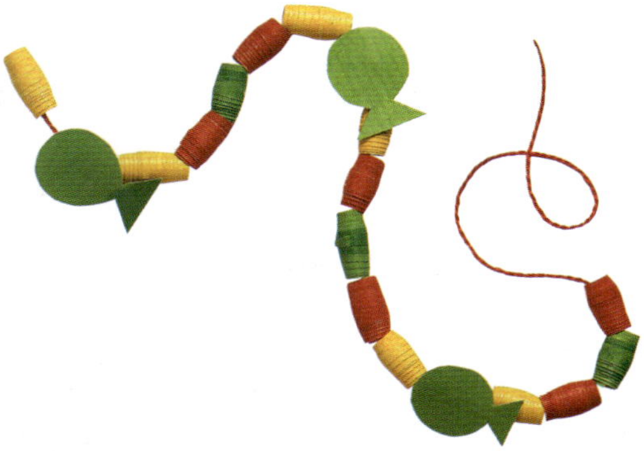

HÜBSCHES FÜRS HAUS

Hübsches fürs Haus

SPIELE UND SPIELSACHEN

Alleine spielen

Mit Anderen spielen

FESTE FEIERN

Mutter- und Vatertag

Fasching

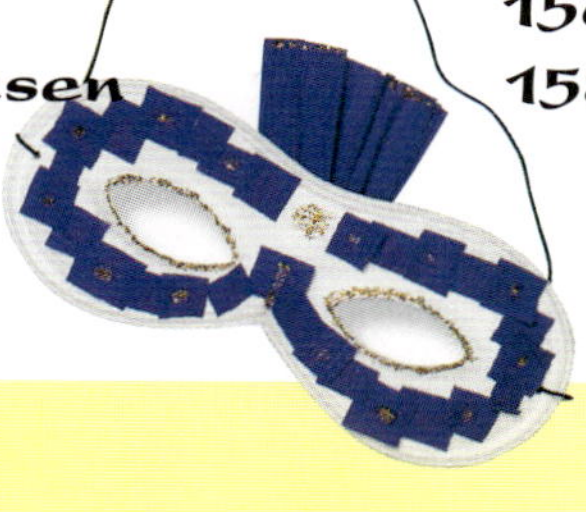

Ostern

Halloween

Weihnachten

IM LAUFE DER JAHRESZEITEN

Frühling

Sommer

Herbst

Winter

Einleitung

In diesem Buch findest du 350 Bastelideen für Kinder von sechs bis zehn Jahren. Du kannst sie zu Hause, in der Schule oder in der Kindergruppe leicht nachbasteln.

Das Buch ist in fünf Kapitel unterteilt, die du an ihrer jeweils eigenen Farbe auf den ersten Blick unterscheiden kannst: Kleine Geschenke, Hübsches fürs Haus, Spiele und Spielzeug, Feste feiern, Im Laufe der Jahreszeiten.

Bei den vorgestellten Modellen kannst du viele verschiedene Materialien verwenden, die nicht teuer oder sogar kostenlos zu haben sind: Pappe, Papier, Bastelfilz, Wäscheklammern, Moosgummi usw. Die benötigten Utensilien sind immer gesondert in einem der Farbe des Kapitels entsprechenden Kasten aufgeführt. So kannst du nichts übersehen.

Anhaltspunkte

Zu jedem Bastelvorschlag werden Schwierigkeitsgrad, Dauer und Kosten durch Symbole dargestellt. Schwierigkeitsgrade und Dauer können natürlich nur ungefähr angegeben werden, da sie von deinem Alter und deiner Übung abhängen. Manchmal wird ein Cutter oder ein Zirkel benötigt; dann solltest du einen Erwachsenen um Hilfe bitten.

Die beste Voraussetzung dafür, dass du sowohl Spaß am Werkeln als auch am Ergebnis hast, ist ausreichend Platz. Es ist ratsam, die Arbeitsfläche mit Zeitungspapier oder Wachstuch abzudecken und beim Malen alte Kleidung oder eine Schürze zu tragen.

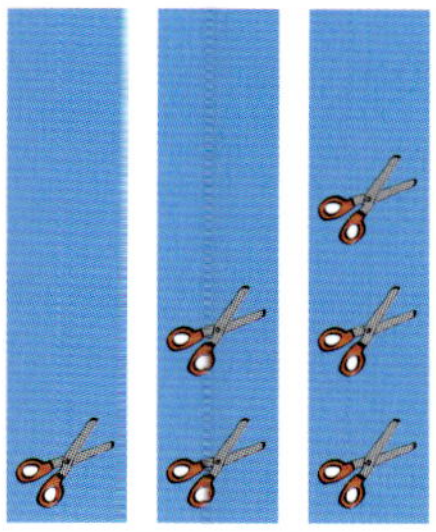

GANZ LEICHT

LEICHT

SCHWIERIGER

WENIGER ALS 1/2

STUNDE 1/2 BIS 1

STUNDE ÜBER 1 STUNDE

GANZ BILLIG

BILLIG

ETWAS TEURER

Recyclingmaterial

Oft kannst du zum Basteln Recyclingmaterial verwenden. Denke daran, Pappe, Verpackungsmaterial, Obstkistchen oder Papprollen von Küchenkrepp aufzuheben: So kannst du Bastelarbeiten herstellen, die fast nichts kosten.

Weiteres Material

Das in diesem Buch vorgeschlagene Bastelmaterial ist leicht zu beschaffen. Du findest es ohne Probleme in Bastelläden, Schreibwarenhandlungen oder Kaufhäusern.

Farbe

Deckfarbe auf Wasserbasis, die leicht auswaschbar ist, eignet sich besonders gut für Kinder. Allerdings sind auf Holz, Ton oder glatten Unterlagen Acrylfarben oder Bastelfarben für jeden Untergrund leichter aufzutragen und sehen schöner aus.

Klebstoff

Die meisten Bastelarbeiten können mit einem herkömmlichen Klebstoff ohne Lösungsmittel ausgeführt werden. Für bestimmte Materialien (Muscheln, Holz usw.) solltest du dir entsprechenden Klebstoff besorgen.

Bilder aufhängen

Zum Aufhängen klebst du einen Bildaufhänger auf die Rückseite deiner Bilder. Willst du sie hinstellen, fertige einen Pappstreifen in der Höhe des Bildes an, knicke ihn 2 cm um und klebe ihn hinten auf.

So wird ein Ei ausgeblasen

1 Stelle ein Schälchen oder eine Schüssel auf den Tisch. Dann stichst du ganz vorsichtig mit einer Steck- oder Nähnadel ein kleines Loch oben und unten in das Ei, das du ausblasen willst.

2 Stecke eine sehr feine Stricknadel in die Löcher und rühre dabei das Innere des Eis um.
Doch sei sehr vorsichtig, denn die Eierschale zerbricht leicht !

3 Ziehe die Nadel langsam heraus und blase kräftig durch eines der Löcher, damit Eigelb und Eiweiß herauskommen. Du kannst diese zum Kochen oder Backen verwenden.

So wird eine Vorlage übertragen

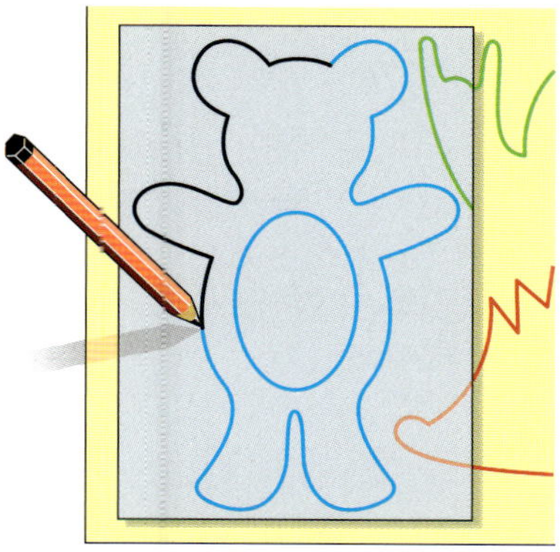

1 Lege ein Blatt Butterbrotpapier auf die Vorlage, die du nachbasteln willst. Klebe es, wenn nötig, mit wieder ablösbarem Klebeband fest und zeichne dann den durchscheinenden Umriss mit Bleistift oder dünnem Filzstift nach.

2 Schneide die Schablone, die du abgepaust hast, aus. Sei vor allem bei den Details sehr vorsichtig! Verwende zum Ausschneiden eine Schere oder bitte einen Erwachsenen dir mit dem Cutter zu helfen.

3 Lege die Papierschablone auf die gewählte Unterlage (Pappe, Bastelfilz, farbiges Papier usw.). Zeichne den Umriss mit Bleistift oder feinem Filzstift nach und schneide die Figur mit Schere oder Cutter aus.

Halbe Vorlage

Manche Modelle haben nur halbe Vorlagen: Dabei wird die Mitte der Vorlage (der Bruch) gestrichelt dargestellt.

1 Falte ein Blatt Pauspapier in der Mitte. Lege es so auf die Vorlage, dass der Knick auf der gestrichelten Linie liegt. Zeichne den durchscheinenden Umriss mit Bleistift oder einem dünnen Filzstift nach.

2 Schneide die zwei Lagen Pauspapier gleichzeitig aus und falte sie auseinander. Zeichne den Umriss auf der gewählten Unterlage nach.

Die Vorlagen sind meist in Originalgröße abgebildet. Du findest sie am Ende des Buches auf den Seiten 236 bis 255.

In der Materialliste steht, welche Vorlage du für deine Bastelarbeit brauchst.

Willst du die Modelle in einer anderen Größe basteln, verändere die Vorlage mit dem Fotokopierer.

Basteln mit Salzteig

Zutaten

Die Arbeitsfläche sollte sauber und trocken sein. Sie kann eventuell mit Butterbrotpapier oder Backpapier abgedeckt werden. Für den Salzteig brauchst du:

- 2 Gläser Mehl,
- 1 Glas feines Salz,
- 1 Glas Wasser.

Der Teig

Schütte Mehl und Salz in eine Schüssel. Rühre nach und nach das Wasser hinzu, bis ein fester, aber geschmeidiger Teig entsteht.

Die Formen

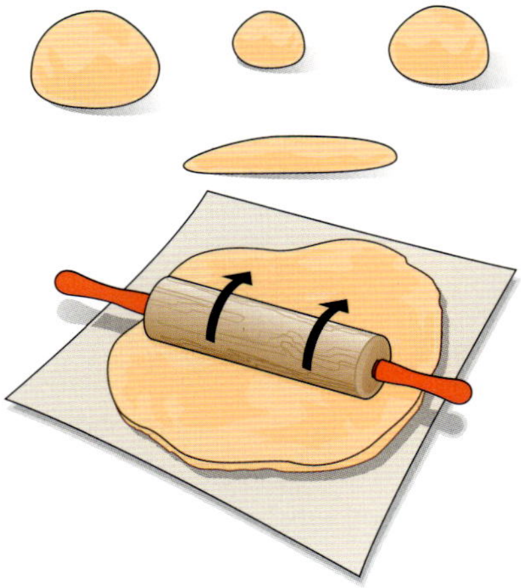

Kugel: Rolle den Teig gut zwischen den Händen. **Boden:** Rolle die Kugel mit der Teigrolle flach aus. **Wurst:** Rolle den Teig mit den Händen auf dem Tisch.

Formen kleben und verzieren

Das Wasser dient als Klebstoff. Trage es mit dem Pinsel auf alle Teile auf, die zusammengefügt werden sollen. Mit der Gabel kannst du Muster einstechen und mit dem Messer einzelne Elemente ausschneiden.

Den Teig backen

Backe das Modell auf einem mit Backpapier belegtem Backblech bei schwacher Hitze (je nach Größe) 30 Min. bis 2 Std.

Anmalen

Trage Deckfarbe auf den Hintergrund mit Borstenpinseln, auf die Details mit Haarpinseln auf.

Basteln mit Pappmaschee

Material

Reiße Zeitungspapier in Streifen oder Schnipsel. Verwende keine Journale oder Zeitschriften !

Einkleistern

Rühre den Tapetenkleister nach Packungsangabe an oder mische 2 Teile Holzleim mit 1 Teil Wasser.

Vaseline

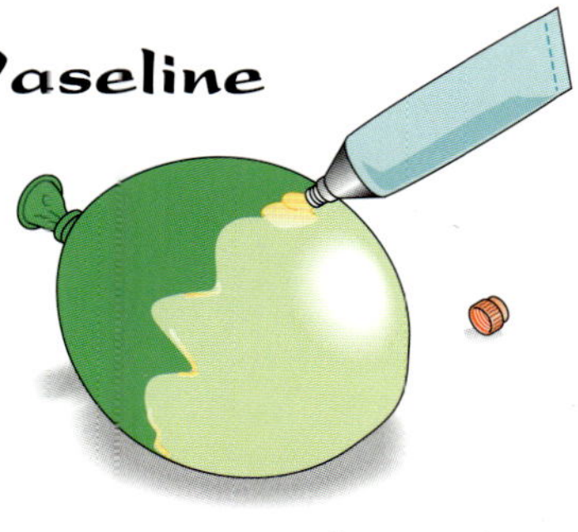

Das Pappmaschee lässt sich leicht wieder ablösen, wenn du die Luftballons oder Schälchen, die als Form dienen, vorher mit Vaseline bestreichst.

Eine Form überziehen

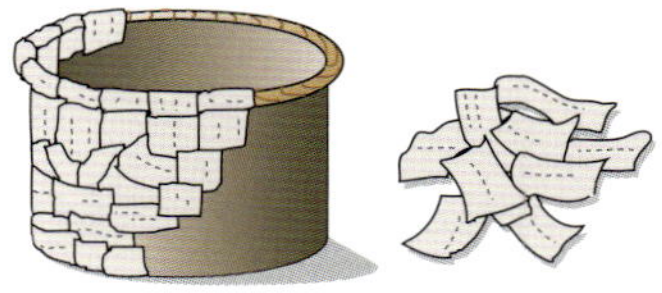

Tauche die Zeitungspapierstreifen oder -schnipsel in den Kleister. Klebe sie auf die gewählte Unterlage und achte darauf, dass sie sich überlappen. Trage 3 Schichten auf und lasse sie trocknen.

Erste Farbschicht

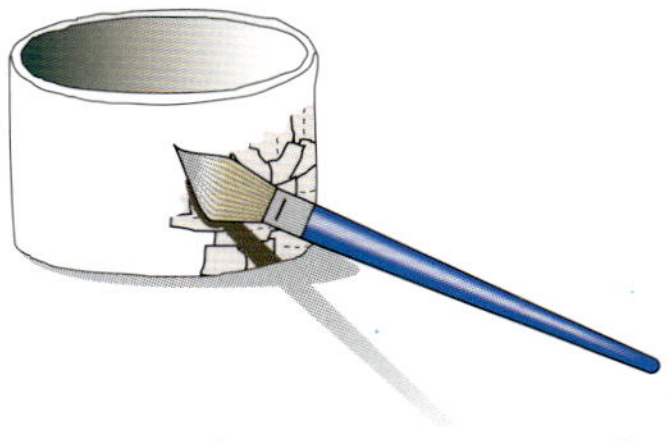

Wenn das Pappmaschee trocken ist, trage weiße Farbe auf.

Schmirgeln

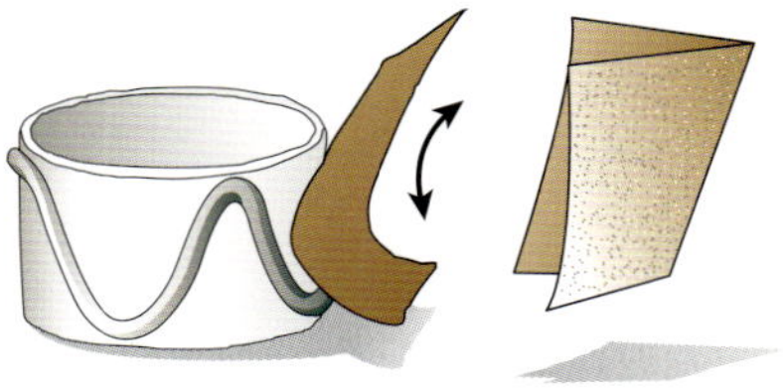

Schmirgle das Modell ganz leicht ab, um kleine Unregelmäßigkeiten zu beseitigen. Das kannst du auch vor dem Auftragen der ersten Farbschicht machen.

Bemalen

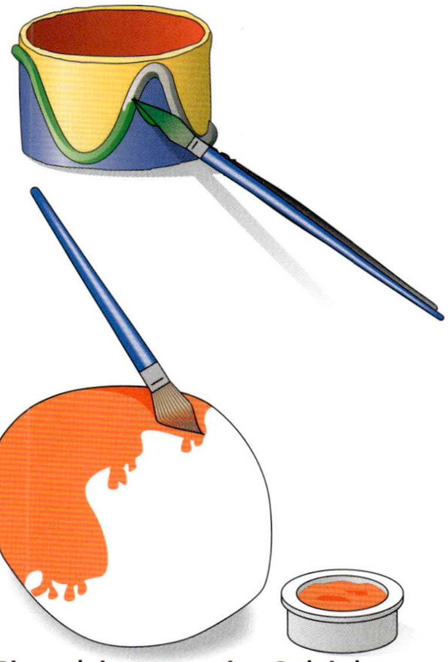

Ein bis zwei Schichten Deckfarbe sind nötig. Male Details mit einem feinen Pinsel und lasse die Farbe gut trocknen. Wenn es ganz perfekt werden soll, kannst du das Modell auch noch lackieren.

Hat einer deiner Freunde Geburtstag oder möchtest du jemandem eine kleine Überraschung bereiten? Hier findest du Geschenkideen für jeden Geschmack, die nicht viel kosten.
Mit Recyclingmaterial oder anderem einfachen Material kannst du fantasievolle, fröhliche und farbenprächtige Geschenke herstellen: lustige Magnete, verzierte Eierbecher, Armbänder aus Makramee, Filzmäppchen, Duftsäckchen …

Auch Karten und Geschenkanhänger kannst du basteln. Außerdem zeigen wir dir, wie du deine Geschenke selber hübsch und originell verpackst.

Kleine Geschenke

Karten-Dampfer

Material
weißer Tonkarton,
Farbe, Schere,
feiner und mitteldicker Pinsel,
Bleistift,
Pauspapier,
Vorlage S. 236

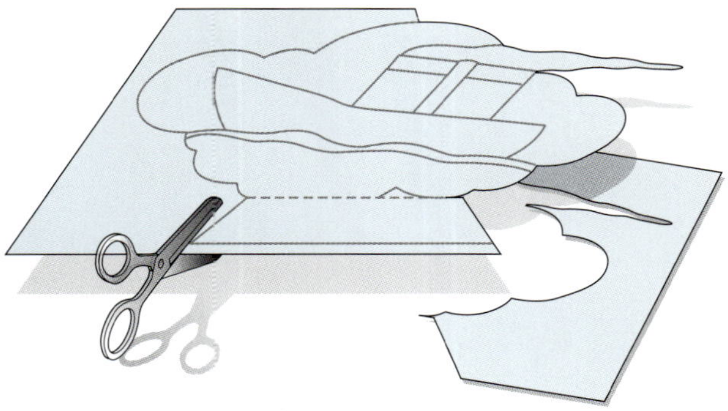

1 Übertrage die Vorlage des Schiffes von S. 236 auf Pauspapier. Schneide den Dampfer mit dem Ständer zusammen aus. Achtung: Nicht an der gestrichelten Linie schneiden!

2 Male mit dem mitteldicken Pinsel den Himmel blau und die Welle dunkelgrün. Richte dich dabei nach den Bleistiftstrichen.

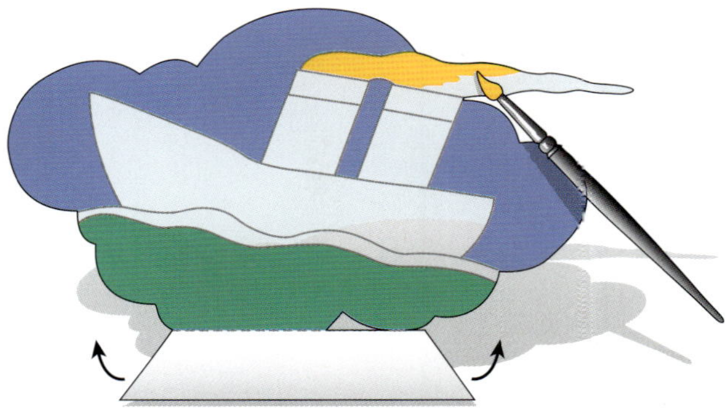

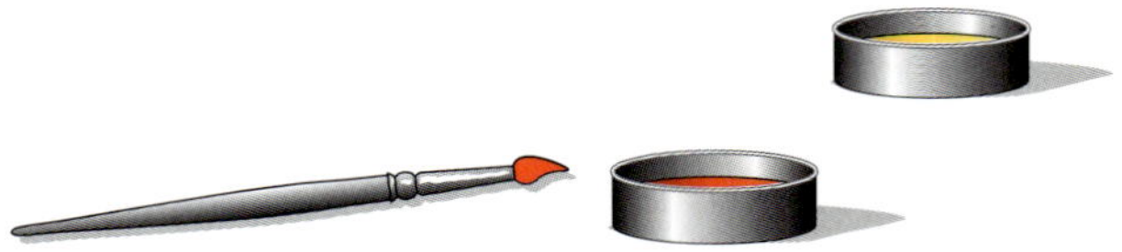

3 Male dann mit dem feinen Pinsel den oberen Teil des Schiffes dunkelgrün, die Schornsteine rot, das Schiff unten und die Schornsteine oben schwarz, den Dampf gelb. Trocknen lassen und die Rückseite beschriften.

Geschenkanhänger

Material

farbiges Tonpapier,
Lineal,
Schere,
Bleistift,
Locher,
bunter Glitzerkleber,
Packpapier
und bunter Bast

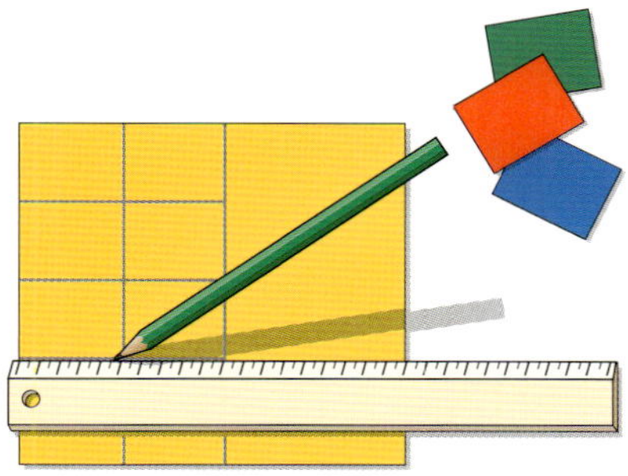

1 Zeichne auf das farbige Papier 4 x 5 cm große Rechtecke und schneide sie aus.

2 Stanze mit dem Locher in 1 cm Entfernung vom Rand auf der schmalen Seite ein Loch.

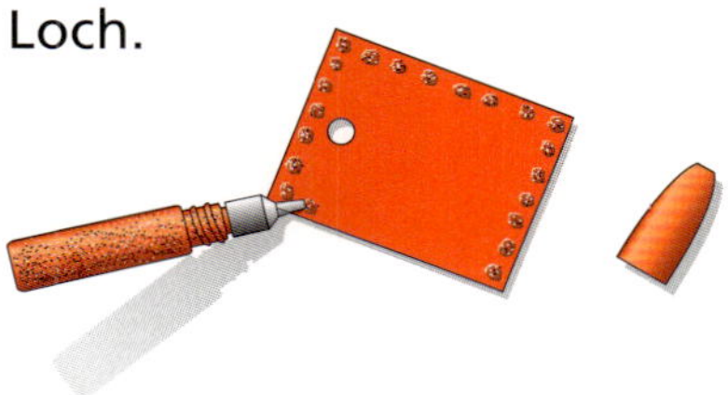

3 Zeichne mit dem Glitzerkleber geometrische Muster auf den Rand der Geschenkanhänger. Trocknen lassen.

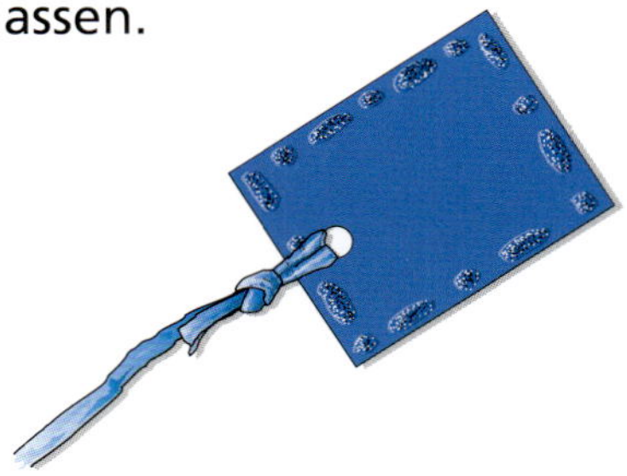

4 Packe ein Geschenk mit Packpapier und Bast ein. Schreibe den Namen des zu Beschenkenden auf den Anhänger, fädle den Bast durch das Loch und knote ihn fest.

Früchtedruck

Material

1 Karton, 1 Apfel, ein paar Apfelkerne und -stiele, Messer, Farbe, feiner und mitteldicker Pinsel, Klebstoff, breites Geschenkband

1 Schneide einen Apfel in zwei Hälften und lege Kerne und Stiel beiseite. Trage mit dem Pinsel grüne Farbe auf den Schnittflächen auf, die als Stempel dienen. Zuerst drucke probehalber auf ein Blatt Papier und nimm, wenn nötig, mehr Farbe. Presse den Apfel zum Drucken fest auf den Karton.

2 Gib bei jedem neuen Druck so viel neue Farbe auf den Apfel wie nötig. Bedrucke alle Seiten des Kartons.

Wenn du mit anderem Obst oder Gemüse drucken möchtest, achte darauf, dass es schön fest ist. Ansonsten funktioniert's genauso wie mit dem Apfel.

3 Ist die Farbe getrocknet, bessere die weniger gut gelungenen Umrisse mit dem feinen Pinsel aus. Lasse alles gut trocknen.

4 Lege die aufgehobenen Apfelkerne und ein paar Stiele bereit.

5 Klebe die Kerne paarweise auf alle Apfeldrucke und drücke sie fest an. Klebe auch ein paar Apfelstiele auf. Lasse sie trocknen.

6 Lege ein Geschenk in die Früchtedruck-Schachtel und binde ein Geschenkband in der passenden Länge um sie herum zur Schleife.

Geschenk-Bonbons

Material

Seidenpapier,
Krepppapier in verschiedenen Farben,
Geschenkpapier,
unterschiedlich breite Bänder,
Klebeband,
Schere

Diese Geschenk-Bonbons sind sehr leicht herzustellen. Du kannst dafür auch hübsches Geschenkpapier nehmen.

1 Lege das Geschenk auf das Papier deiner Wahl (Krepp- oder Seidenpapier), das je nach Dicke des Geschenks auf beiden Seiten etwa 10 oder 15 cm überstehen sollte. Rolle es ein.

2 Verschließe die Rolle mit etwas Klebeband. Lege dann die Geschenkrolle auf andersfarbiges Papier, das schmaler ist, sodass die erste Verpackung herausschaut. Rolle sie ein und klebe sie wieder zu.
Besonders hübsch sieht es aus, wenn du leuchtende, stark unterschiedliche Farben nimmst.

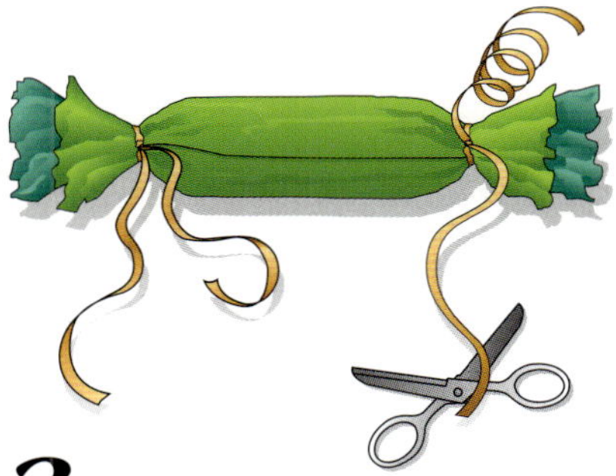

3 Binde jede Seite der Rolle mit einem Stück Geschenkband zu und kräusle es mit der Schere.

4 Schneide, wenn nötig, die Enden des Bonbon-Geschenks und des Bandes zurecht.

5 Noch lustiger wird es, wenn du die Enden mit Zacken versiehst.
Du kannst auch nur eine Seite des Geschenks als Bonbon gestalten und ein sehr breites Band um das Geschenk wickeln.

Auf in die Ferien!

Material

Salzteig: 2 Teile Mehl, 1 Teil Salz, 1 Teil Wasser. Backpapier, Teigrolle, Gabel, abgerundetes Messer, Farbe, verschiedene Pinsel, farbloser Lack, Backofen

1 Bereite den Teig nach dem Rezept von Seite 8 zu.

Lege Backpapier auf die Arbeitsfläche. Forme eine große Teigkugel und rolle sie mit der Teigrolle flach. Das gibt den Hintergrund des Bildes: ein Quadrat mit mindestens 20 cm Seitenlänge. Schneide die Ränder mit dem Messer schön gerade.

2 Forme eine lange Wurst aus Salzteig und lege sie als Rahmen um den Hintergrund. Klebe die Teile zusammen, indem du mit dem Pinsel etwas Wasser aufträgst.

3 Gestalte mit der Gabel den unteren Teil des Bildes. Modelliere drei Palmen, die du mit etwas Wasser zusammen- und dann auf den Untergrund klebst.

4 Forme etwa 20 dünne kurze Teigwürste. Daraus bildest du die Grasbüschel. Klebe sie mit etwas Wasser gut zusammen und dann auf das Bild.

5 Forme zwei Kugeln. Drücke sie flach und schneide aus jeder ein Auto aus. Dazu kommen je 2 Kugeln als Reifen, 2 kleine Kugeln als Scheinwerfer. Schneide die Fenster aus.

6 Achte darauf, dass die Teile des Bildes gut haften und backe es nach den Angaben von Seite 8.

7 Bemale Hintergrund, Palmen, Gras, Autos und Rahmen. Lasse dein Bild trocknen und lackiere es ein- oder zweimal.

Leuchtturm-Notiz

Material

Lineal, Bleistift,
Schere, Klebstoff,
Haftnotizblock, Pauspapier,
weißer Tonkarton,
farbiges Papier, Bildaufhänger,
Vorlage S. 237

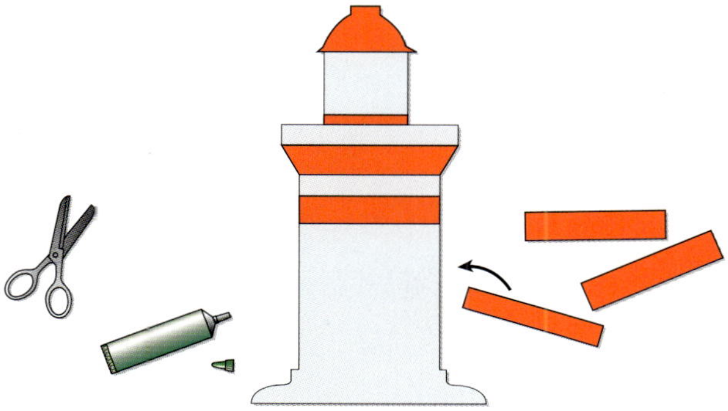

1 Übertrage den Leuchtturm auf weißen Tonkarton, die Streifen auf farbiges Papier. Klebe die Streifen auf.

2 Übertrage Fenster und Tür auf graues Papier, die Fensterscheiben auf weißes Papier. Schneide alles aus und klebe es auf den Leuchtturm.

3 Schneide aus grünem Papier einen wellenartigen Streifen und klebe ihn als Meer unten auf den Turm.

4 Übertrage die Laternen auf orangefarbenes Papier. Schneide sie aus und klebe sie auf den Leuchtturm.

5 Klebe den Block auf die Tür. Bringe auf der Rückseite des Leuchtturms einen Bildaufhänger an, damit der Notizen-Turm an die Wand gehängt werden kann.

Statt des Notizblocks kannst du auch einen Kalender am Leuchtturm befestigen.

Schlüsselanhänger

Material

Moosgummi
in verschiedenen
Farben,
Kugelschreiber,
Schere,
Klebstoff

1 Zeichne mit dem Kugelschreiber eine Grundform auf das Moosgummi und schneide sie mit der Schere aus. Hebe die Reste auf.

2 Zeichne mit dem Kugelschreiber verschiedene kleine Formen, mit denen du deinen Schlüsselanhänger verzieren willst, auf andersfarbiges Moosgummi. Schneide sie aus und klebe sie auf.

3 Drücke die Formen ganz fest zusammen und lasse alles gut trocknen.

4 Zeichne mit dem Kugelschreiber eine unregelmäßige Form auf eine Moosgummiplatte und schneide sie aus. Klebe sie hinter die erste Form.
Nach dem Vorbild der abgebildeten Modelle kannst du Schlüsselanhänger in allen möglichen Formen basteln.

5 Schneide einen etwa 1 x 9 cm großen Streifen aus Moosgummi aus. Das eine Ende klebst du auf die Rückseite des Schlüsselanhängers, das andere ziehst du durch den Schlüssel und klebst es dann ebenfalls auf.

Variante: Nach diesen Modellen kannst du auch Moosgummi-Magnete oder -Broschen basteln. Klebe einfach die entsprechende Unterlage auf die Rückseite.

Lustige Magnete

Material

Backofen-Modelliermasse (Typ Fimo)
in verschiedenen Farben,
abgerundetes Messer,
runde Magnete,
Backpapier,
Backofen

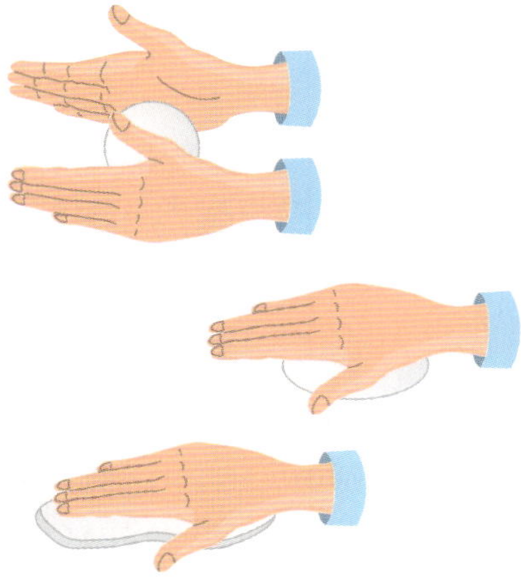

1 Suche dir ein Modell aus. Knete die Modelliermasse weich. Arbeite auf einer glatten Arbeitsfläche (Backpapier, Plastikbrett oder Glasplatte). Knete eine Kugel und drücke sie flach. Schneide die Grundform des gewählten Modells mit dem Messer aus: Zifferblatt des Weckers, Auto, Flugzeug, Krone …

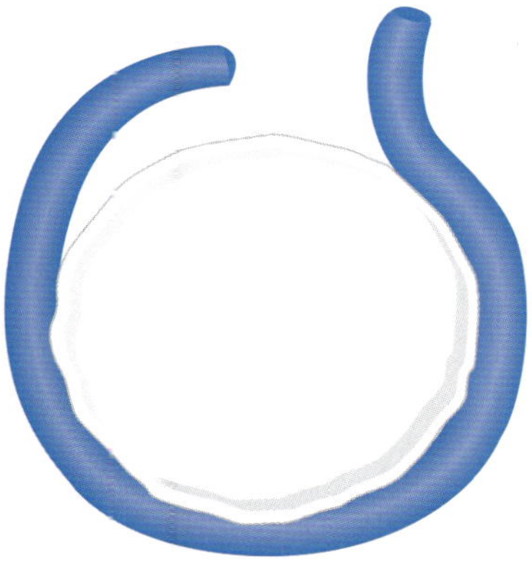

2 Forme die weiteren Teile in anderen Farben: hier eine blaue Wurst. Verbinde die einzelnen Teile durch Andrücken gut miteinander.

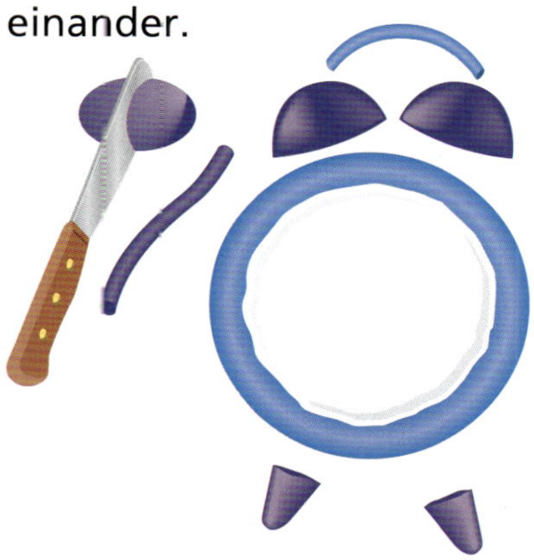

3 Forme Kugeln und kleine Würste und schneide sie mit dem Messer zurecht. Drücke mit dem Finger die einzelnen Teile an.

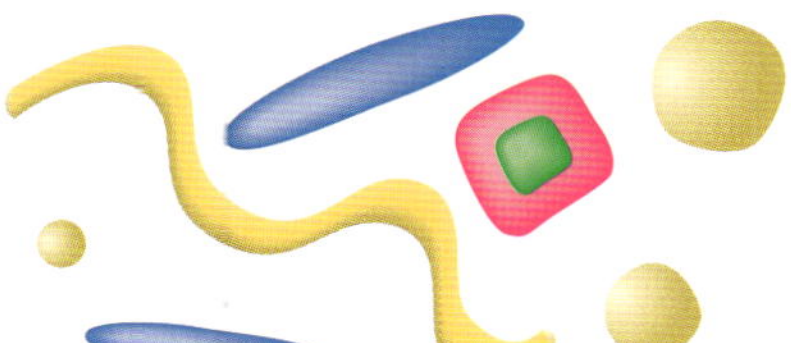

4 Füge die letzten Teile hinzu: Zeiger und Kügelchen für die Stunden auf dem Wecker, für das Auto Fenster und Scheinwerfer, für die Krone und den Kuchen Verzierungen. Gut andrücken!

Witzige kleine Geschenke!

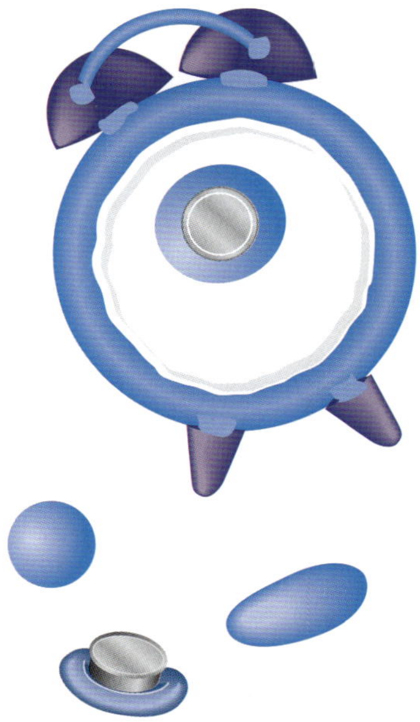

5 Rolle eine kleine Kugel aus Modelliermasse und drücke den Magneten hinein. Presse nun beides auf die Rückseite des gewählten Modelles.

6 Sollten Teile vor dem Backen abfallen, drücke sie wieder an.

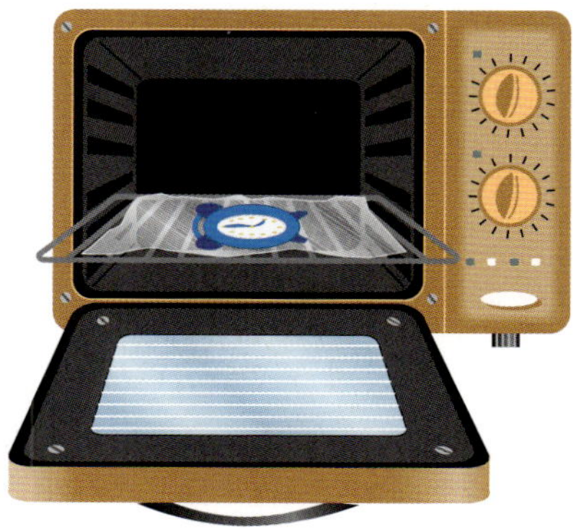

7 Heize den Backofen 10 Minuten vor. Lege das Modell auf den mit Backpapier bedeckten Backofenrost und backe es nach den Angaben des Herstellers.

Troddelmäppchen

Material

Bastelfilz in verschiedenen Farben, Schere, Kugelschreiber, Klebstoff, Buntstifte oder Bleistifte

Verkleidete Stifte

Besonders hübsch wird es, wenn du farblich auf die Stifte abgestimmten Filz verwendest.

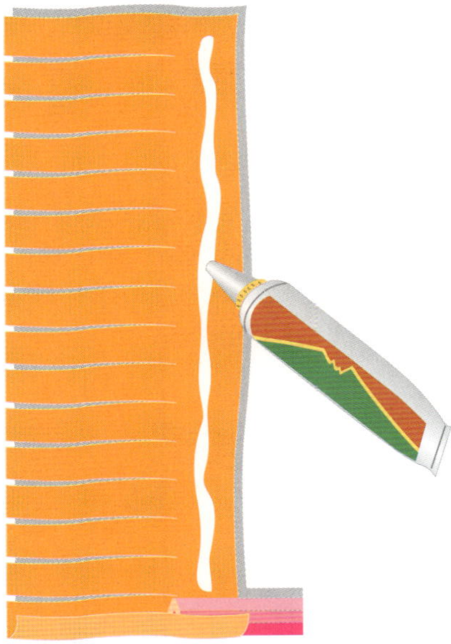

1 In einen 5,5 x 20 cm großen Filzstreifen schneidest du 3,5 cm tiefe Fransen. Bestreiche den Rand mit Klebstoff und wickle den Filzstreifen um das Ende eines Stiftes.

2 Aus einem andersfarbigen Filzstück schneide einen Streifen, der etwas länger als der Umfang des Stiftes ist. Versehe ihn mit Zacken und klebe ihn unten um die Troddel.

Troddelmäppchen

1 Schneide aus Filz ein Rechteck (25 x 33 cm) aus und falte es zweimal. Schneide die Lasche dreieckig.

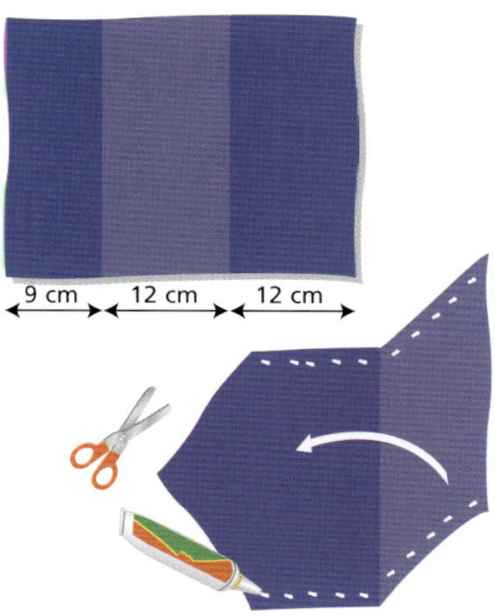

2 Klebe die Seiten zusammen und schneide Zacken ein. Verziere die Lasche mit Dreiecken und einer Troddel, die an einem Filzstreifen befestigt ist.

Bunte Eierbecher

Material

Eierbecher und
Eierlöffel aus Holz,
Schmirgelpapier,
Farbe,
feiner und
mitteldicker Pinsel

(Die Löffel dürfen nicht zum Essen verwendet werden !

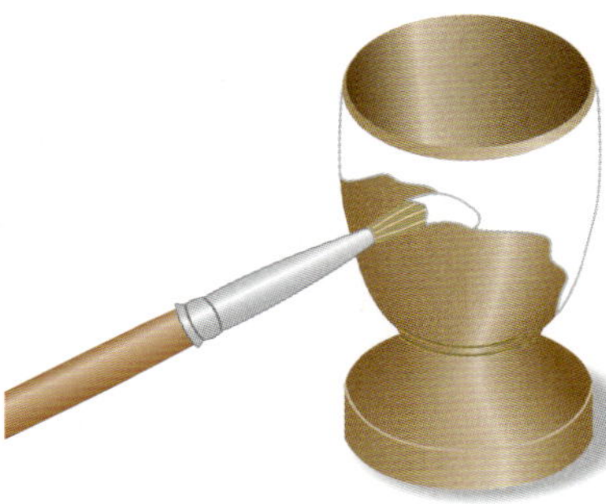

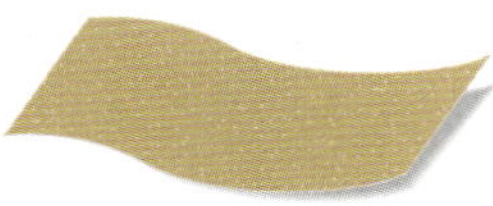

1 Schmirgle Eierbecher und Löffel gründlich mit dem Schmirgelpapier ab, damit die Oberfläche des Holzes glatter wird.

Trage mit dem dickeren Pinsel eine Schicht weißer Farbe auf Becher und Löffel auf. Lasse sie gut trocknen. Wenn nötig, trage eine zweite Farbschicht auf.

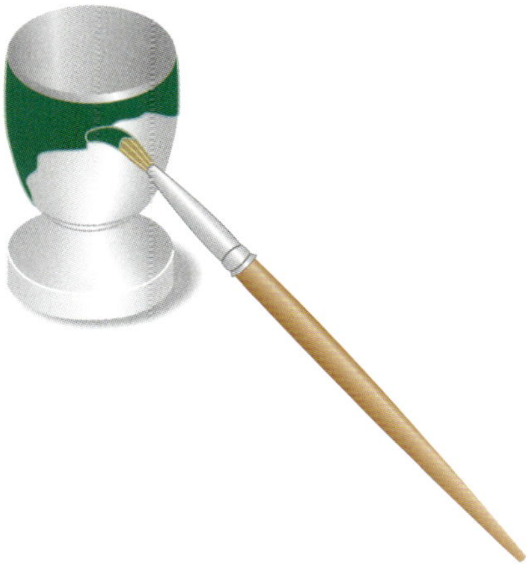

2 Bemale das Äußere des Eierbechers oder den Löffel in der von dir gewählten Farbe mit dem dickeren Pinsel. Am einfachsten geht es mit stark deckender Bastelfarbe für alle Untergründe. Meist reicht eine Schicht. Gut trocknen lassen und, wenn nötig, ganz leicht abschmirgeln, um Unregelmäßigkeiten zu beseitigen.

3 Male mit dem feinen Pinsel das Innere des Eierbechers in einer anderen Farbe aus. Lasse die Farbe gut trocknen.

4 Unebenheiten im Inneren des Eierbechers kannst du glatt schmirgeln.

5 Wähle eine Farbe, die sich von der Grundfarbe gut abhebt, und tupfe mit dem feinen Pinsel kleine Punkte auf Eierbecher oder Löffel.

Auch Streifen oder Sterne sehen hübsch aus! Lasse alles gut trocknen.

Hübsche Haarspangen

Material

Spangenrohlinge und Plastik-Haarspangen, Moosgummi in verschiedenen Farben, hübsche Knöpfe, kleine Metall-Nagelfeile, Klebstoff, Schere

Moosgummi-Spangen

1 Schneide eine Form aus Moosgummi aus: z.B. einen Fisch oder ein Rechteck.

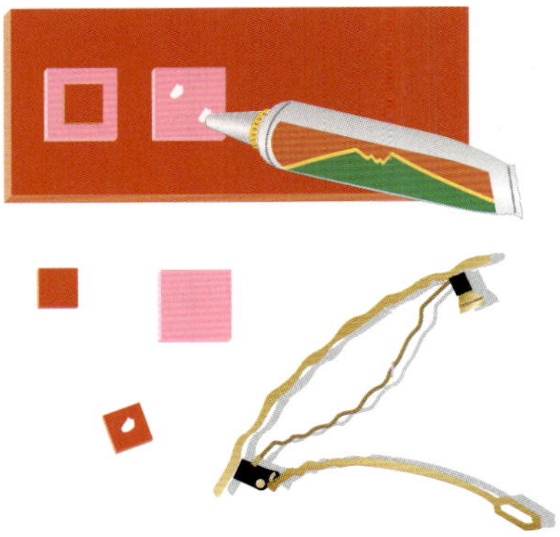

2 Klebe dem Fisch ein Auge auf. Schneide 4 kleine rosa und 4 noch kleinere rote Quadrate aus. Klebe sie übereinander auf das rote Rechteck. Lasse die Formen ein paar Minuten trocknen.

3 Klebe das fertige Motiv auf einen Spangen-Rohling. Drücke es ein paar Minuten an und lasse es gut trocknen.

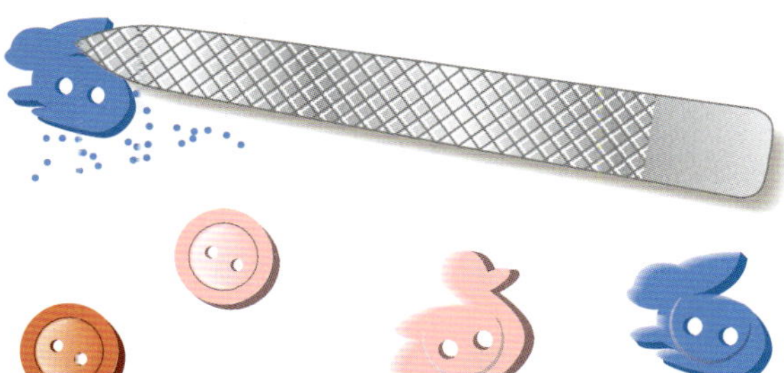

Knopf-Spangen

1 Suche dir hübsche, flache Knöpfe in verschiedenen Farben und Formen aus. Feile ihre Rückseite glatt, damit sie sich besser festkleben lassen.

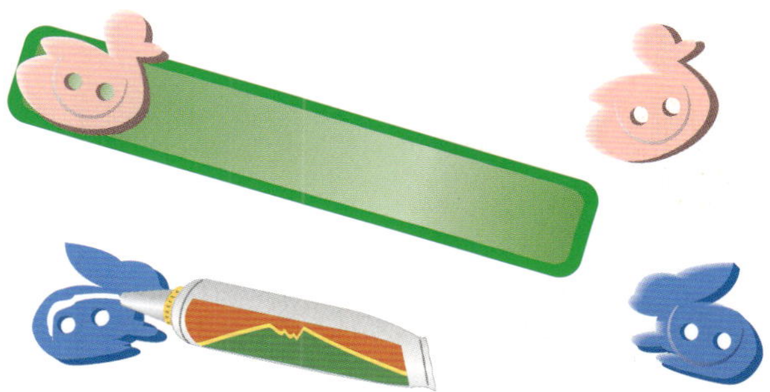

2 Klebe die Knöpfe nacheinander in regelmäßigem Abstand auf eine Plastik-Haarspange. Wechsle die Farben ab.

Tipp: Wenn du Knöpfe mit Öse nimmst, bitte einen Erwachsenen, diese mit einer Kneifzange zu entfernen. Feile dann die Rückseite glatt und klebe die Knöpfe auf eine Plastik-Haarspange. Lasse sie trocknen.

Bilder-Häuschen

Material
Balsa- oder Kistenholz,
Schwamm,
Farbe,
feiner und mitteldicker Pinsel,
Bleistift,
Klebstoff

1 Besorge dir Obstkisten oder Balsaholz-Reste. Säubere sie, wenn nötig, mit einem feuchten Schwamm. Suche 4 oder 5 kräftige Farben für die verschiedenen Hausteile aus. Bemale die breiten Holzstücke mit dem dicken und die schmalen mit dem dünnen Pinsel. Lasse sie gut trocknen. Wenn nötig, trage mehrere Schichten auf.

2 Bitte einen Erwachsenen, das Holz in unregelmäßige und unterschiedlich große Stücke zu brechen.

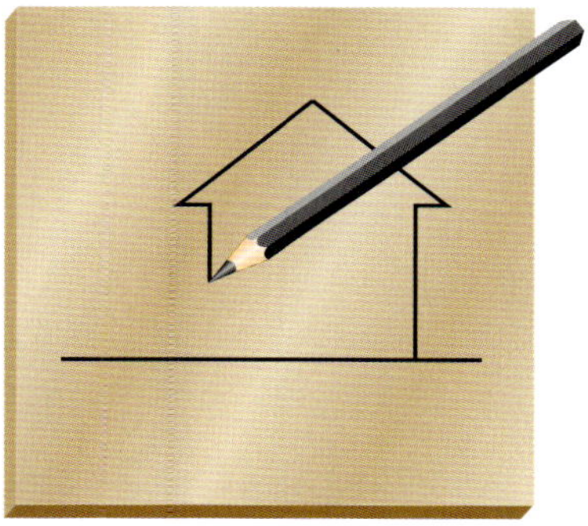

3 Dann bitte ihn, ein quadratisches Stück Holz mit etwa 20 cm Seitenlänge zuzuschneiden. Zeichne darauf mit dem Bleistift den Umriss deines Hauses und eine Linie für das Gras.

4 Sortiere die Holzstücke nach Farben und lege sie auf kleine Haufen. Dann geht das Zusammenfügen des Hauses schneller.

5 Klebe der Reihe nach die bemalten Holzstücke als Gras, Fassade, Tür, Fenster und Dach auf. Drücke die einzelnen Teile gut an und lasse alles trocknen.

6 Nun kommen die Details: Grashalme und Blumen rund ums Haus sowie Fensterkreuze.

7 Zum Schluss klebst du mehrere Holzstücke in derselben Farbe als Rahmen rings um das Quadrat. Das Häuschen muss gut durchtrocknen.

Katz und Maus

Material

Pappe, Bleistift,
Farbe und Holzstab,
feiner und breiter Pinsel,
Salz (oder sehr feiner Sand),
Palette oder Gläser,
wahlweise farbloser Lack

1 Zeichne mit dem Bleistift ein Bild auf ein Stück Pappe. Darum herum sollte Platz für einen Rahmen bleiben.

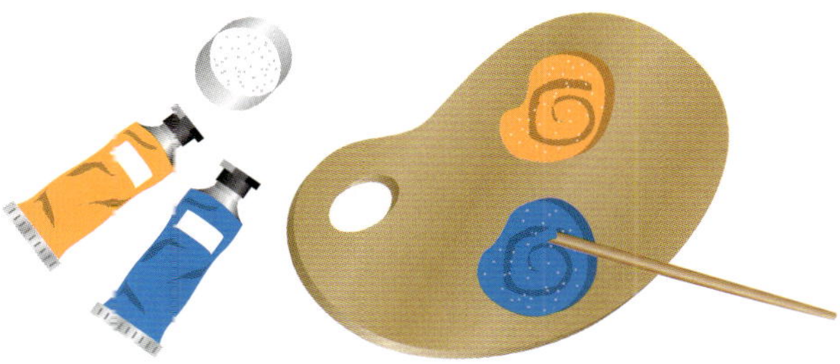

2 Rühre Farbe mit dem Holzstab an: Dazu wird Deckfarbe mit Salz gemischt, bis sich eine körnige Paste bildet.

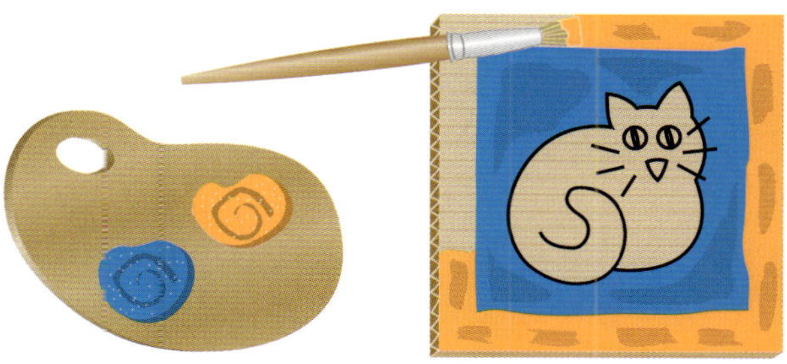

3 Bemale die Zeichnung mit kräftigen Farben. Verwende für den Hintergrund den breiten, für die Details den feinen Pinsel.

4 Da die Farb-Salz-Mischung recht dick ist, muss das Bild gut trocknen, bevor du an die Ausarbeitung gehen kannst.

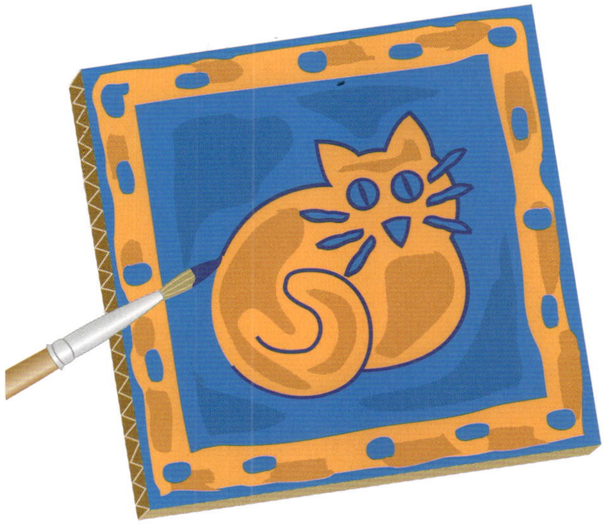

5 Damit es besonders schön aussieht, male die Konturen des Rahmens und des Motivs mit dem feinen Pinsel nach. Nach dem Trocknen kannst du das Bild lackieren.

Fang die Maus!

Tierische Rahmen

Material

Wellpappe,
Bleistift, Schere,
Klebstoff,
eventuell Zirkel und Cutter,
Farbe, Pinsel,
Pauspapier, Foto
Vorlagen S. 238

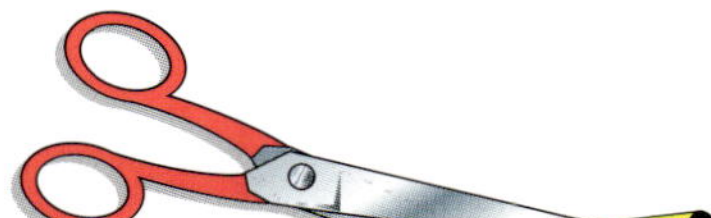

1 Suche ein Tier aus. Übertrage mit Bleistift und Pauspapier die Vorlage auf die Wellpappe. Schneide sie aus. Wenn die Pappe zu fest ist, bitte einen Erwachsenen, das Modell mit dem Cutter auszuschneiden.

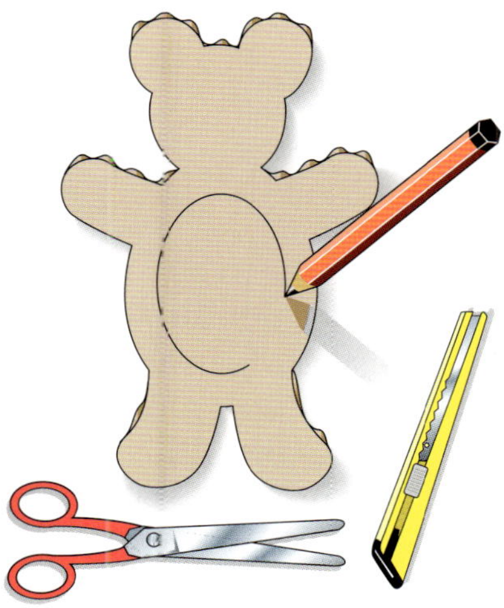

2 Zeichne mit dem Bleistift ein Oval oder einen Kreis für das Foto in die Mitte des Tieres. Schneide die Markierung mit Schere oder Cutter aus. Wenn du ohne Zirkel einen Kreis zeichnen willst, stelle ein umgedrehtes Glas oder eine Dose in der richtigen Größe auf die Pappe und zeichne mit dem Bleistift darum herum.

3 Male das Tier bunt an. Lasse es trocknen und trage, wenn nötig, eine zweite Farbschicht auf.

4 Schneide mit der Schere ein Foto zu, das etwas größer als die Öffnung im Rahmen ist.

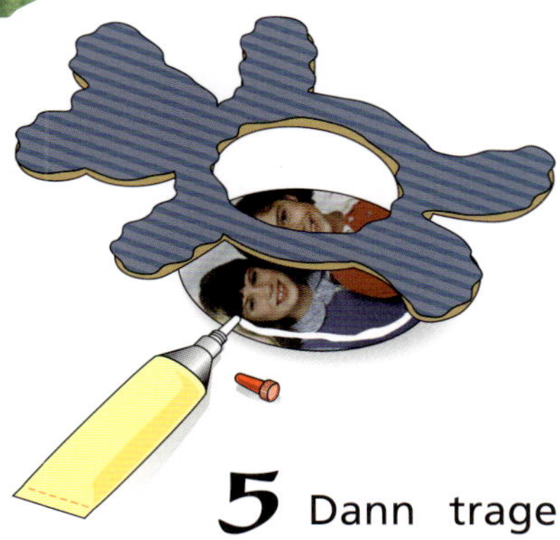

5 Dann trage Klebstoff auf: auf die Rückseite des Rahmens um die Öffnung herum, auf die Vorderseite des Fotos um den Rand. Klebe das Foto hinter den Rahmen, drücke es an und lasse es trocknen.

Papierschmuck

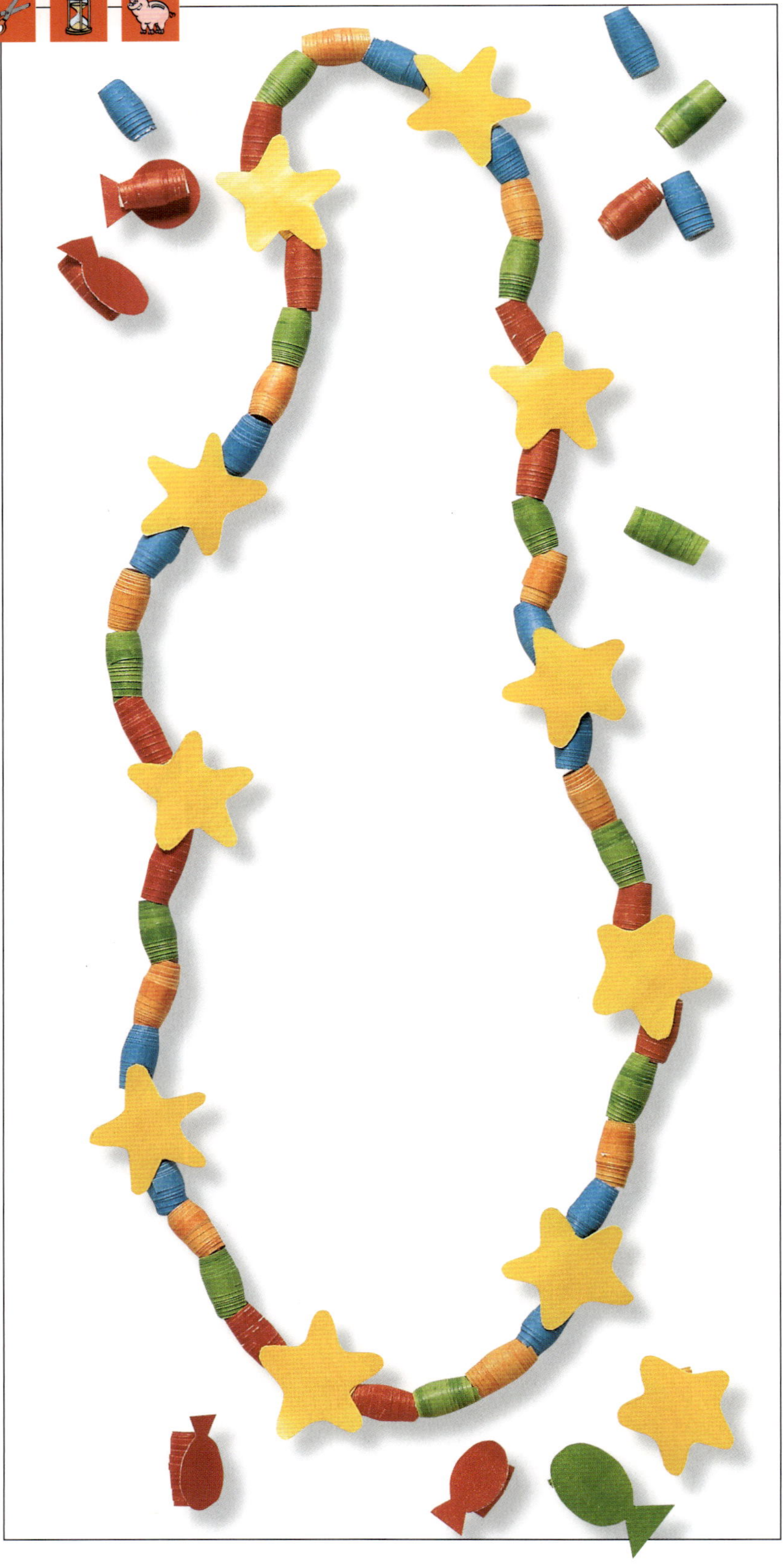

Material
farbiges Papier,
Bleistift,
Schere,
Lineal,
Klebstoff,
Wolle oder
Bindfaden
(für Armbänder
etwa 17 cm
und für Ketten
etwa 60 cm)

1 Schneide aus farbigem Papier Rechtecke mit einer Höhe von 15 cm aus.

2 Markiere nun an den Rändern folgende Abstände: oben abwechselnd 2 cm und 1 cm; unten lasse einen Rand von 0,5 cm und wechsle die Abstände zwischen 1 cm und 2 cm ab.

3 Verbinde die Markierungen von oben nach unten mit Bleistift und Lineal. Schneide die so entstandenen schrägen Papierstreifen aus.

4 Rolle die Streifen vom breiten Ende her um den Bleistift. Klebe das Ende fest, ziehe den Stift vorsichtig heraus – und schon ist eine Papierperle fertig.

5 Schneide einfache Motive (Sterne, Fische) aus und klebe sie auf einige Perlen. Fädle die Perlen auf ein Band und schließe es mit einem festen Knoten.

Spar-Fische

Material

Luftballons, Vaseline, Zeitungspapier, Pappe, Pappmaschee: siehe S. 9, verschiedene Pinsel, Farbe, Schere, Cutter, Malerkrepp, Korken, feines Schmirgelpapier, Faden zum Aufhängen

1 Blase einen Ballon auf. Verschließe ihn mit 3 Knoten und bestreiche ihn mit Vaseline. Zerreiße die Zeitung in etwa 2 x 10 cm große Streifen, die du einkleisterst.

Überziehe den Luftballon mit 3 Schichten Papierstreifen. Hänge ihn zum Trocknen auf, indem du einen Faden an den Knoten befestigst.

2 Zeichne die Flossen und den Schwanz auf Pappe und schneide sie aus. Klebe sie mit dem Malerkrepp an den Ballon. Überziehe sie dann mit 4 Schichten Pappmaschee.

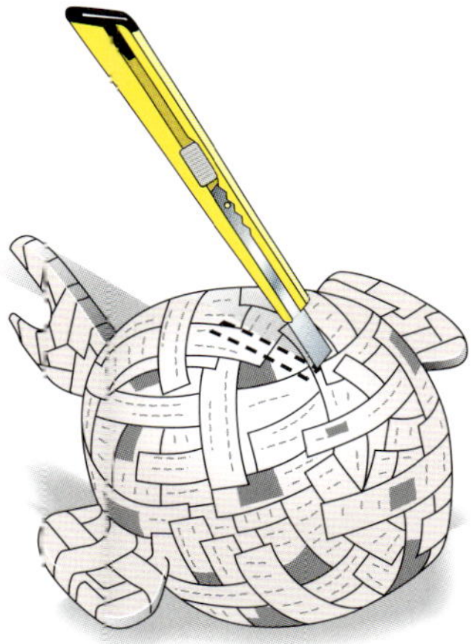

3 Wenn alles gut trocken ist, bitte einen Erwachsenen, mit dem Cutter auf den Rücken des Fisches einen Geldschlitz und am Bauch einen Kreis auszuschneiden, den du mit dem Korken verschließt. Schmirgle den Fisch glatt.

4 Bemale den Fisch mit weißer Farbe, um die Druckerschwärze zu überdecken. Trage 2 Schichten auf und lasse alles gut trocknen.

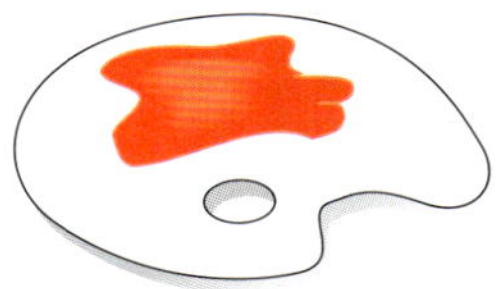

6 Male mit dem feinen Pinsel Flossen und Schwanz gelb und lasse sie trocknen.

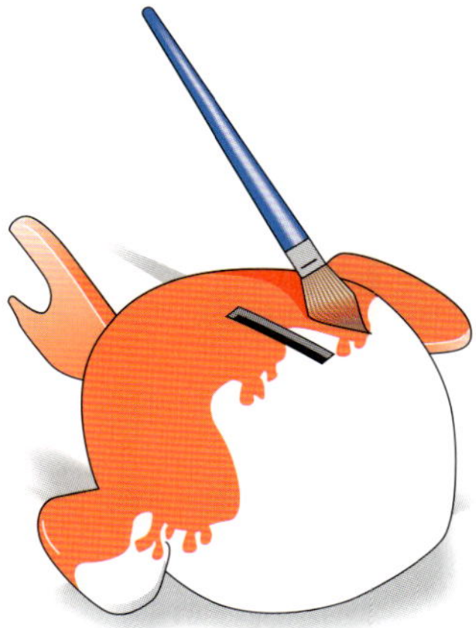

5 Mit dem breiten Pinsel bemale den Körper des Fisches in Rot oder Blau. Lasse die Farbe trocknen. Wenn nötig, kommt eine zweite Schicht darüber.

7 Füge mit dem feinen Pinsel gelbe Punkte und Sterne hinzu. Zum Schluss malst du den Korken gelb und lässt die Sparbüchse gut durchtrocknen.

Duftsäckchen

Material

bedruckter Stoff oder Tüll (20 x 20 cm),
ca. 20 cm Seiden- oder Geschenkband,
Lavendel, Gewürze, Muscheln usw.,
Watte und Duftessenzen,
Schere

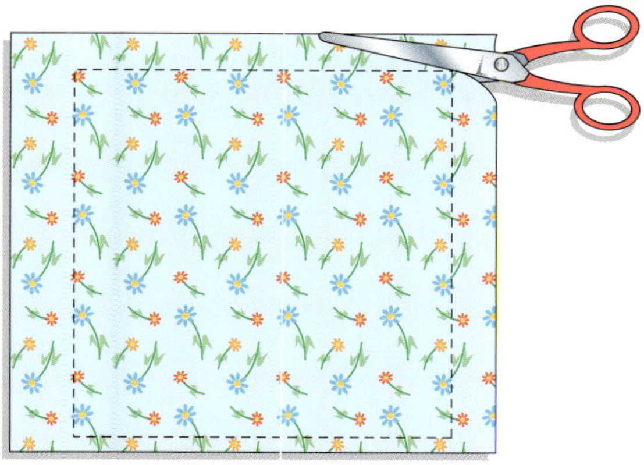

Runde Säcken

1 Schneide aus einem hübschen Stoff ein etwa 20 x 20 cm großes Quadrat aus.

2 Lege eine Hand voll Lavendel oder einen Wattebausch in die Mitte, auf den du einen Tropfen Duftessenz träufelst.

3 Schließe das Säckchen fest mit einer Schleife. Wenn nötig, kannst du die Oberkante mit der Schere gerade schneiden.

Andere Säckchen können hergestellt werden, wenn du einige Muscheln oder glatt polierte Glasstückchen parfümierst und mit buntem Tüll umwickelst, der mit einem Band verschlossen wird. Legst du die Duftsäckchen in den Schrank, duftet die Wäsche herrlich.

Längliche Säckchen

Schneide ein Stück Stoff von etwa 8 x 21 cm Größe zu. Zupfe einen Wattebausch oval. Darauf gibst du einen Tropfen Duftessenz oder Lavendelblüten.

Briefbeschwerer

Material

große Käseschachtel, Jakobsmuschel, Gips Tagescreme oder Vaseline, Klebeband, altes Schälchen, Holzstab, sehr feines Schmirgelpapier, Farbe, Pinsel, Lack

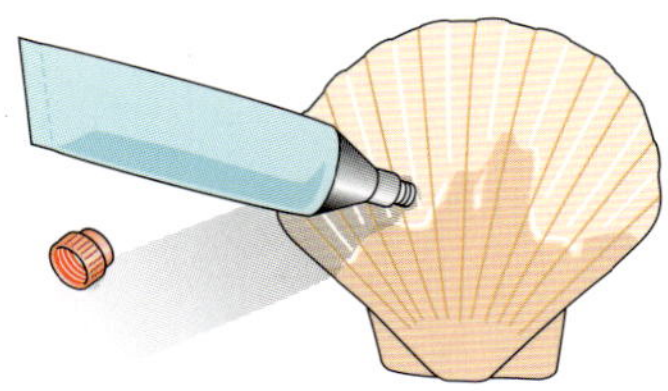

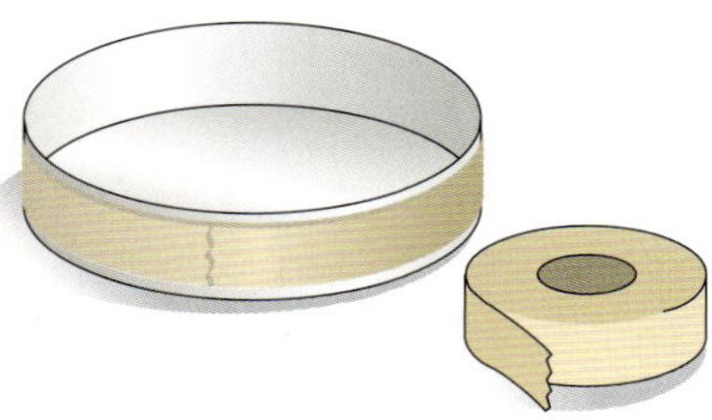

Wenn du es eilig hast, kannst du schnell härtenden Gips aus dem Heimwerkermarkt verwenden.

1 Bereite die Form, die du für den Briefbeschwerer gewählt hast, vor: Die Muschel mit Creme oder Vaseline bestreichen. Die Käseschachtel wird stabiler, wenn du Klebestreifen um sie herum klebst.

2 Rühre den Gips an. Dazu gibst du zwei Teile Gips auf einen Teil Wasser. Rühre, bis eine gleichmäßige Masse entsteht.

3 Gieße den Gips in die vorbereitete Form. Leicht schütteln, damit die Luftblasen aufsteigen.

4 Für den Abdruck deiner Hand warte etwa 20 Min. Um sicherzugehen, dass der Gips soweit ist, stich mit dem Holzstab hinein: Es muss deutlich ein Loch zurückbleiben. Nun drücke vorsichtig deine Hand in den weichen Gips und lasse sie 30 Sekunden darin. Der Gips muss mindestens 3 Std. trocknen.

Jakobsmuscheln sind prima Gussformen für Briefbeschwerer.

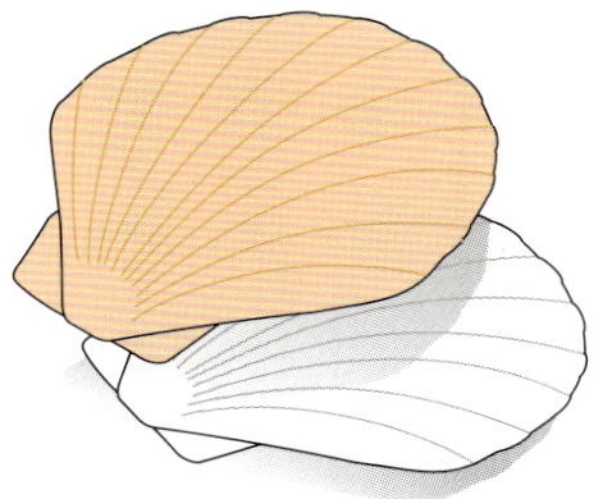

5 Nimm den Briefbeschwerer aus der Form. Dazu klopfe vorsichtig auf die Muschel. Die Pappe der Käseschachtel ziehst du ab.

6 Schmirgle, wenn nötig, Unregelmäßigkeiten leicht mit feinem Sandpapier ab.

7 Bemale den Briefbeschwerer. Du kannst ihn noch lackieren. Zur Herstellung von Pappformen für andere Motive siehe S. 84.

Sandmuster

Material

Marmeladen- oder Babygläser, in verschiedenen Farben,
getönter Sand,
Teelöffel,
langes Streichholz oder dünnes Holzstäbchen,
Pappe, Schere,
Farbe, Pinsel,
Knetmasse

1 Wasche zunächst einmal die Gläser gründlich aus und trockne sie gut ab. Mit dem Löffel gibst du eine erste Sandschicht hinein, dann eine weitere in einer anderen Farbe.

2 Drücke nun das Streichholz wie oben abgebildet rings am Glasrand entlang in den Sand. Der obere Sand rutscht in die untere Schicht nach und bildet ein originelles Muster.

3 Fülle weitere Sandschichten mit dem Löffel ins Glas und schaffe neue Muster mit dem Streichholz.

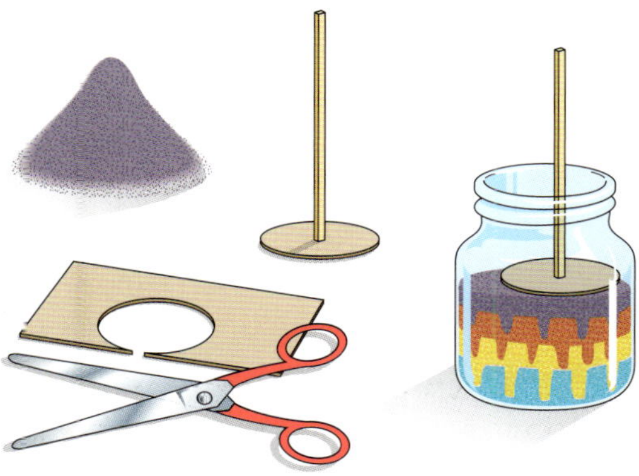

4 Nach jeweils vier Schichten musst du den Sand zusammenpressen. Stecke in die Mitte eines Pappkreises ein Streichholz oder einen Stab. Presse damit den Sand fest.

5 Bemale den Deckel des Glases und lasse ihn trocknen. Forme einen 5 mm dicken runden Knetepfropfen, der genau in die Öffnung passt. Er kommt auf den Sand, damit dieser nicht verrutscht. Schließe das Glas. Wellenförmige Muster erhältst du, wenn du das Glas beim Einfüllen des Sandes hin- und herschwenkst, sodass dieser in Bewegung gerät. Das musst du so lange wiederholen, bis das Glas ganz voll ist.

Makrameebänder

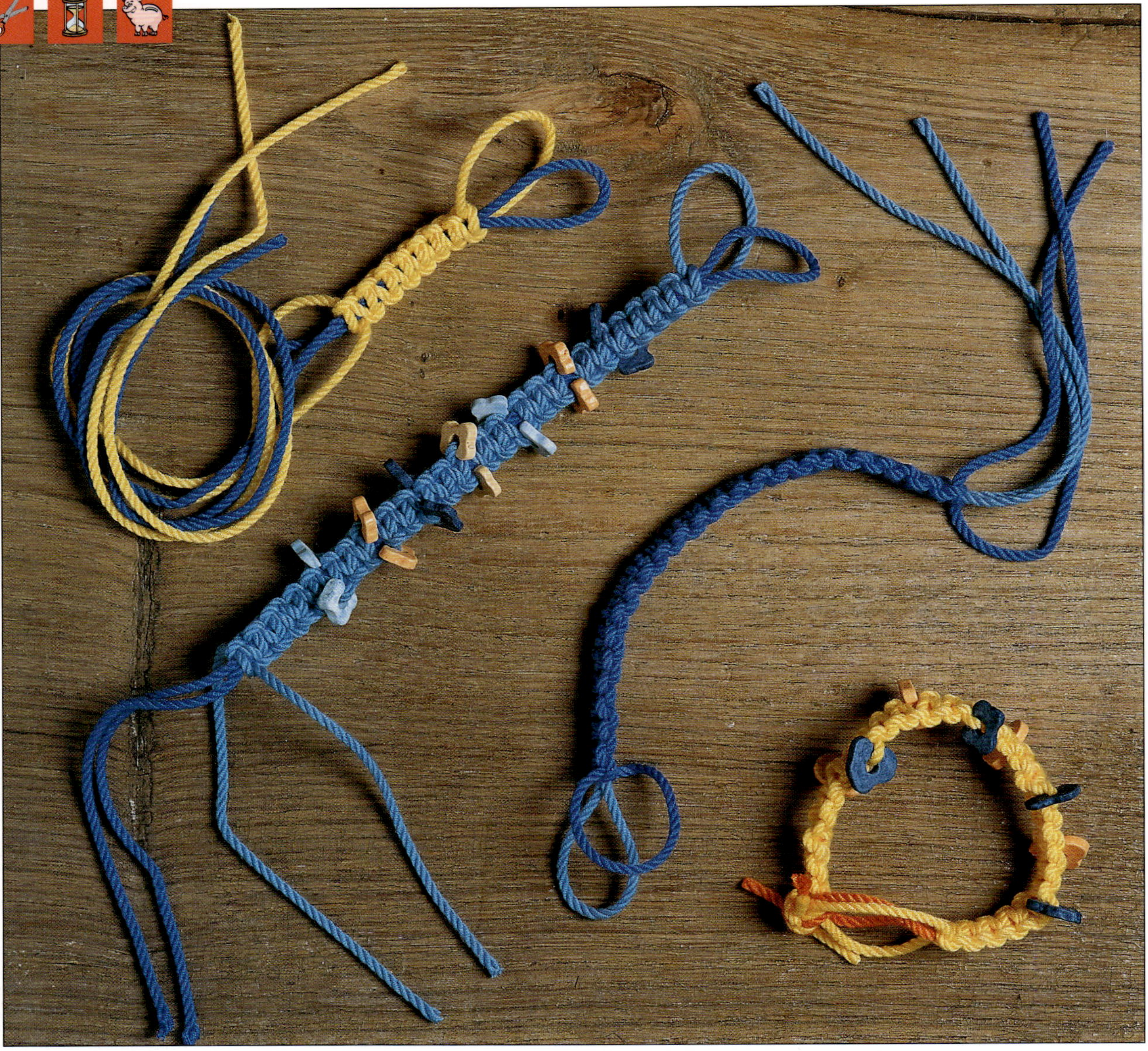

Material

farbiges Band
oder Perlgarn
(1,50 m pro Farbe),
eventuell
Holzperlen,
Klebeband,
2 Stifte,
Schere

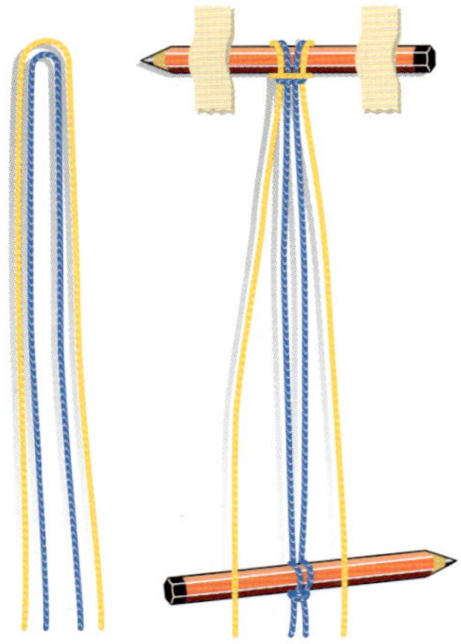

Flache Armbänder

1 Suche 2 Fäden in verschiedenen Farben aus. Binde sie in ihrer Mitte an einen Stift, um 4 Fäden zu haben. Befestige den Stift mit dem Klebeband an einer Tischkante. Knote die 2 mittleren Fäden an den anderen Stift. Diesen klemmst du straff zwischen die Beine.

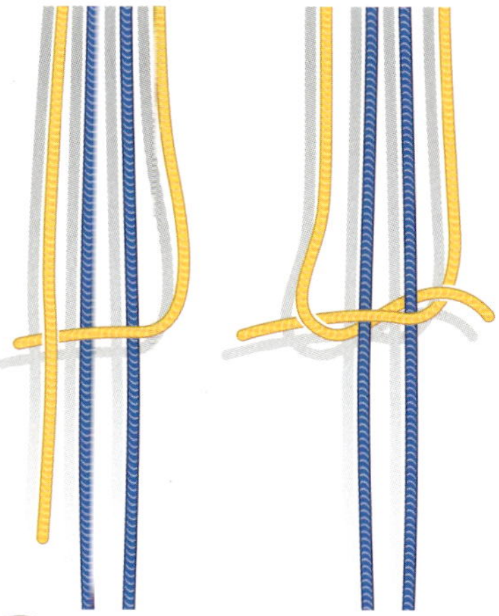

2 Lege den rechten Faden nun über die mittleren und dann unter den linken. Dann den linken unter die mittleren und über den rechten. Festziehen.

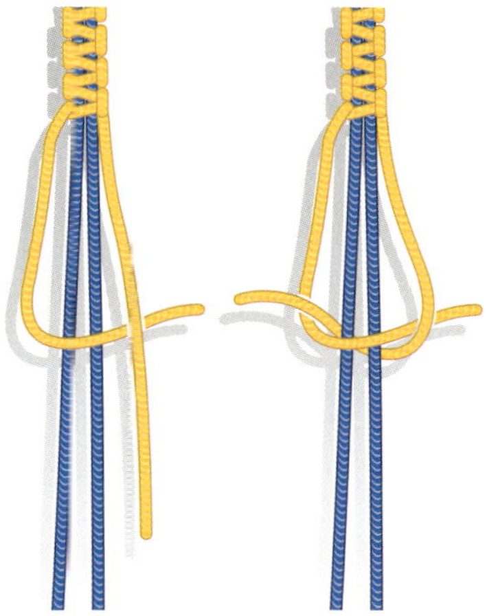

3 Lege den linken Faden über die mittleren und unter den rechten. Danach den rechten Faden unter die mittleren und über den linken. Dann geht es von vorn los wie bei Punkt 2. Wechsle die Fäden stets ab.

4 Ziehe die Fäden nach jedem Knoten fest und arbeite solange, bis du ein etwa 15 cm langes Armband fertig hast. Zum Schließen knote die Enden zusammen.

5 Nach den ersten 8 Knoten kannst du auf die beiden äußeren Fäden je eine Perle auffädeln, bevor du den nächsten Knoten machst. Arbeite mehrere Perlen ein.

Gedrehte Armbänder

1 Bereite die Fäden wie für die flachen Armbänder vor. Beginne stets rechts.

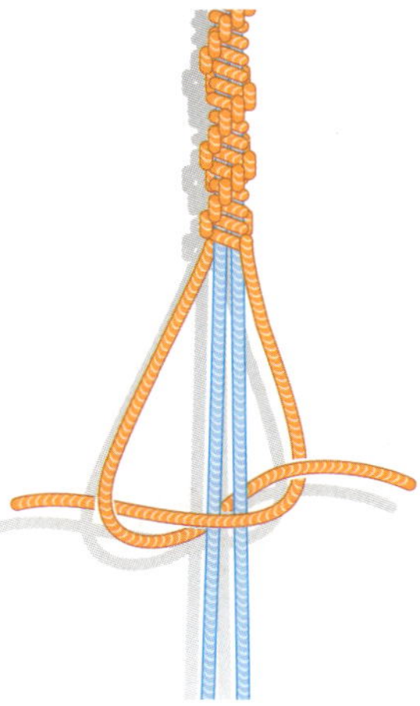

2 Lege den rechten Faden über die mittleren und unter den linken. Dann den linken unter die mittleren und über den rechten. Fange immer wieder rechts an.

Silberschachteln

Material

Käseschachteln,
Farbe,
mitteldicker Pinsel,
Metallfolienreste (z. B. von Verpackungen),
stumpfer Bleistift,
Klebstoff, Schere

1 Wähle ein Motiv aus. Male die Schachtel bunt an. Wenn die Metallfolie den ganzen Deckel bedecken soll, brauchst du ihn nicht bemalen. Lasse die Farbe gut trocknen und trage eine zweite Schicht auf, damit die Aufschrift der Schachtel nicht mehr zu sehen ist. Schneide die Folie in der gewünschten Größe zu.

2 Lege sie nun auf eine weiche Unterlage (Geschirrtuch oder mehrere Schichten Papier).

Auf den Fotos siehst du einige Ideen. Zeichne das Motiv für den Deckel mit einem stumpfen Bleistift auf das Metall.

Es entsteht ein Relief, das als „getrieben“ bezeichnet wird.

(A)

(B)

3 Je nachdem, wie du es haben willst, treibe nur den Umriss (A) oder das ganze Motiv (B).

4 Klebe die Metallfolie umgedreht auf den Deckel, sodass das Relief zu sehen ist. Lasse sie trocknen.

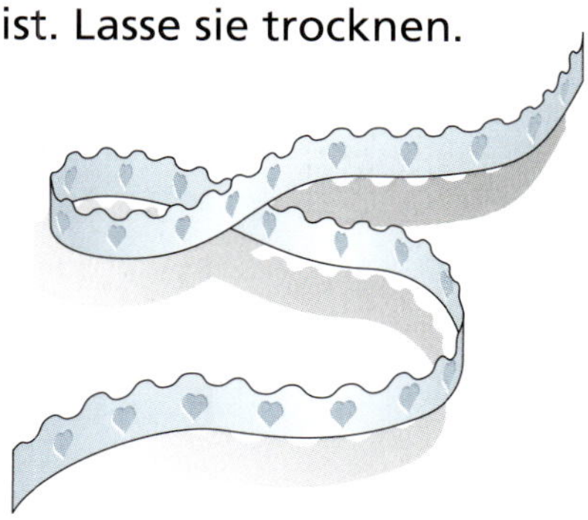

5 Nun wird die Schachtel weiter verziert. Du kannst einen Zackenrand in einen Metallstreifen schneiden und ihn um die Schachtel kleben oder einfache Motive auf den Deckel kleben.

Hier findest du eine Menge Bastelideen für das ganze Haus: Mit der lustigen Schreibtischbox und den verrückten Stifteschachteln, die mit allerlei Verzierungen versehen werden, wird dir das Zimmeraufräumen richtig Spaß machen. Mit Bildern aus Nägeln und Fäden oder Relief-Landschaften kannst du deine eigene Galerie schaffen. Hausschlüsse gehen dank des Schlüssel-Hauses endlich nicht mehr verloren …
Und damit aus dem Esstisch eine festliche Tafel wird, findest du Tischsets, Messerbänkchen, und noch vieles andere zum Nachbasteln.

Hübsches fürs Haus

Relief-Landschaften

Material

Schmirgelpapier,
dünne Pappe (ca. 23 x 28 cm),
Wellpappenreste,
farbige Pastellkreide,
Schere, Klebstoff,
Bildaufhänger

1 Klebe ein Blatt Schmirgelpapier auf Pappe.

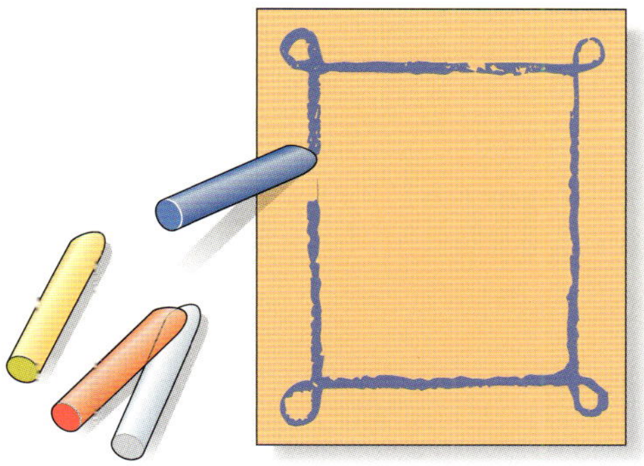

2 Zeichne ein Rechteck mit Schleifen an allen vier Ecken auf das Schmirgelpapier.

3 Je nach Motiv zeichne die Wolken oder das Schloss und male den Hintergrund aus. Schneide das Bild am Rahmen entlang aus.

4 Zeichne auf ein anderes Stück Schmirgelpapier das Flugzeug oder Mond und Sterne, bemale sie und schneide sie aus.

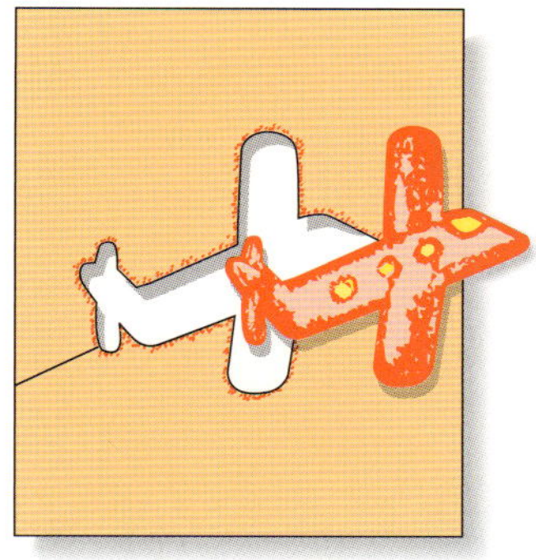

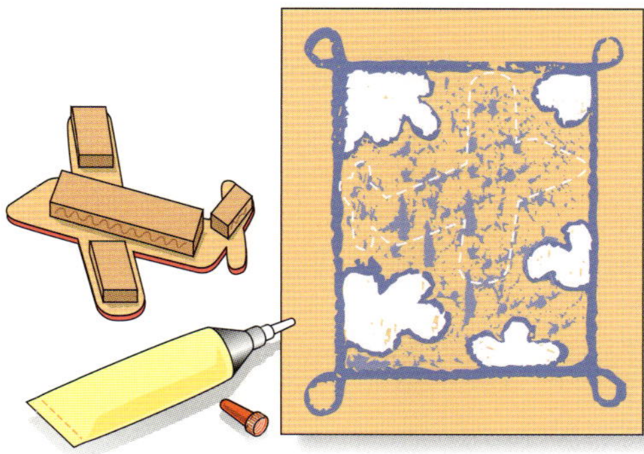

5 Damit nun das Bild ein Relief bekommt, klebe dickere Pappe (Wellpappe) hinter das Flugzeug bzw. Mond und Sterne. Klebe die Motive dann auf den Hintergrund. Auf der Rückseite befestigst du den Bildaufhänger.

Tiergalerie

Material

Salzteig:
- 2 Teile Mehl
- 1 Teil Salz
- 1 Teil Wasser

(Rezept S. 8), Backpapier, Teigrolle, Gabel, abgerundetes Messer, Deckfarbe auf Wasserbasis, farbloser Lack, Pinsel, Backofen

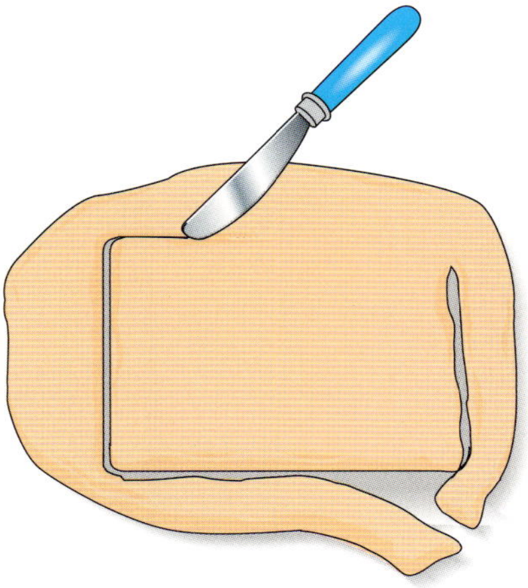

1 Bereite den Salzteig nach dem Rezept von S. 8 vor. Rolle den Teig mit der Teigrolle auf Backpapier aus. Schneide ein Rechteck aus.

2 Forme eine Teigwurst und lege sie als Rahmen rings um das Rechteck. Damit sie klebt, trage mit dem Pinsel etwas Wasser auf.

3 Nun kannst du den Rahmen mit der Gabel einstechen oder mit dem Messer einritzen.

4 Aus Teigkugeln formst du Körper und Kopf des Tieres, das du dir ausgesucht hast. Klebe sie mit etwas Wasser auf den Untergrund. Dazu kommen Beine und Schwanz aus Teigwürsten und Augen aus kleinen Kugeln. Klebe alles mit Wasser zusammen.

5 Damit die Tiere Relief bekommen, stich den Teig mit der Gabel ein oder zeichne Streifen mit dem Messer.

6 Lasse dein Bild bei sehr schwacher Hitze im Backofen auf Backpapier etwa 1 1/2 Stunden backen, bemale es mit bunten Farben, lasse es trocknen und lackiere es.

Stacheligel

Material
30 x 35 cm große Sperrholzplatte, feines Schmirgelpapier, grüne und gelbe Acryl- oder Deckfarbe, Pinsel, Pauspapier, Malerkrepp, Bleistift, Schere, 106 Nägel, Hammer, Stickgarn in Rot, Blau, Grün, Vorlage S. 239

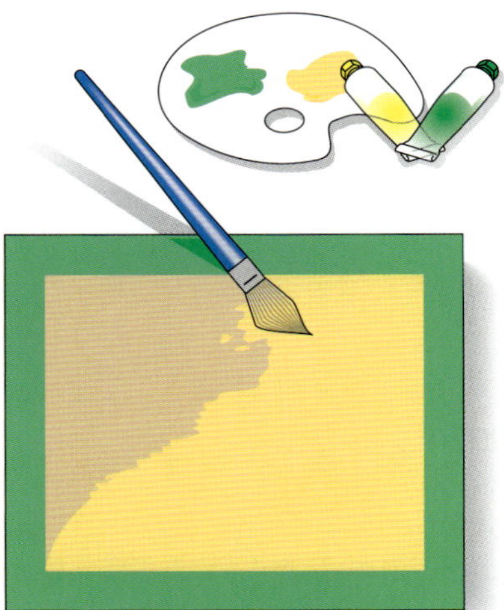

1 Schmirgle zur Vorbereitung mit dem Schmirgelpapier die Holzplatte ab.

Male dann mit der schwach verdünnten Acryl- oder Deckfarbe einen etwa 3 cm breiten grünen Rahmen auf die Holzplatte und lasse ihn gut trocknen.

Male das Innere des Bildes goldgelb an und lasse es ebenfalls trocknen.

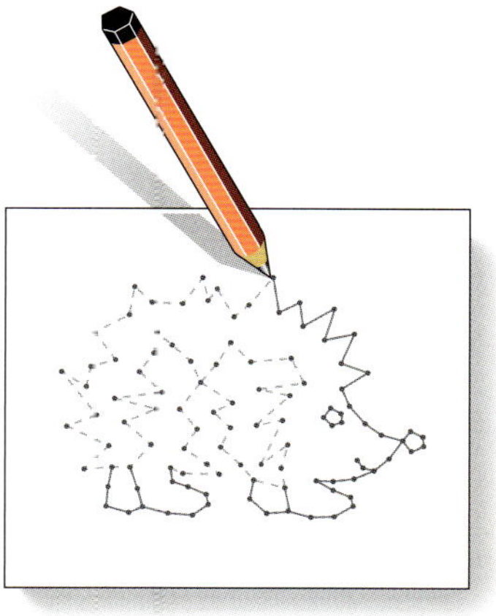

2 Übertrage die Vorlage für den Igel von S. 239 auf das Pauspapier und kennzeichne die Stellen für die Nägel.

3 Lege das Blatt nun auf die Sperrholzplatte und klebe es mit dem Malerkrepp fest. Lege die Nägel bereit.

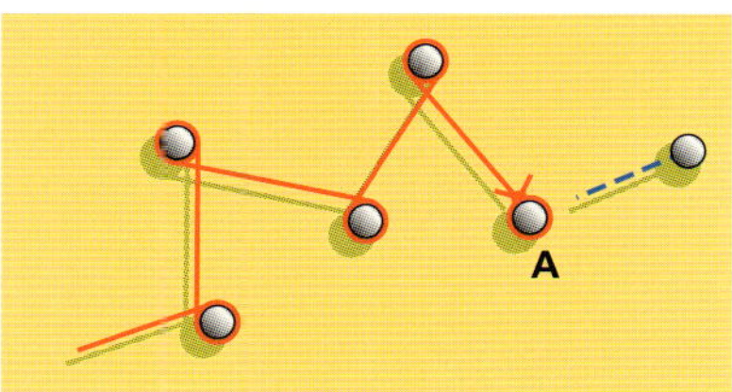

4 In jeden Punkt wird ein Nagel geschlagen, wobei ein Erwachsener helfen sollte. Entferne vorsichtig das Papier. Knote bei A den roten Faden fest und los geht's …

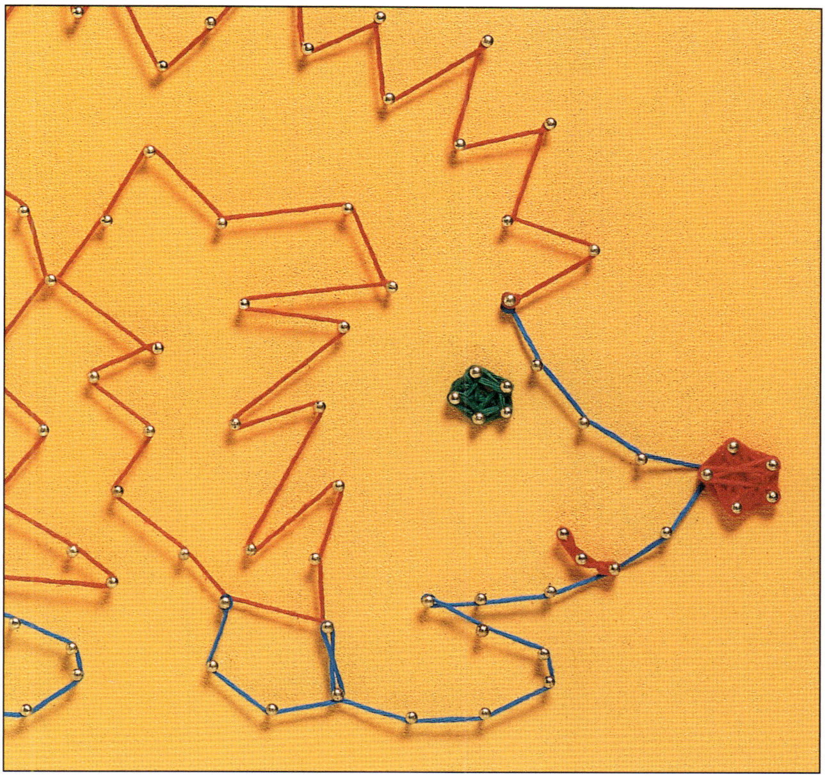

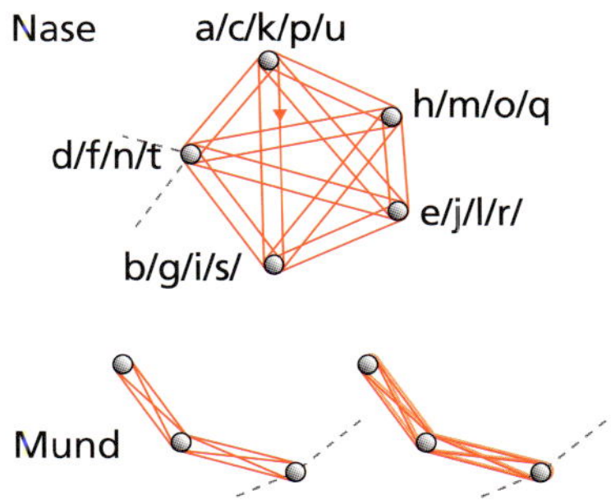

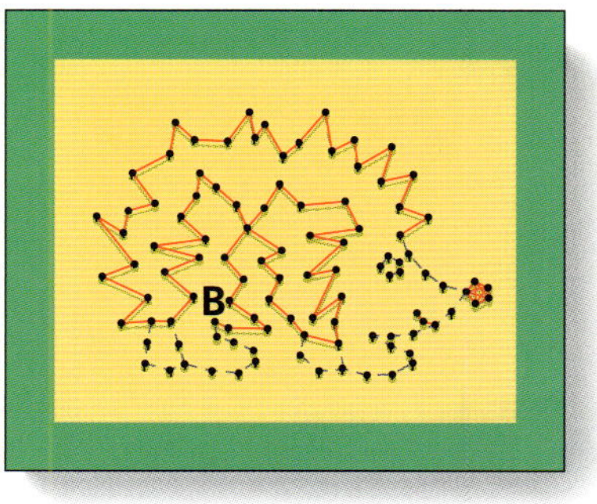

5 Verbinde für den Körper die Punkte A bis 67, indem du den Faden um jeden Nagel schlingst. Für die Nase umwickle die Punkte a bis u mehrmals.

6 Wickle genauso den Mund. Knote den Faden am letzten Nagel fest. Das Auge entsteht wie die Nase, nur in Grün.

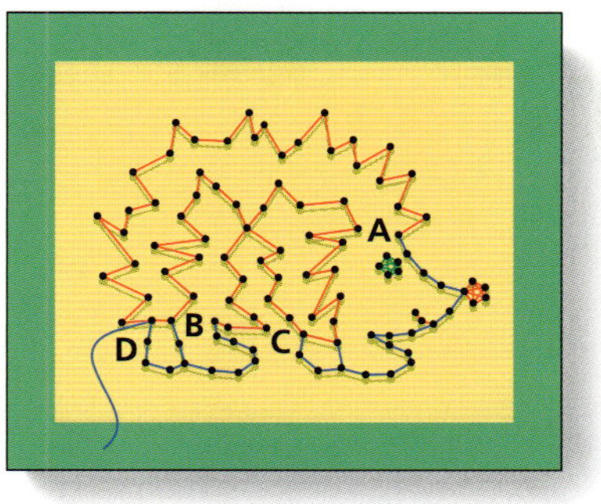

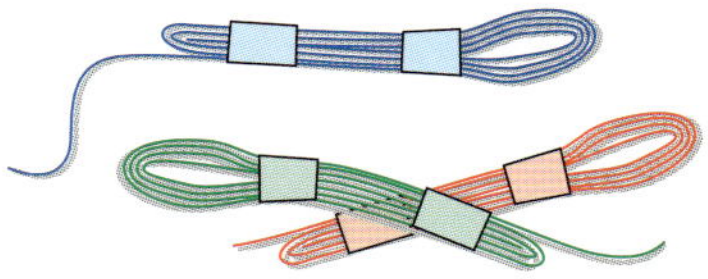

7 Verbinde die Punkte A bis 87 mit dem blauen Faden und knote ihn fest. Dann verbindest du die Punkte von B bis D in Blau. Fadenenden schneidest du ab.

Stoff-Tiere

Material

Pappe,
Bastelfilz,
Stoff-, Lederreste,
Klebstoff,
Schere,
Pauspapier,
Bleistift, Watte,
weiße Kreide,
Vorlagen S. 240

1 Schneide aus Pappe ein Rechteck oder Quadrat aus (Kuh: 16,5 x 20 cm, Schwein: 15 x 20 cm, Hund: 15 x 15 cm, Küken: 15 x 17,5 cm). Schneide ein Stück Filz oder Stoff zurecht, das etwas größer ist als die Pappe. Klebe diese darauf, schneide die Filz-Ecken ab und klebe die Filzkanten hinten auf die Pappe. Lasse alles trocknen.

2 Suche dir ein Tier aus, übertrage die Vorlage von Seite 240 auf Papier und schneide sie aus.
Lege die Papiervorlage auf den Filz (Stoff, Leder). Zeichne den Umriss des Tieres mit Kreide auf und schneide es aus. Für die Kuh schneide auch Gras aus und klebe es auf den Hintergrund.

3 Schiebe etwas Watte unter das Tier, damit es Volumen bekommt, und klebe alles zusammen auf.

4 Nun kommen noch die Einzelheiten der Tiere: Euter, Flecken, Augen, Ohren usw. und die Verzierungen.

5 Besonders hübsch wird es, wenn du zum Schluss noch in die Bildecken Punkte oder Dreiecke aus Filz klebst.

Ringelreihen

Material

Matrose: weißes Tonpapier (50 x 10 cm), Filzstifte in Rot, Blau, Schwarz, Rosa, Bleistift, Schere, Lineal
Birne: gelbes Tonpapier (50 x 10 cm), grüner Filzstift, Vorlagen S. 241

Matrose

1 Übertrage mit einem Bleistift die Vorlage des Matrosen von S. 241 auf den linken Rand des weißen Papierstreifens.

Falte den Papierstreifen achtmal wie eine Ziehharmonika an der gestrichelten Linie zusammen.

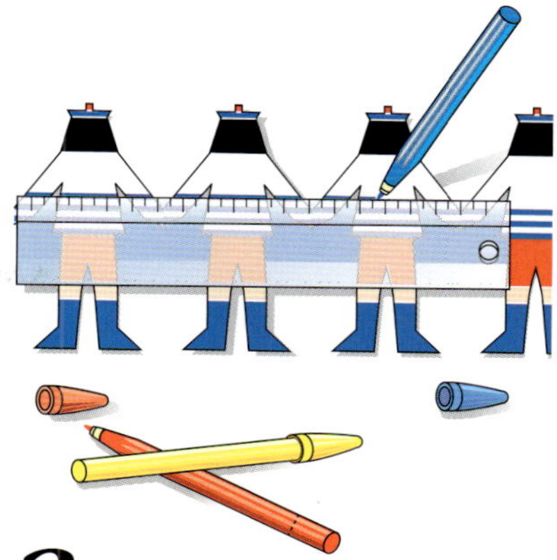

3 Male nun alle Matrosen vorn und hinten an. Die Streifen der Pullis ziehst du mit dem Lineal.

Birne

1 Übertrage die Vorlage für die Birne auf den linken Rand des gelben Papierstreifens. 12-mal falten.

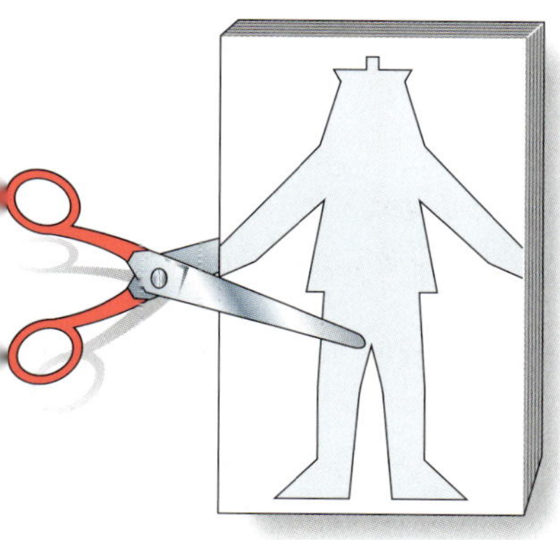

2 Halte den zusammengefalteten Streifen gut zwischen Daumen und Zeigefinger fest. Schneide den Umriss des Matrosen aus und achte gut darauf, nicht die gestrichelte Linie zu durchschneiden. Falte den Streifen auseinander.

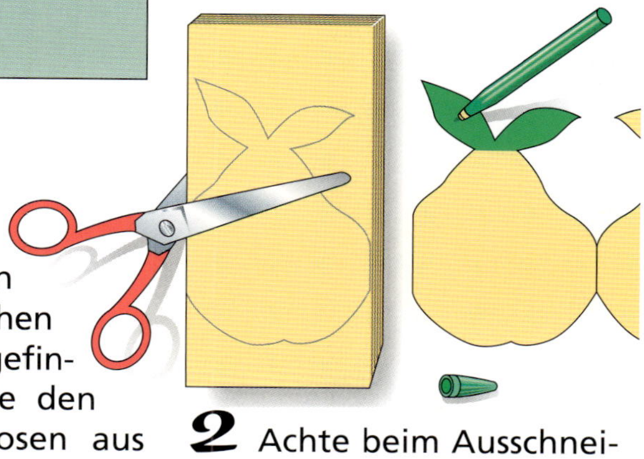

2 Achte beim Ausschneiden darauf, nicht die gestrichelte Linie zu durchschneiden. Male die Blätter auf beiden Seiten grün an.

Schreibtischbox

Material

Kinder-Schuhkarton
mit Deckel,
Deckel eines Erwachsenen-Schuhkartons,
Lineal, dicker Pinsel, Schere,
Cutter, Malerkrepp,
Farbe, Bleistift

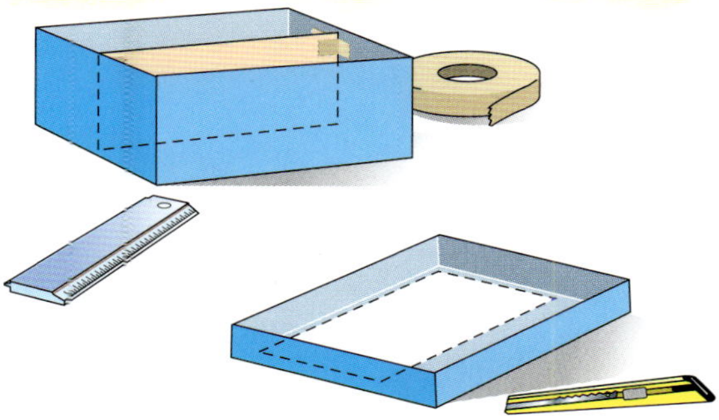

1 Schneide aus dem Deckel des kleinen Schuhkartons ein etwa 8,5 x 22 cm großes Rechteck aus. Klebe es mit Malerkrepp in die Mitte des Kartons.

2 Schneide aus dem großen Deckel eine etwa 22 x 20 cm große Palette aus und klebe sie mit Malerkrepp 2 cm weit in die Schachtel hinein.

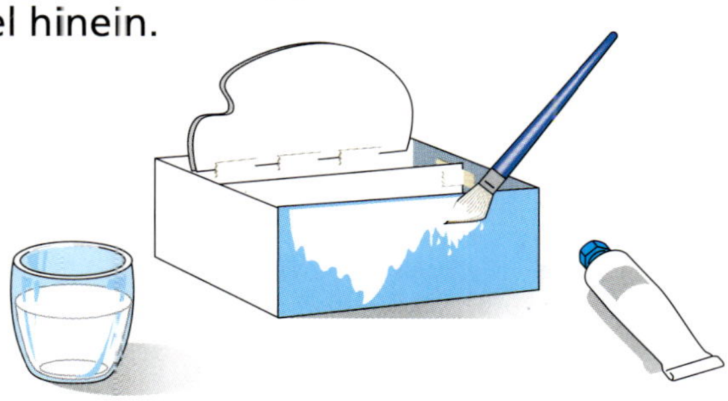

3 Grundiere nun den ganzen Karton weiß. Lasse die Farbe gut trocknen und trage, wenn nötig, eine zweite Schicht auf.

4 Wenn alles trocken ist, bemale das Innere des Kartons leuchtend gelb und lasse ihn trocknen. Male dann das Äußere rot an. Lasse ihn wieder trocknen und bemale dann die Unterseite ebenfalls rot.

5 Zeichne mit dem Bleistift ein Oval auf die Palette und male es schwarz an. Gib verschiedenfarbige Farbkleckse auf die Palette und vermische die Ränder.

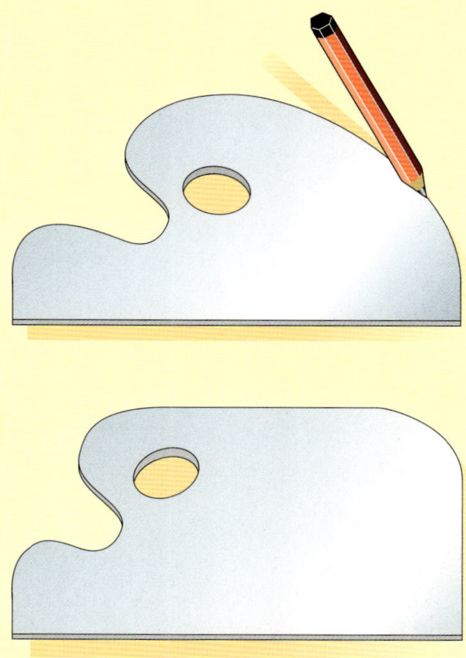

So können andere Paletten für Schreibtischboxen aussehen.

Verrückte Schachteln

Material

runde Käseschachteln aus Holz, Pauspapier, Tonpapier, Zirkel, Schere, Klebstoff, Klebeband, 132 cm grüner Blumendraht, Zange, Vorlagen S. 237 und S. 245

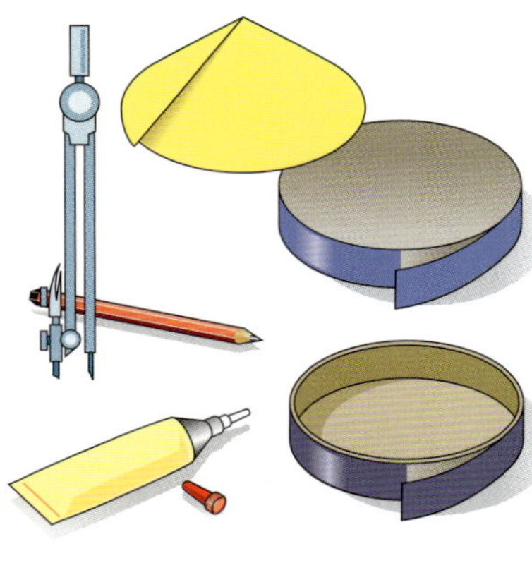

Palmenschachtel

1 Schneide einen dunkel- und einen hellblauen Papierstreifen in der Größe der zwei Deckelränder aus und klebe sie auf. Zeichne mit der Hilfe eines Erwachsenen einen Kreis in der Größe des Deckels auf gelbes Papier. Schneide ihn aus und klebe ihn kegelförmig zusammen.

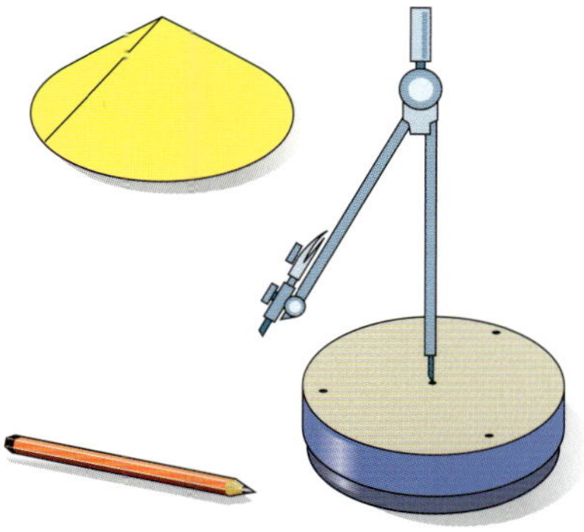

2 Mit dem Zirkel stichst du 1 Loch in die Mitte und 3 Löcher um dieses herum. Lasse dir dabei von einem Erwachsenen helfen. Klebe den Kegel auf den Deckel. Stich an denselben Stellen Löcher.

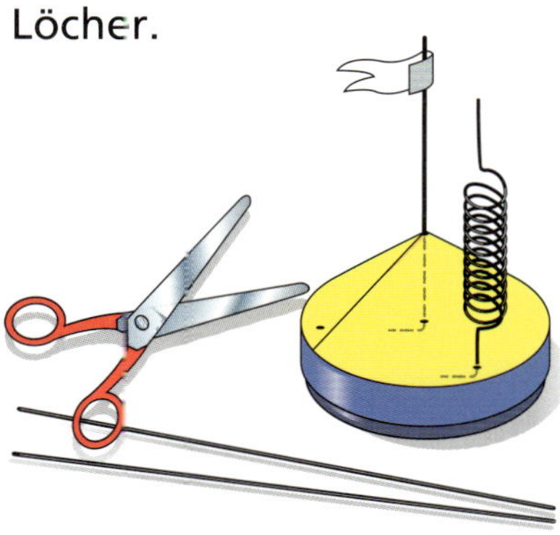

3 Wickle 3 Drahtstücke von 40 cm Länge spiralförmig um einen Finger und forme so 3 Federn. Auf die restlichen 12 cm Draht klebe ein Papierfähnchen. Stecke den Draht in das mittlere Loch im Deckel, biege ihn unten um und klebe ihn mit Klebeband fest.

4 Übertrage die Vorlagen für Palmen und Kokosnüsse von S. 237 auf Papier. Die Palmen bekommen je zwei Löcher für den Draht und die Kokosnüsse klebst du auf.

5 Stecke die Palmen auf die Federn und knicke den Draht oben um. Stecke sie in den Deckel, knicke den Draht unten in der Schachtel um und klebe ihn fest.

Fischdose

1 Übertrage die Fisch-Vorlage des großen und auch der 6 kleinen Fische von S. 245 auf Tonpapier und schneide sie aus.

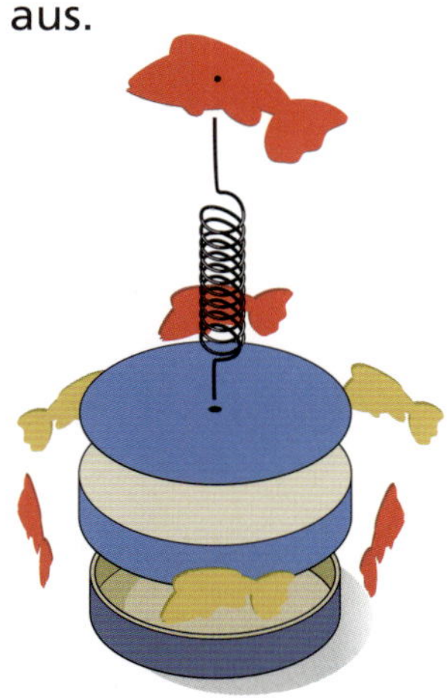

2 Beklebe die Schachtel mit blauem Papier. Rolle eine Spirale und verziere die Schachtel wie auf der Abbildung.

Notiztafel

Material

kleine Schiefertafel,
farbige Klebefolie,
rote Farbe, Pinsel,
Bleistift, Schere, Pauspapier,
Vorlagen S. 242 und S. 243

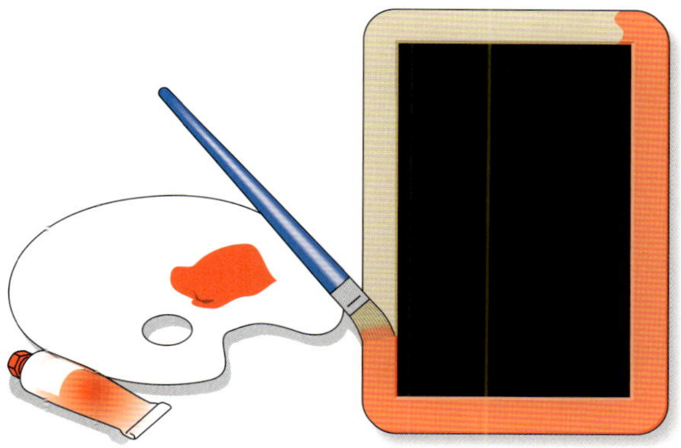

1 Male den Rahmen der Tafel rot an. Lasse ihn gut trocknen. Wenn nötig, trage eine zweite Farbschicht auf.

2 Schneide gelbe und grüne Motive für den Rahmen aus der Folie. Übertrage die Vorlage für das Gras von S. 242 und schneide es aus.

3 Klebe es glatt und ohne Luftbläschen unten auf die Tafel und die Motive abwechselnd auf den Rahmen.

4 Übertrage das Küken der Vorlage von S. 243 und schneide es aus: gelber Körper, blaue Füße, blaues und grünes Auge, roter Schnabel.

5 Klebe alles vorsichtig der Reihe nach auf: Füße, Körper, Schnabel, beide Augenteile. Drücke Luftblasen heraus.

Tierschachteln

Material

grüner oder roter Tonkarton (18 x 34 cm), verschiedenfarbiges Papier je nach Motiv, Lineal, Schere, Filzstifte, Bleistift, Klebstoff, Pauspapier, Vorlagen S. 243

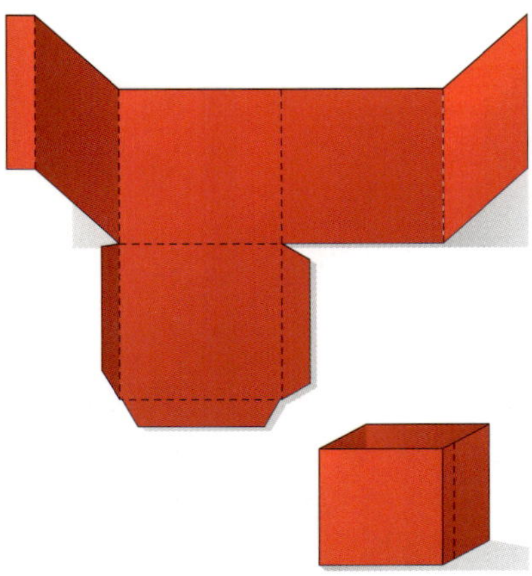

1 Übertrage die Vorlage für die Schachtel von S. 243 auf Tonkarton (je nach Tier rot oder grün) und schneide sie aus.

Falte die Schachtel wie abgebildet und klebe die Laschen, sodass ein oben offener Würfel entsteht. Ein paar Minuten andrücken und trocknen lassen.

2 Übertrage die Vorlage für den Kopf von S. 243 auf weißes oder farbiges Papier. Je nach Tier kommen Ohren, Hörner, Augen dazu und alles wird ausgeschnitten.

Male den Tierkopf mit Filzstiften bunt an. Zeichne die Augen, Flecken oder Streifen. Laschen müssen nicht bemalt werden.

3 Die große Lasche wird nun innen auf die Gegenseite geklebt, sodass ein Kegel entsteht.

4 Übertrage drei weitere Tierköpfe für die anderen Seiten der Schachtel, schneide sie aus und male sie an.

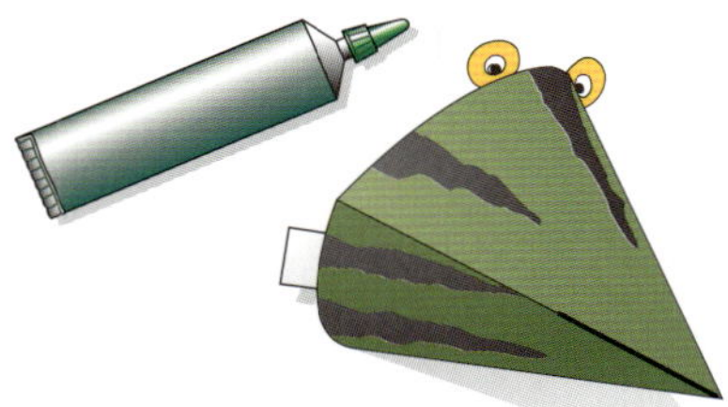

5 Klebe die Kegel zusammen, knicke die Laschen um und klebe mitten auf jede Seite der Schachtel ein Tier. Du kannst deine Stifte darin aufbewahren.

Brotkarren

Material

1 kleine Spankiste,
5 Deckel von Span-
Käseschachteln, Klebstoff

2 Löse den Rand des letzten Deckels ab und lege ihn in Wasser, damit er flach wird.

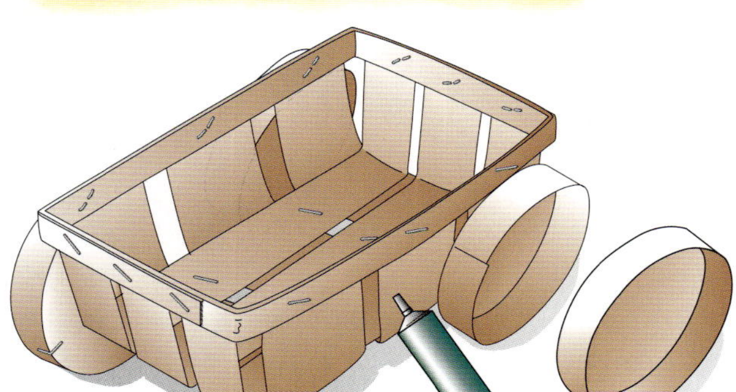

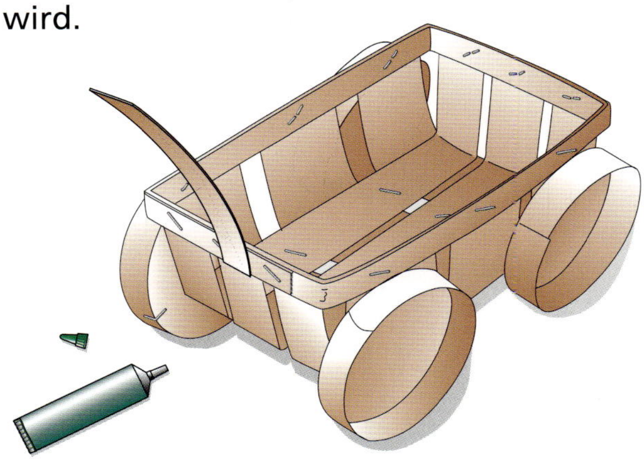

1 Klebe vier Käseschachtel-Deckel als Räder an die Kiste. Lasse sie gut trocknen.

3 Lasse den Rand trocknen und klebe ihn dann als Deichsel hinten an die Karre.

Messerbänkchen

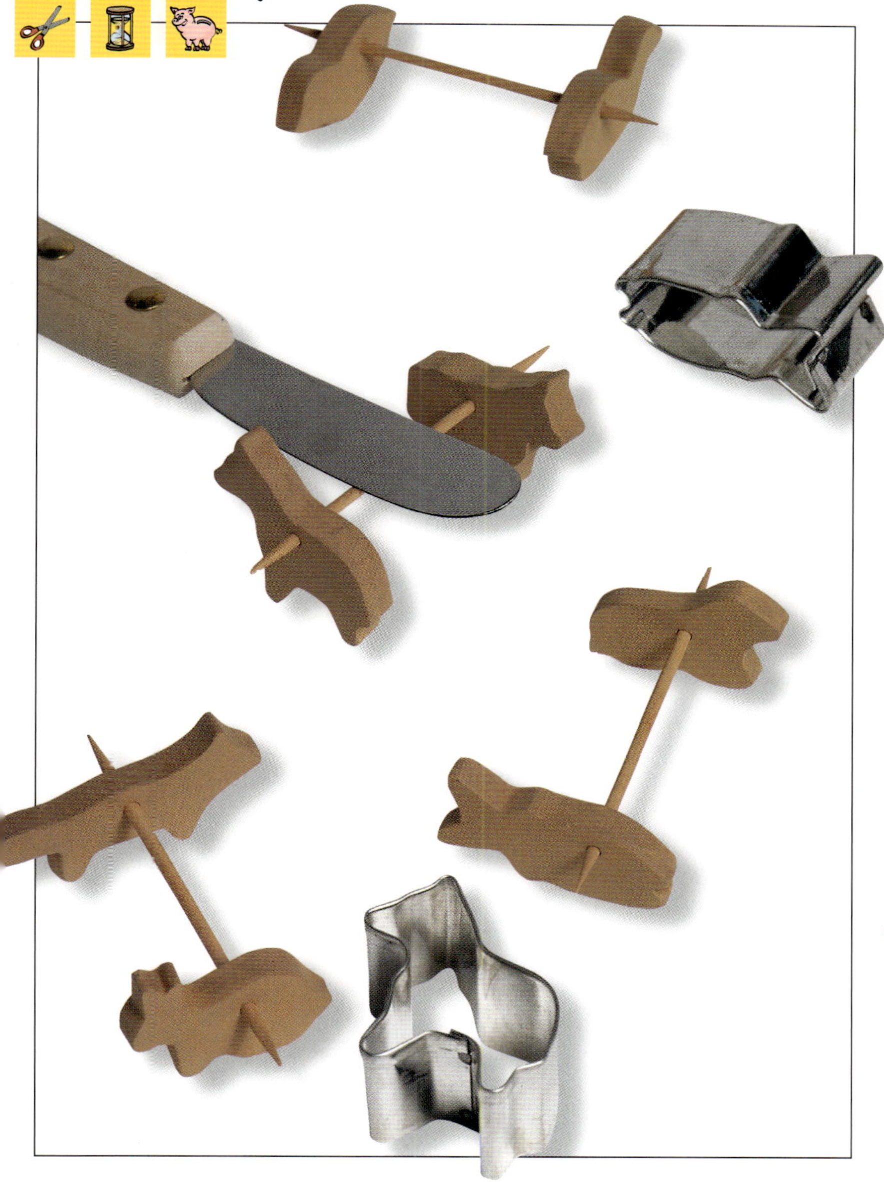

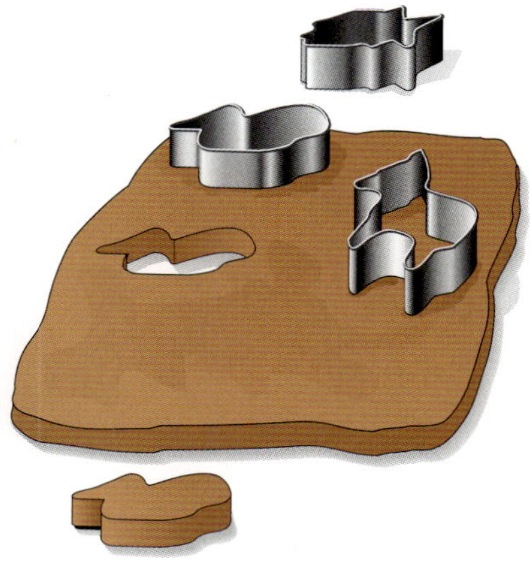

2 Steche aus dem Ton mit den Förmchen verschiedene Tierformen aus.

3 Spieße je ein Tier auf die beiden Enden eines Zahnstochers.

Material

Ton (oder lufthärtende Modelliermasse), ein Glas Wasser, Teigrolle, Schmirgelpapier, Ausstechförmchen aus Metall oder Plastik, Zahnstocher

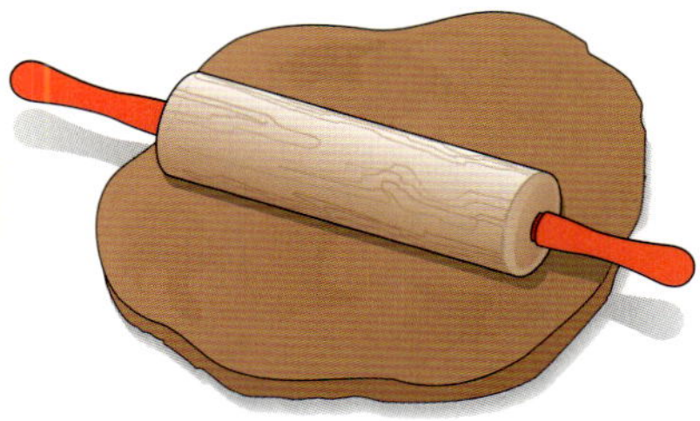

1 Knete aus dem Ton eine Kugel und rolle sie mit einer Teigrolle aus.

4 Wenn die Modelliermasse einreißt, glätte die Oberfläche vorsichtig mit etwas Wasser. Lasse die Tiere an der Luft vollständig durchtrocknen.
Wenn nötig, schleife zu spitze Enden eines Zahnstochers mit etwas Schmirgelpapier ab.

Tischkarten-Hühner

Material
weiße, lufthärtende Modelliermasse,
Farbe in Weiß, Gelb, Rot, Braun, Orange,
feiner Pinsel,
1 Zahnstocher,
Schere,
1 Glas Wasser,
weißer Tonkarton,
feiner roter Filzstift

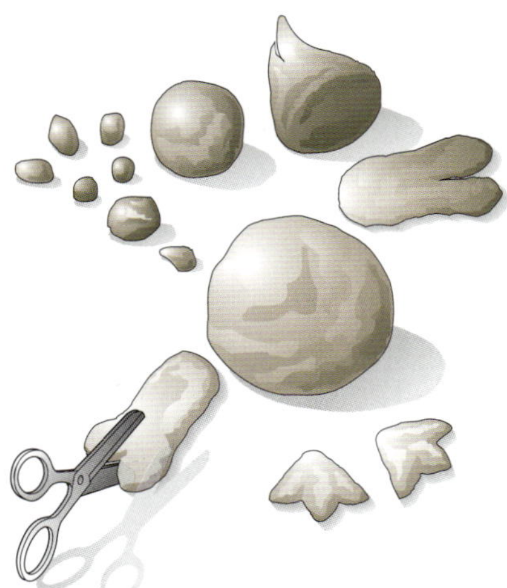

1 Forme aus der Modelliermasse die abgebildeten Einzelteile und eine Kugel in der Größe eines Tischtennisballs für den Körper.

2 Drücke den Kopf auf den Körper, die Augen an den Kopf. Dann kommen Kamm, Kinnlappen und Schnabel. Die Teile kleben, wenn du mit dem Finger etwas Wasser aufträgst.

3 Stich Augen und Schnabel mit dem Zahnstocher ein. Glätte dann die Oberfläche des Huhns und die Verbindungsstellen gut mit etwas Wasser.

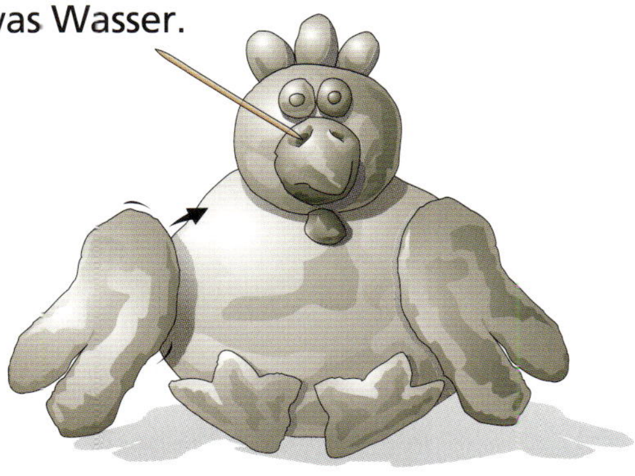

4 Befestige Flügel, Füße und Schwanzfedern mit etwas Wasser. Unregelmäßigkeiten glättest du vorsichtig mit dem angefeuchteten Finger.

5 Lasse die Modelliermasse je nach Herstellerangabe gut trocknen. Bemale dann den Körper und die Details.
Schneide aus weißem Tonkarton ein Quadrat mit gewellter Kante aus, zeichne mit dem Filzstift einen feinen Rahmen und schreibe den Namen deines Gastes darauf. Das Kärtchen steckst du in die Spalte zwischen den Federn.

Lollibox

Material
weißer Tonkarton
(18 x 34 cm),
Papier in
verschiedenen Farben,
Lineal, Schere, Bleistift,
Klebstoff, Zirkel,
Pauspapier,
Vorlage S. 243

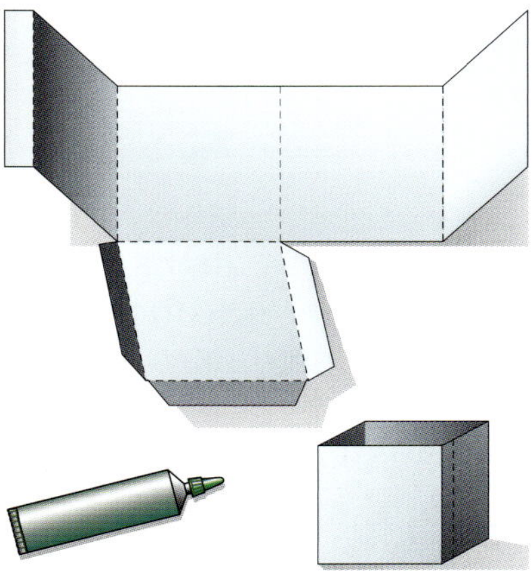

1 Übertrage die Vorlage der Schachtel von S. 243 vergrößert auf den weißen Tonkarton und schneide sie aus.

Falte sie wie abgebildet und klebe die Laschen so, dass die Lollibox ensteht.

Drücke die geklebten Stellen ein paar Minuten an und lasse sie trocknen.

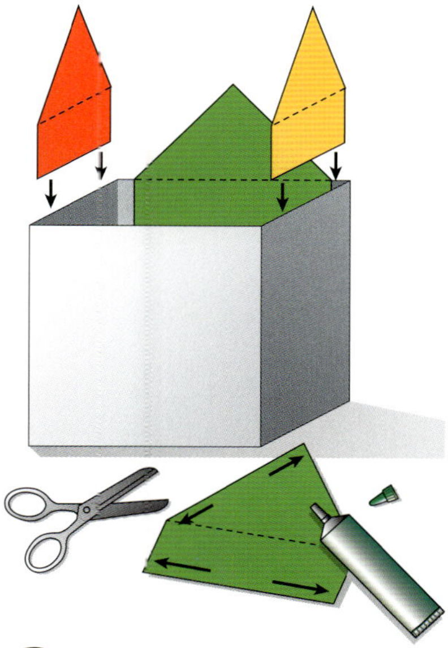

2 Schneide 4 verschiedenfarbige Dreiecke mit 2 cm breiten Laschen aus wie abgebildet. Klebe sie in den Würfel.

Für etwas Süßes zwischendurch oder eine Geburtstagsfeier wird die Lollibox mit Lutschern und Zuckerstangen gefüllt.

3 Schneide 2 x 5 cm große Papierstreifen aus, falte sie längs und schneide Zacken hinein. Öffne sie und klebe sie auf die Dreiecke.

4 Ziehe nun mit dem Zirkel 4 Kreise mit 6,5 cm Durchmesser auf farbigem Papier. Schneide sie aus.

5 Zeichne mit dem Bleistift eine Spirale in die Kreise und schneide sie wie abgebildet aus.
Auf allen 4 Seiten der Schachtel klebst du jeweils nur den Anfang einer Spirale auf.

6 Nun zeichne verschiedene Motive (Tannenbaum, Stiefel, Mond, Stern usw.) auf farbiges Papier: Schneide sie aus und klebe sie auf die Lollibox.

Eierwärmer

Material
Bastelfilz in Rosa, Braun, Grün, Pink, Rot, Orange Gelb, Blau, Schere, Pauspapier, Kugelschreiber, Klebstoff, Vorlagen S. 242

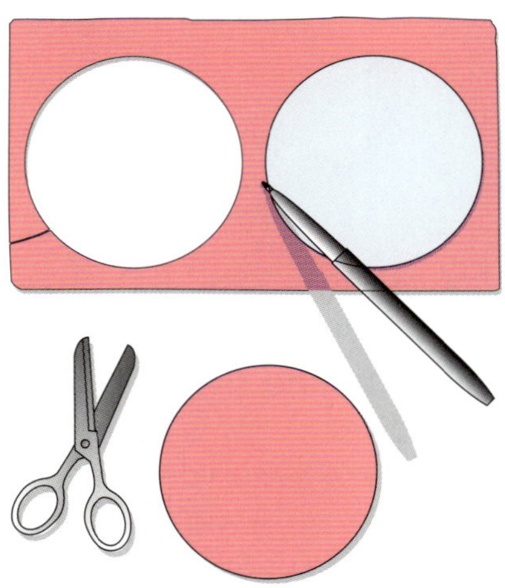

1 Übertrage die Vorlage für den Kopf von S. 242 mit dem Kugelschreiber auf Pauspapier und schneide ihn aus.

Lege ihn zweimal auf den rosa Filz und schneide die beiden Kreise für den Eierwärmer aus. Wenn du willst, kannst du auch den pinkfarbenen Filz nehmen.

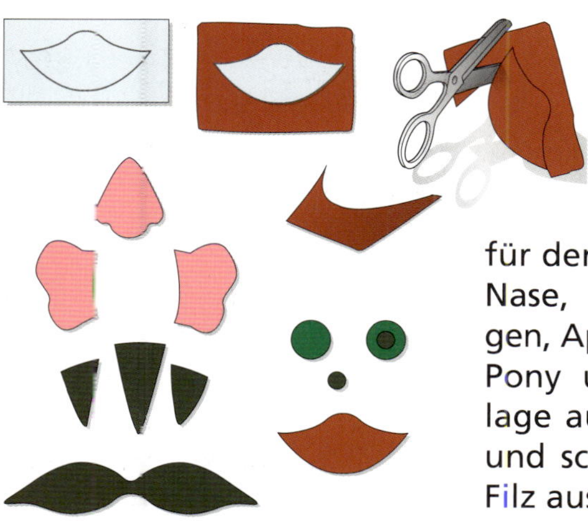

2 Suche dir eine Figur aus, übertrage die Einzelteile für den Kopf (Schnurrbart, Nase, Mund, Ohren, Augen, Apfelbäckchen, Haare, Pony usw.) von der Vorlage auf S. 242 auf Papier und schneide sie aus dem Filz aus.

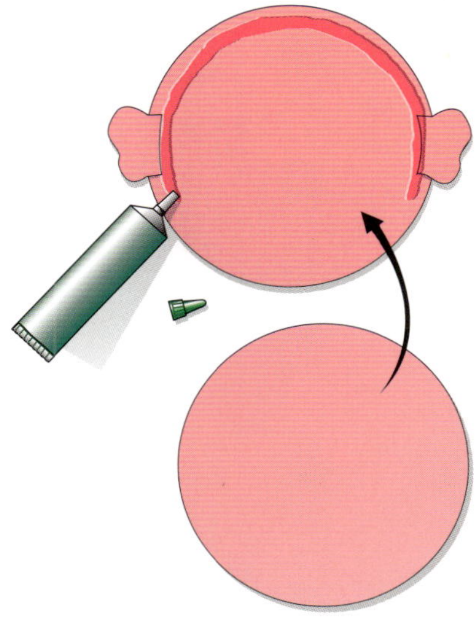

3 Klebe die Ohren auf einen der Kreise. Nun kommt Klebstoff rings um die Kante, wobei du unten eine Öffnung für das Ei lässt. Klebe die zwei Kreise zusammen.

4 Klebe die Haare auf die Rückseite der Kreise und drehe sie um.

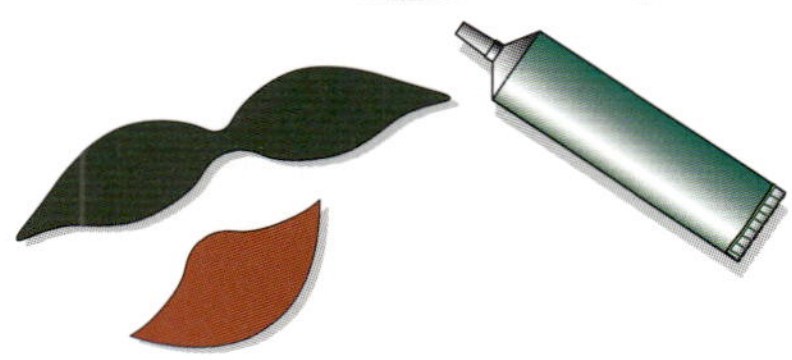

5 Nun klebe Pony, Augen, Nase, Mund, Schnurrbart und persönliche Details auf die Vorderseite, lasse alles trocknen – und schon kann der Eierwärmer dein Frühstücksei warm halten!

Serviettenringe

Material

Papprollen von Küchenkrepp, Gummiring, Zeitungspapier, Tapetenkleister (Pappmaschee siehe S. 9), Kordel, Wattekugeln, Lineal, Cutter, Schere, Klebstoff, Bleistift, Radiergummi, Farbe, verschiedene Pinsel, feines Schmirgelpapier, eventuell Lack

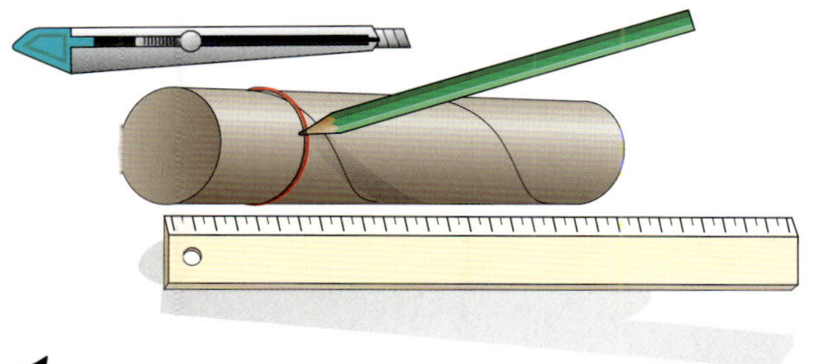

1 Zeichne mit Gummiring und Bleistift einen 4 cm breiten Streifen auf der Papprolle an und schneide ihn an der Linie aus.

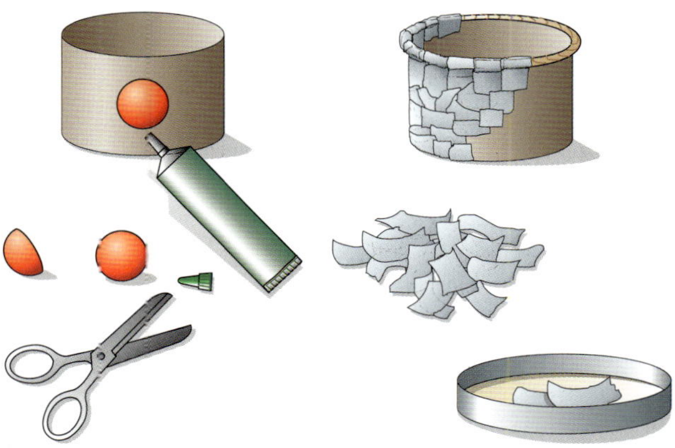

2 Klebe für die Serviettenringe mit Relief Kordel oder halbe Wattekugeln auf. Überziehe alles mit kleinen Fetzen Zeitungspapier, die du in Tapetenkleister eingeweicht hast. Zwei Schichten sind nötig.

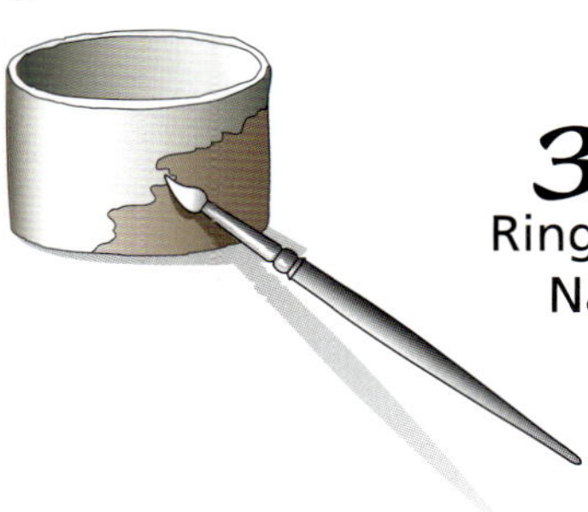

3 Nachdem du die Ringe mindestens eine Nacht hast trocknen lassen, grundiere sie weiß.

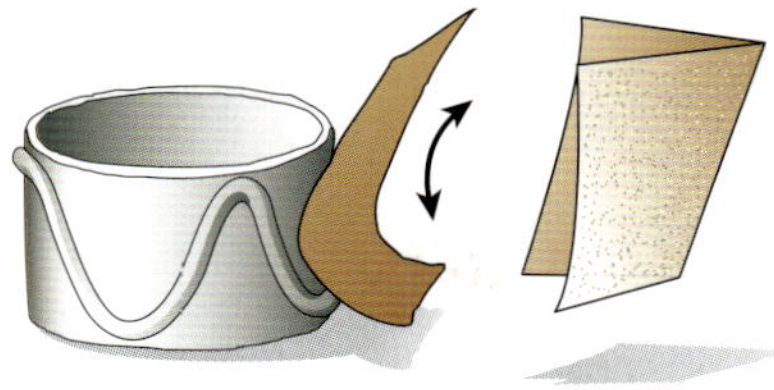

4 Male die Serviettenringe innen an. Lasse sie trocknen. Wenn nötig, schmirgle sie und trage eine zweite Schicht auf. Zeichne mit dem Bleistift die Motive vor. Male sie mit dem feinen Pinsel aus (zwei Schichten). Lasse sie trocknen.

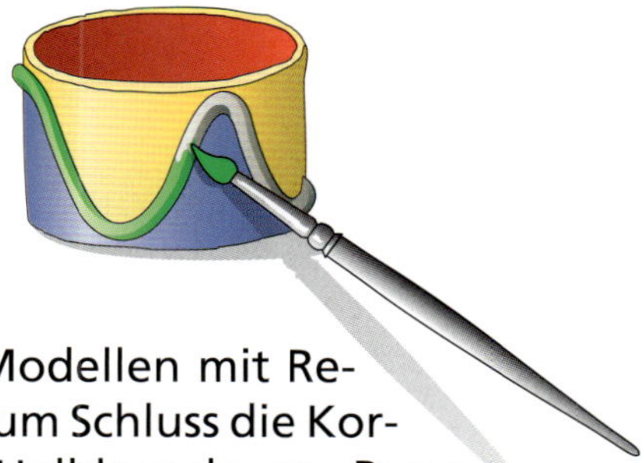

5 Bei den Modellen mit Relief malst du zum Schluss die Kordel bzw. die Halbkugeln an. Passe auf, dass du nicht über die Kante malst. Gut trocknen lassen und eventuell lackieren.

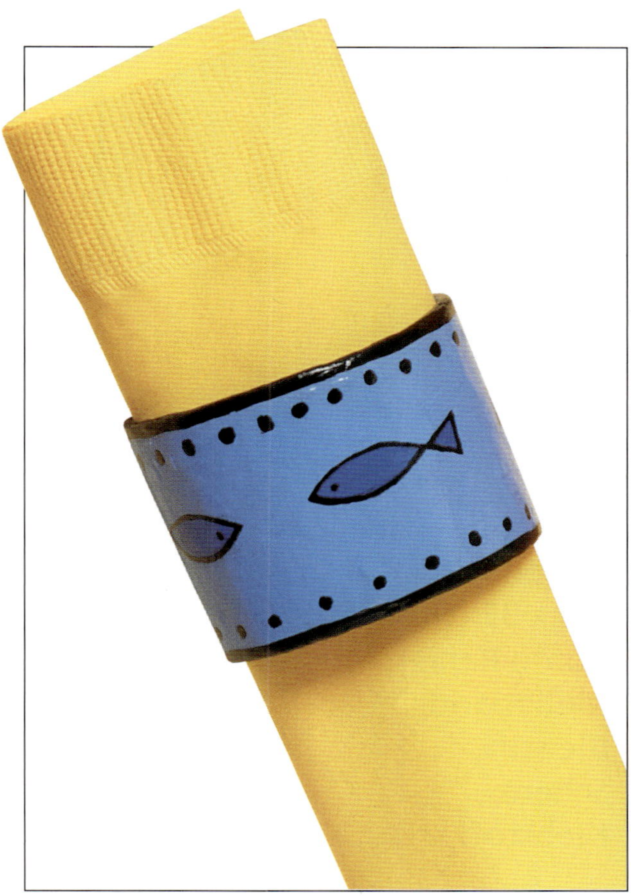

Set und Untersetzer

Material

2 verschiedenfarbige Bögen Papier (25 x 33 cm),
bunte Papierreste,
Klebeband,
Bleistift,
Schere,
Klebstoff

Tischset

1 Reiße den ersten Papierbogen der Länge nach in unregelmäßige Streifen, die du der Reihe nach mit dem Bleistift nummerierst.

Klebe diese an einem Ende mit Klebeband am Tisch fest. Reiße den zweiten Bogen ebenso in Streifen und nummeriere auch sie.

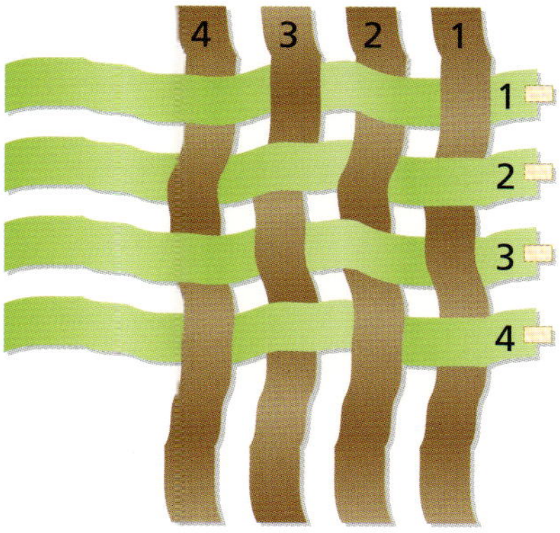

2 Nun werden die Streifen gewebt, wobei sie abwechselnd unter- und übereinander durchgeschoben werden.

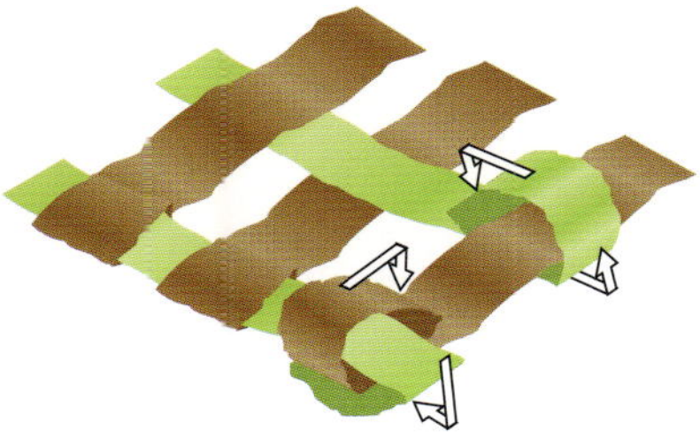

3 Die Kanten werden gerade, wenn du die überstehenden Enden unter das Set knickst und unter die Randstreifen schiebst.

Untersetzer

1 Lege zwei verschiedenfarbige Blätter Papier übereinander.

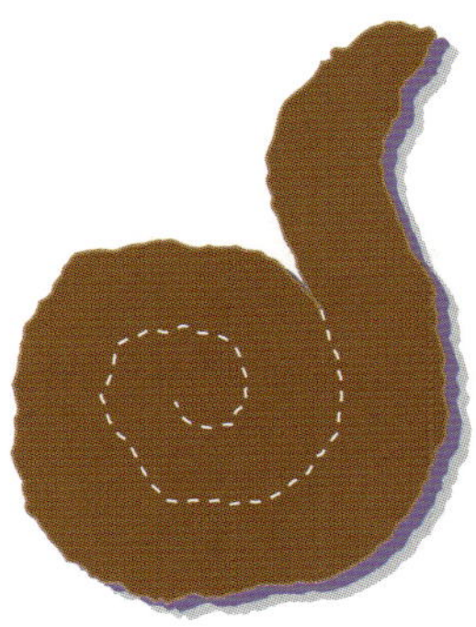

2 Reiße aus beiden zusammen einen Kreis aus und aus den Kreisen eine unregelmäßige Spirale.

3 Verwickle die Spiralen ineinander wie abgebildet. Wenn nötig, kannst du sie mit etwas Klebstoff zusammenkleben.

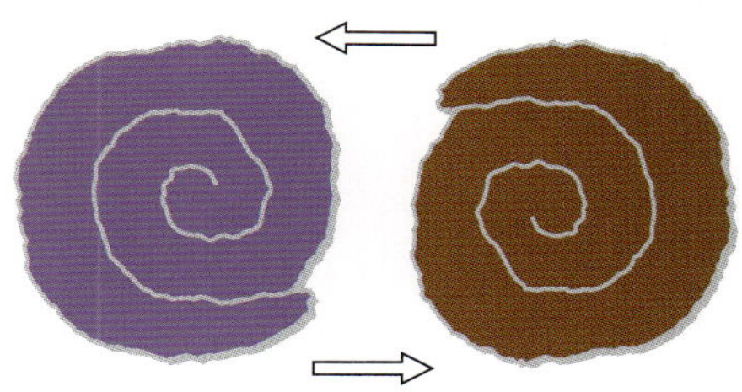

Wenn du die Sets und Untersetzer farblich passend zum Geschirr bastelst, wird der Tisch so richtig festlich.

Gips-Kerzenständer

Material

Gips (auf die Herstellerangaben achten!), Wellpappe, dicke Pappe, Pauspapier, Malerkrepp, feines Schmirgelpapier, Farbe, dicker und dünner Pinsel, Flaschenverschluss aus Metall- oder Plastik, Bleistift, Schere,
Vorlagen S. 244

Vorsicht: Eine brennende Kerze darf nie allein gelassen werden!

Gips-Kerzenständer kannst du aus einfachen Motiven wie Birne, Haus, Boot usw. schaffen.

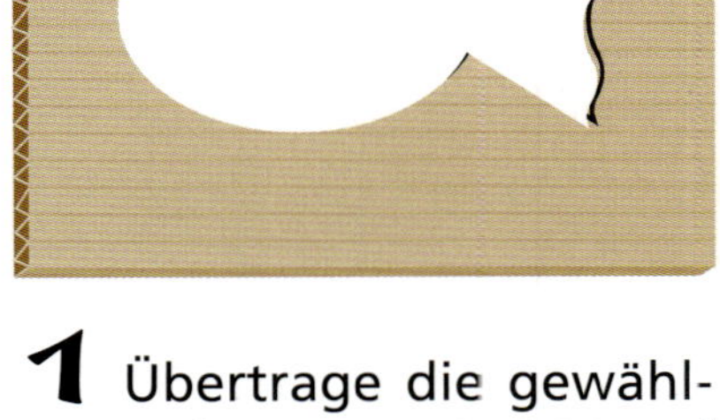

1 Übertrage die gewählte Vorlage von S. 244 auf Papier. Schneide sie aus. Lege sie auf dicke Pappe und zeichne mit dem Bleistift ihren Umriss nach.

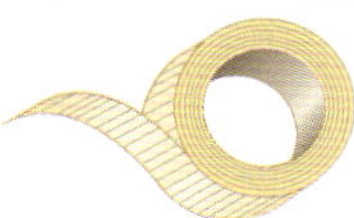

2 Schneide einen etwa 3 x 30 cm großen Streifen aus Wellpappe. Klebe ihn mit Malerkrepp rings um die Pappvorlage. Fertig ist die Gussform.

3 Rühre den Gips an und gieße ihn in die Form. In die Mitte drücke einen Flaschenverschluss. Schüttle alles vorsichtig, damit die Luftblasen entweichen. Nach 3 Std. entferne Klebeband und Pappe.

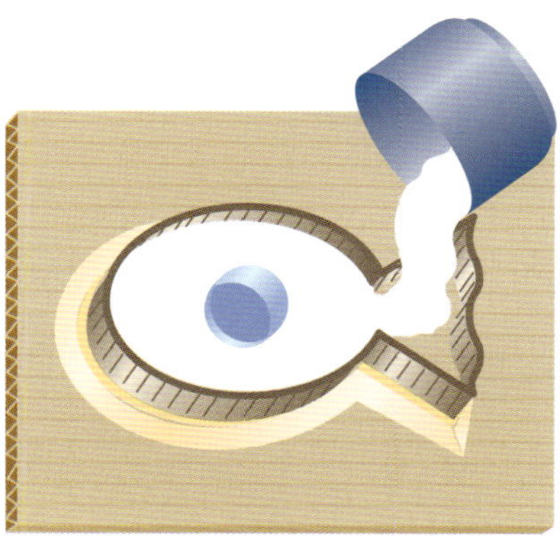

4 Bitte einen Erwachsenen, den Verschluss mit dem Messer zu lösen. Schmirgle dein Motiv ab und male es bunt an.

Vasen-Matrose

Material

1 großer Bogen weiße Pappe,
Cutter, Schere, Bleistift,
Pauspapier, Pappreste,
1 hohes Glas,
Farbe, verschiedene Pinsel,
Klebstoff, Hefter, Klebeband,
Vorlage S. 241

1 Vergrößere die Vorlage für den Matrosen von Seite 241 um das Doppelte und übertrage sie (einmal spiegelverkehrt) auf die Pappe. Schneide sie aus.

2 Bemale Pullover, Schuhe und Mütze. Lasse die Farbe gut trocknen.

3 Schneide einen 3 cm breiten Pappstreifen aus, der etwas länger ist als der Umfang des Glases. Lege ihn um das Glas und klebe die Enden fest.

4 Nimm den Streifen vorsichtig vom Glas und hefte ihn zusätzlich zusammen.

5 Nun klebst du ihn mit Klebstoff zwischen die Matrosen. Verstärke die Klebestellen mit Klebeband und lasse alles gut trocknen. Stelle das Glas in den Ring.

Dieser Matrose trägt einen gestreiften Pullover.

Meeres-Pinnwand

Material

Pappe,
Cutter, Schere,
Bleistift, Farbe,
dicker und dünner
Pinsel,
Klebstoff,
Reißzwecken,
Bildaufhänger

1 Wähle ein Stück Pappe aus, das groß genug ist, um daran Notizzettel und kleine Bilder aufzuhängen.
Bitte einen Erwachsenen, es mit dem Cutter zurechtzuschneiden. Male den Hintergrund mit dem breiten Pinsel himmelblau an.
Lasse die Pappe gut trocknen und trage eine zweite Farbschicht auf.

2 Zeichne unten auf die Pappe eine Wellenlinie. Male das Meer dunkelblau. Nach dem Trocknen trage eine zweite Farbschicht auf.

3 Zeichne 4 Wolken auf einen Papprest, schneide sie aus und male sie weiß an.

4 Zeichne genauso eine Sonne, schneide sie aus und male sie gelb an.

Andere Motive aus dem Meer

5 Zeichne drei Segelboote, schneide sie aus und bemale sie: die Rümpfe in leuchtenden Farben und die Segel in weiß. Lasse sie trocknen.

6 Wenn alles gut durchgetrocknet ist, klebe Sonne, Wolken und Boote auf.

7 Zum Aufhängen der Meeres-Pinnwand klebst du einen Bildaufhänger auf die Rückseite.
Nun kannst du mit bunten Reißzwecken Notizzettel anpinnen.

Bemalte Gläser

Material

Flasche, Marmeladengläser oder ähnliche Behälter aus Glas, Glasmalfarbe in verschiedenen Farben, dicker und dünner Pinsel

Achtung: Die Gläser innen nicht bemalen, wenn du darin Lebensmittel aufbewahren willst!

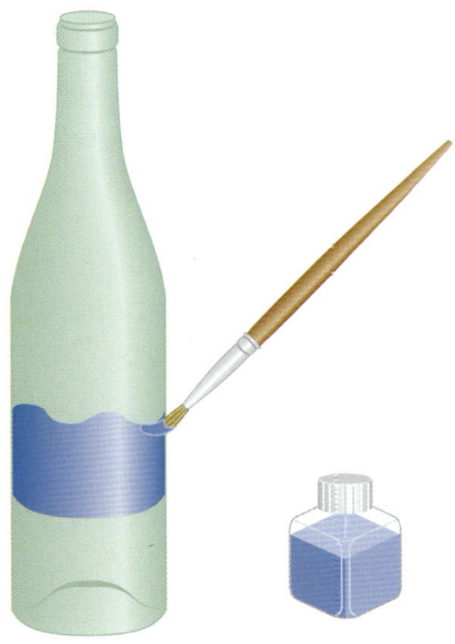

1 Wasche und trockne das gewählte Gefäß gut ab. Zuerst trägst du die Grundfarbe auf der ganzen Fläche oder nur auf einem Teil auf. Beachte dabei die Herstellerangaben!

3 Für Marmeladen- oder Jogurtgläser eignen sich am besten einfache Motive oder Farbtupfer, die mit der Pinselspitze aufgetragen werden.

4 Nun kommen die letzten Einzelheiten. Wenn das Glas einen Deckel hat, bemale ihn in passenden Farbtönen. Lasse alles gut trocknen.

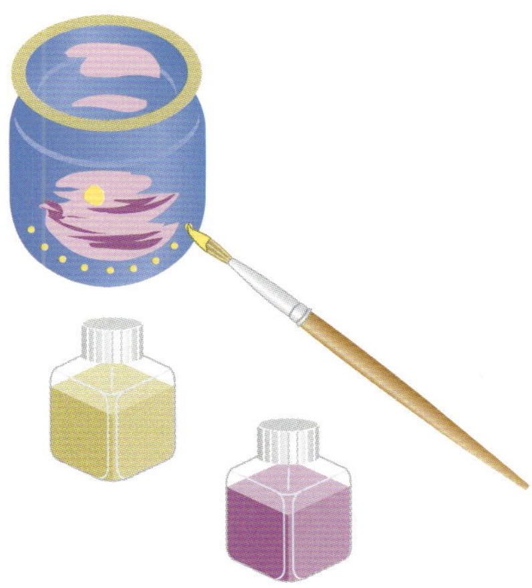

2 Male nun die Motive mit dem dünnen Pinsel auf die Flasche. Jede Farbe muss trocken sein, bevor die Nächste aufgetragen wird.

Wenn du nicht so gut freihändig zeichnest, kannst du fertige Schablonen aus dem Bastelladen nehmen.

Ozean-Fensterbild

Material

blaues Tonpapier, Pauspapier, weißes Transparentpapier, Filzstifte, Klebepunkte, Bleistift, Schere, Klebstoff, weißer Stift, Klebeband, Vorlagen S. 245

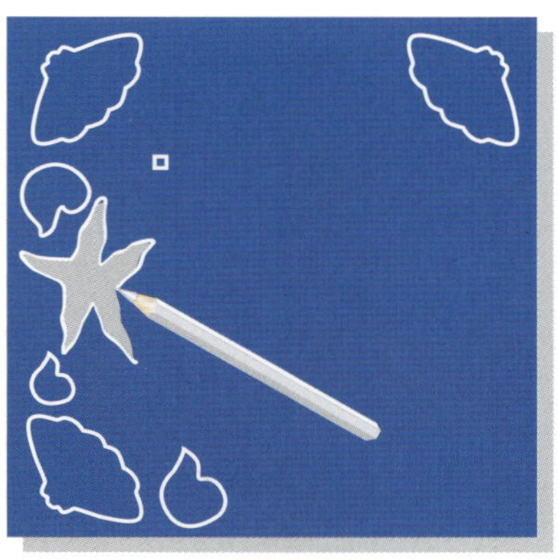

Buntes Fenster mit Muscheln

1 Übertrage die Vorlagen für die Muscheln von S. 245 auf Pauspapier. Ausschneiden. Übertrage sie dann mit dem weißen Stift auf blaues Papier von 21 x 21 cm Größe und verteile sie wie auf dem Foto oder nach Geschmack.

2 Lasse die Muscheln von einem Erwachsenen mit dem Cutter ausschneiden.

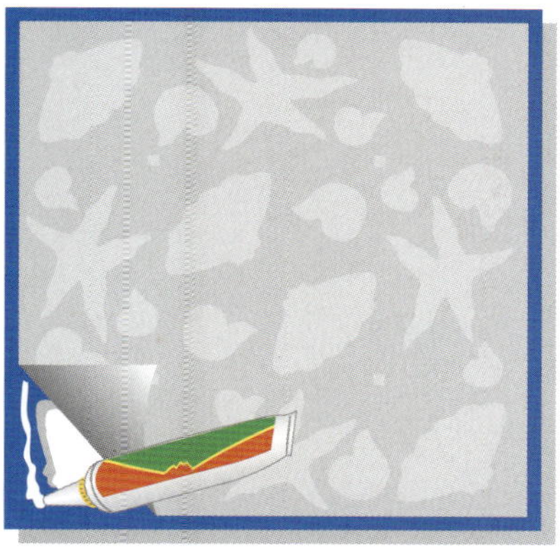

3 Klebe nun hinter das gesamte blaue Papier ein etwas kleineres Blatt Transparentpapier.

4 Male alle Muscheln von hinten bunt an. Nun kannst du das Blatt mit Klebeband am Fenster befestigen.

Buntes Fisch-Fenster

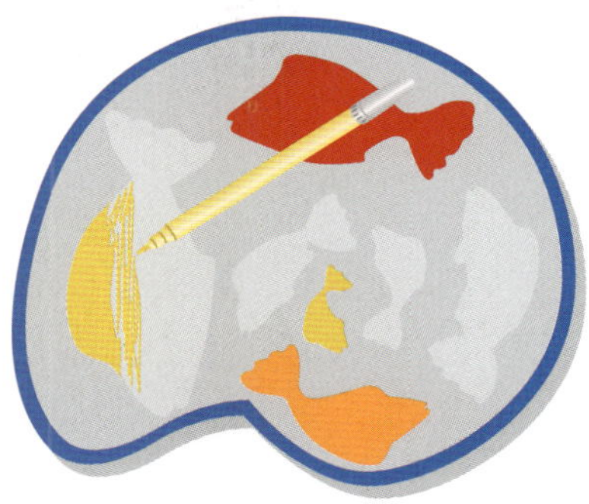

1 Zeichne ein Schneckenhaus auf blaues Papier und schneide es aus. Übertrage darauf die Fische von S. 245 mit dem weißen Stift und lasse sie von einem Erwachsenen ausschneiden.

2 Schneide ein Stück Transparentpapier zurecht, das etwas kleiner ist als die blaue Muschel, und klebe es dahinter. Bemale die Fische mit Filzstiften.
Drehe das Blatt um. Die Fische bekommen noch Augen aus weißen Klebepunkten, in die du einen schwarzen Punkt zeichnest.

Schlüssel-Haus

Material

Pappe, Bleistift,
Lineal, Farbe,
Klebstoff, Cutter,
dicker und dünner Pinsel,
9 Holzschrauben (30 x 3),
1 dünner Nagel

1 Übertrage mit dem Bleistift alle Teile des Hauses vom Montageplan auf Pappe. Lasse sie von einem Erwachsenen ausschneiden.

2 Male den Untergrund rosa an, das große Rechteck und das Dreieck fürs Dach gelb. Lasse alles gut trocknen. Klebe die Teile auf.

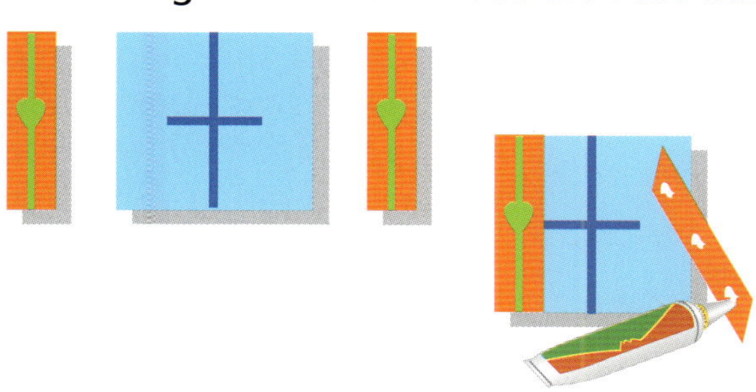

3 Male die Fenster blau, Tür und Fensterläden orange und grün. Lasse sie trocknen und klebe sie auf.

4 Wenn der Klebstoff trocken ist, bitte einen Erwachsenen, mit dem Nagel 9 kleine Löcher an die Stellen zu stechen, die auf dem Montageplan mit roten Kreuzen gekennzeichnet sind. Vorsicht, dass dabei die Farbe nicht verkratzt!

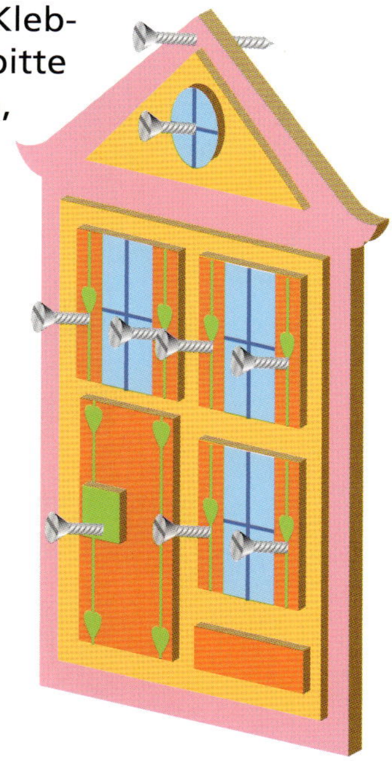

5 Setze die 9 Schrauben ein. Die Schraube im Dachgiebel des Hauses muss durch die Pappe hindurchgehen, die anderen dürfen von hinten nicht zu sehen sein.

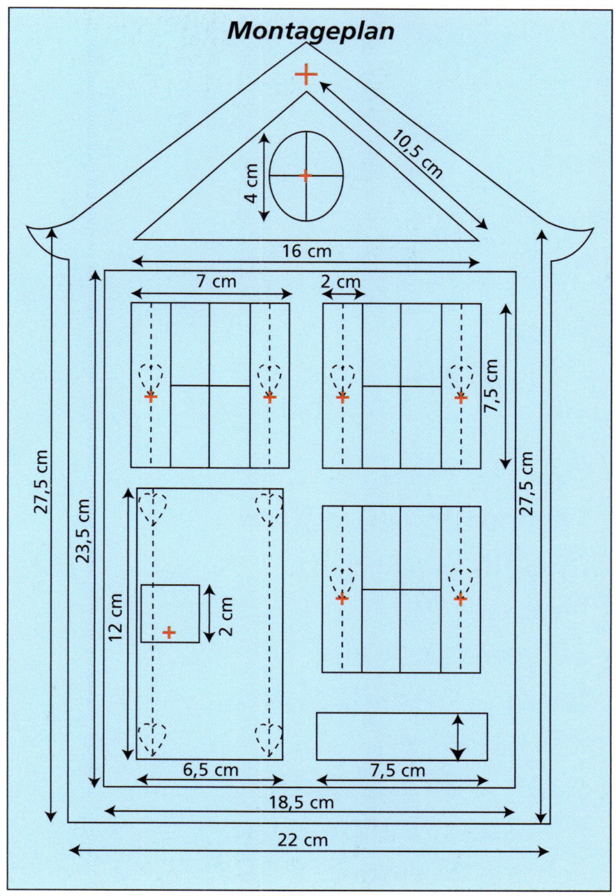

Weintraubenkranz

Material

Tonkarton (30 x 30 cm) in Gelb und Weiß, farbiges Papier, 80 Wattekugeln, Farbe, Pinsel, Bleistift, Zahnstocher, Pauspapier, Zirkel, Cutter, Klebstoff, weißer Stift, Schere, Vorlagen S. 254

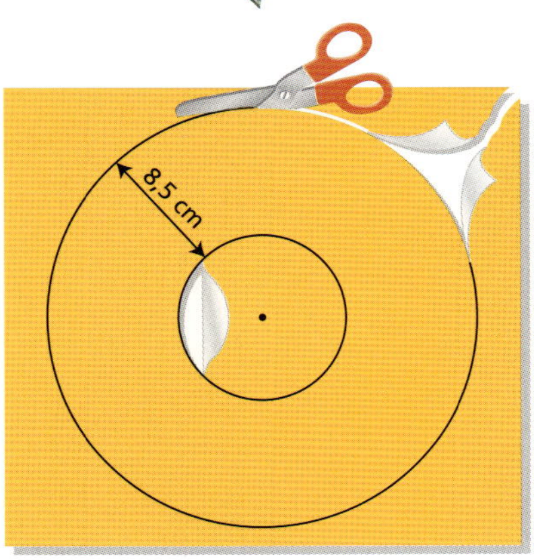

1 Ziehe auf dem gelben Tonkarton mit dem Zirkel einen Kreis mit einem Radius von 5,5 cm und vom selben Punkt aus einen mit 14 cm. Schneide den Kreis und sein Inneres aus. Zeichne auf weißem Karton einen Kreis mit 5,5 cm Radius und vom selben Punkt aus einen Kreis mit 14,5 cm Radius. Schneide auch diesen aus.

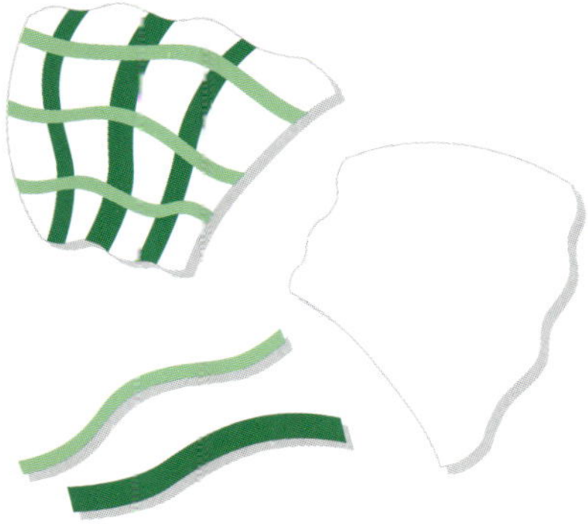

2 Schneide vier unregelmäßige Teile aus dem weißen Kranz.

Dann schneide Streifen in Wellenform aus hell- und dunkelgrünem Papier. Klebe sie im Gittermuster auf die weißen Teile. Was übersteht, schneidest du ab.

Wenn du einen Bildaufhänger hinter den Kranz klebst, kannst du ihn an die Wand hängen.

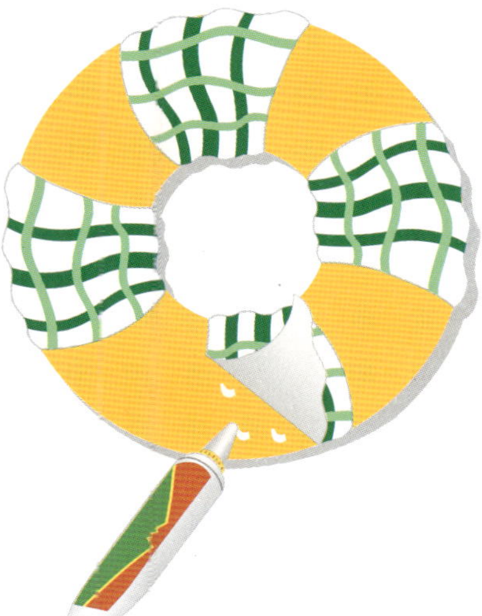

3 Lege die verzierten weißen Teile auf dem gelben Kranz zurecht und klebe sie fest.

4 Schneide vier unregelmäßige Stiele für die Weintrauben aus braunem Papier und klebe sie quer über die weißen und gelben Teile des Kranzes.

5 Übertrage die 4 großen und die 4 kleinen Blätter der Vorlage von S. 254 auf grünes Papier und schneide sie aus. Zeichne die Blattnerven mit dem weißen Stift. Klebe die Blätter auf die gelben Kranzteile.

6 Bemale 40 Wattekugeln grün und 40 Kugeln rot. (Zum Festhalten stecke einen Zahnstocher in die Kugeln.) Jeweils 20 Kugeln klebst du zu einer Traube zusammen und befestigst sie dann auf den gelben Kranzteilen.

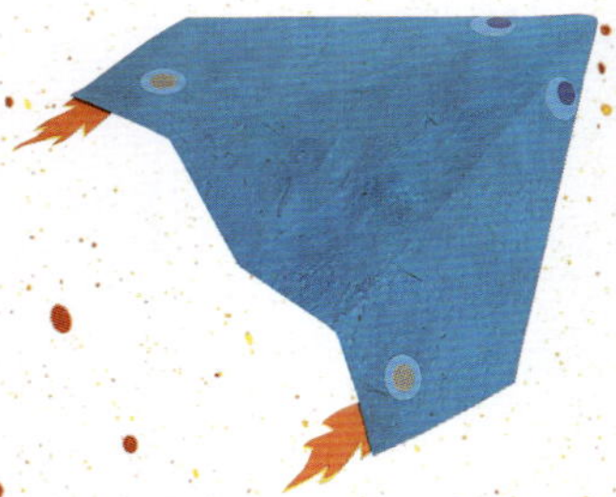

Für Spiel und Spaß allein oder mit Anderen findest du hier allerlei Ideen: spannende Spiele und lustige Spielsachen.

Wenn du allein spielen möchtest, kannst du z. B. Püppchen aus Wolle, Windräder, Fallschirmspringer, einen Gliederdrachen oder ein ganzes Indianerdorf aus Papier basteln.

Für Spiele mit deinen Freunden oder Geschwistern kannst du zwischen Fingerpuppen, einem Wurfspiel, Mini-Autos, Papierflugzeugen und noch vielem mehr wählen.

SPIELE UND SPIEL- SACHEN

Kleine Püppchen

Material

Wolle oder Bast,
Schere,
Klebstoff,
bunte Perlen

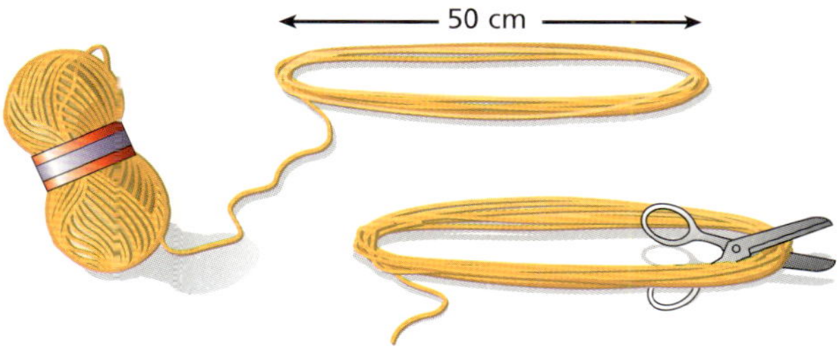

1 Lege mehrere etwa 50 cm lange Woll- oder Bastfäden zu einem dicken Strang und schneide die Enden durch.

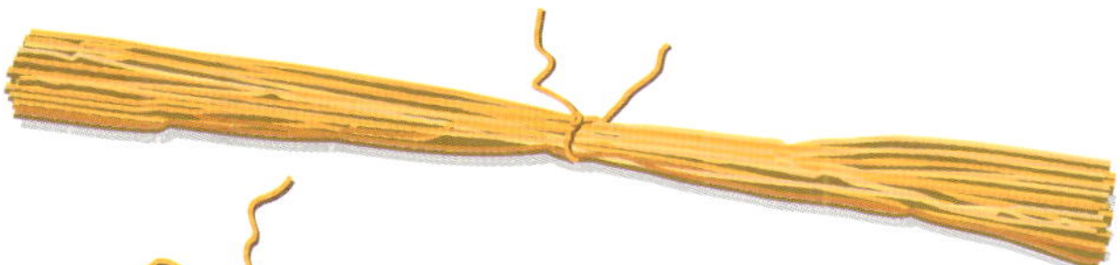

2 Binde sie in der Mitte mit einem Stück Faden zusammen, den du mindestens zweimal fest verknotest. Lege nun die zwei Hälften für den Rumpf der Puppe zusammen.

3 Binde 3 cm unter dem ersten Knoten den Kopf der Puppe ab. Teile die Wolle in drei Teile, sodass Arme und Körper entstehen. Umwickle die Arme unten mit einem Faden.

4 Lege in einer anderen Farbe einen etwa 10 cm langen Strang zusammen, den du in der Mitte durchschneidest. Ein Ende zusammenbinden. In der Mitte teilen.

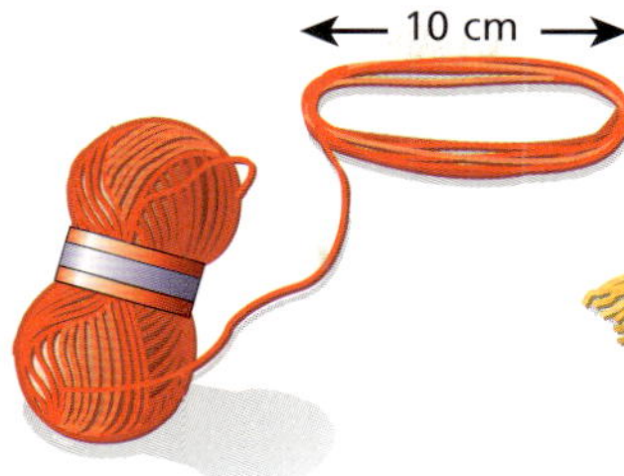

5 Die Beine binde unten ab. Oben auf die Hose kommt etwas Klebstoff, dann wird sie in den Körper geschoben und angedrückt, bis der Kleber trocken ist. Nun kannst du die Perlen auffädeln und als Augen und Mund festkleben.

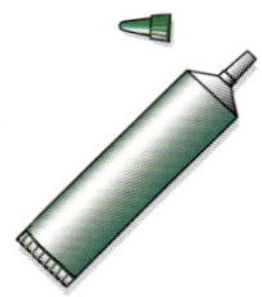

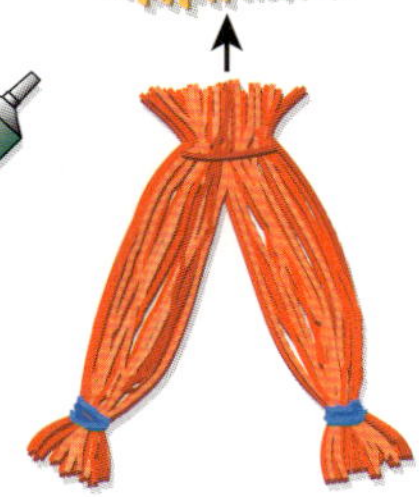

Windräder

Material

farbiges Papier,
Lineal, Schere,
Bleistift,
Klebepunkte bzw. Sticker,
Holzstab,
Farbe, Pinsel,
Korken,
Stecknadel

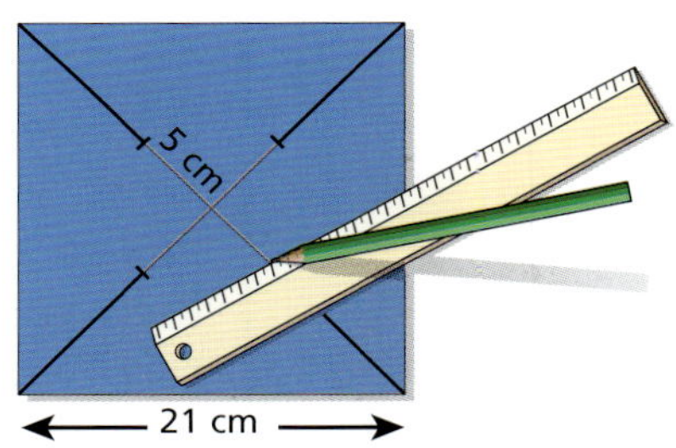

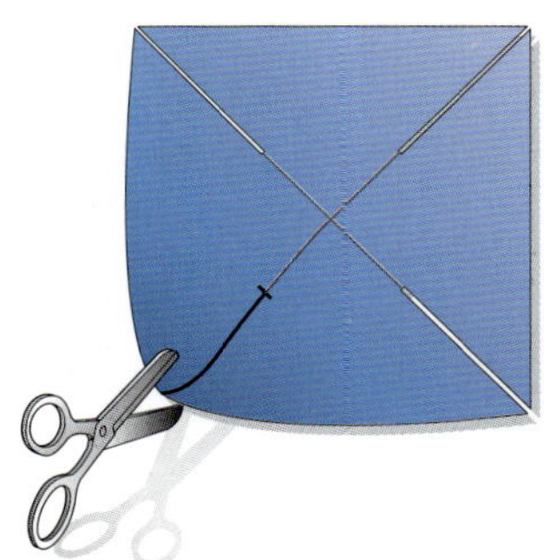

1 Schneide ein Quadrat mit 21 cm Seitenlänge aus. Zeichne die Diagonalen ein, die du 5 cm von der Mitte aus markierst. Schneide die Diagonalen von außen bis zu den Markierungen ein.

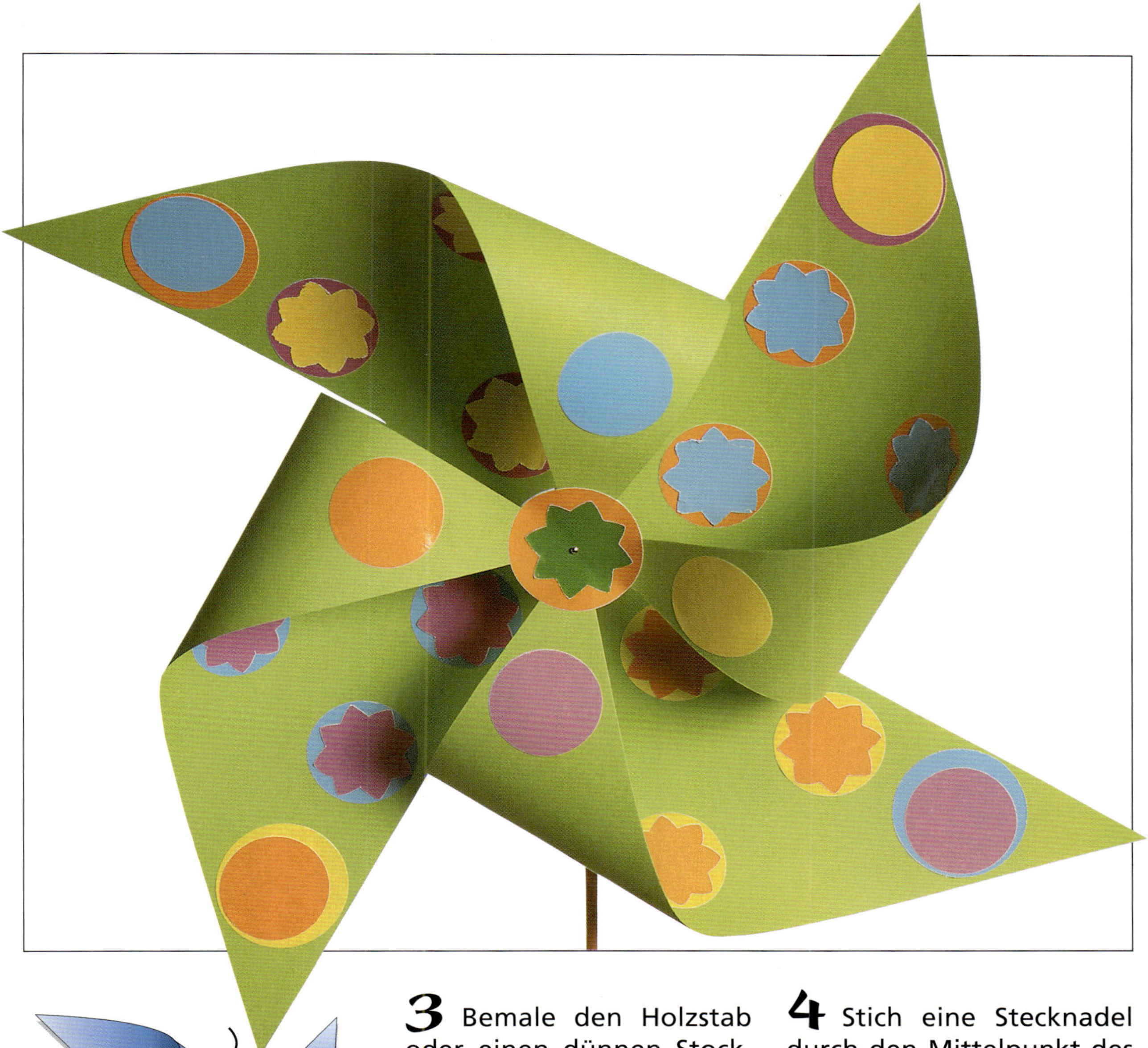

2 Schlage die Flügel nach innen. Befestige sie von hinten und von vorne mit einem Klebepunkt. Nun kannst du das Windrad verzieren.

3 Bemale den Holzstab oder einen dünnen Stock. Gut trocknen lassen. Dann stecke den Korken darauf.

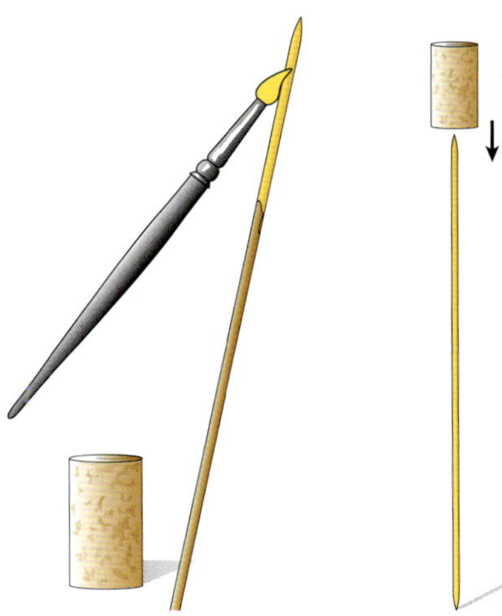

4 Stich eine Stecknadel durch den Mittelpunkt des Windrades und dann bis in den Korken.

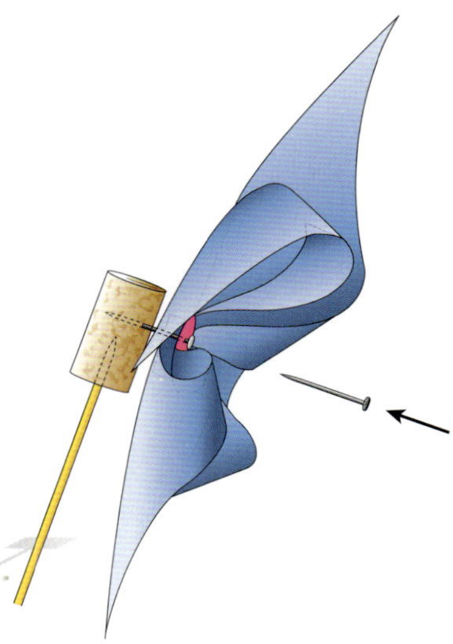

Burg Rollfried

Material

Schuhkarton,
4 Papprollen von Küchenkrepp,
Pappe, Bleistift, Zirkel,
Schere, Cutter, rotes Papier,
Zahnstocher, Farbe,
Pinsel, Klebstoff

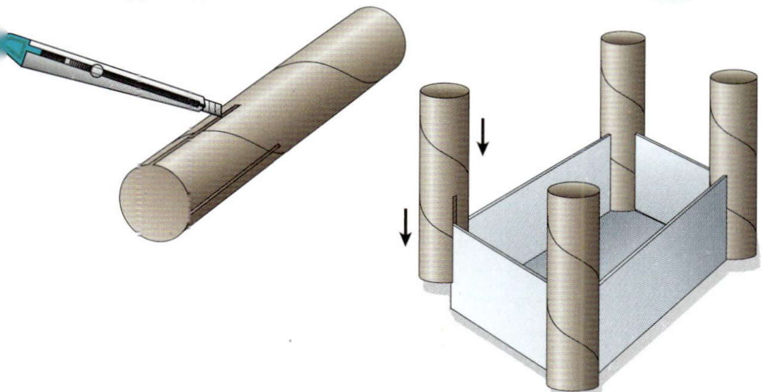

1 Schneide die Papprollen zweimal in 5 cm Abstand in der Höhe des Schuhkartons ein. Befestige sie als Türme am Karton.

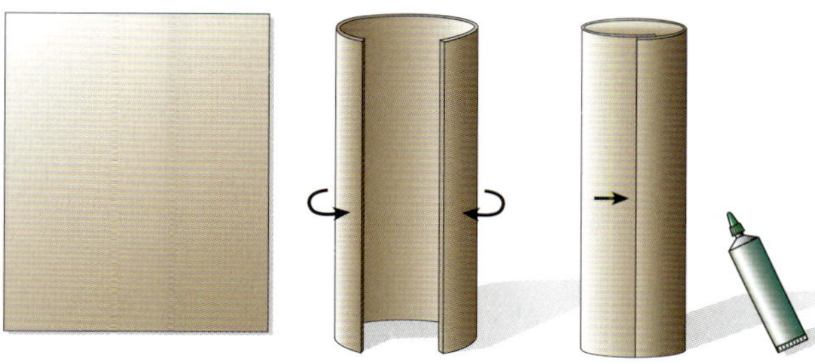

2 Schneide ein 21 x 26 cm großes Rechteck aus Pappe aus. Rolle es ein und klebe es zusammen. Das ist der Burgfried.

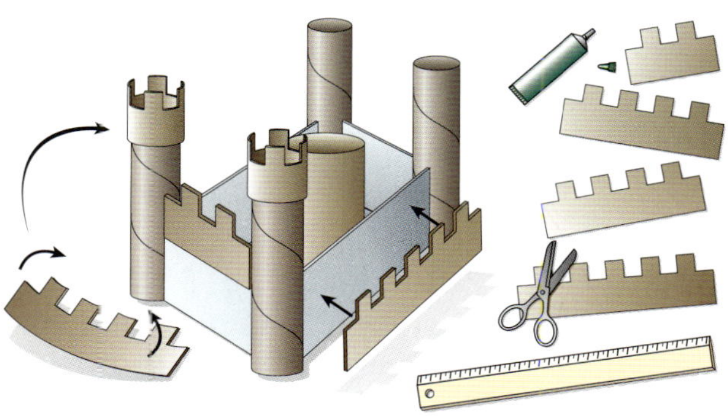

3 Schneide in 6 cm breite Pappstreifen alle 2 cm eine Zinne ein und klebe die Streifen auf. Ihre Länge passt du den Kartonmaßen an.

4 Schneide 4 den Seitenlängen des Kartons entsprechenden Streifen aus Pappe aus. Sie werden als Rundgang für die Spielfiguren von innen an die Mauern geklebt. Drücke sie an und lasse sie trocknen.

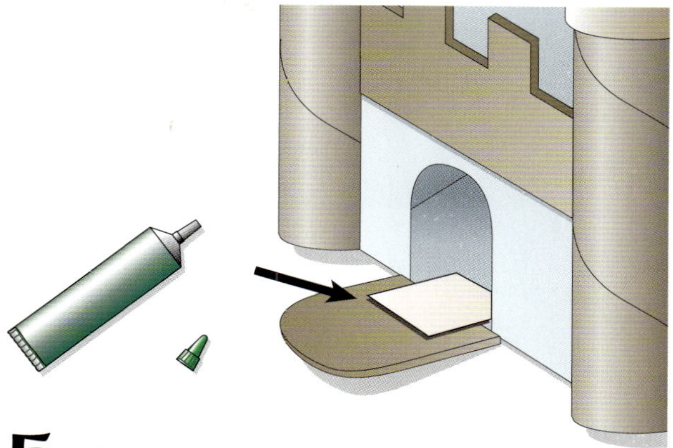

5 Bitte einen Erwachsenen, an einer Seite eine Toröffnung auszuschneiden. Schneide aus Pappe ein Tor, das größer ist als die Öffnung. Es wird mit einem Stück Papier befestigt, das halb auf das Tor und halb auf den Boden der Schachtel geklebt wird.

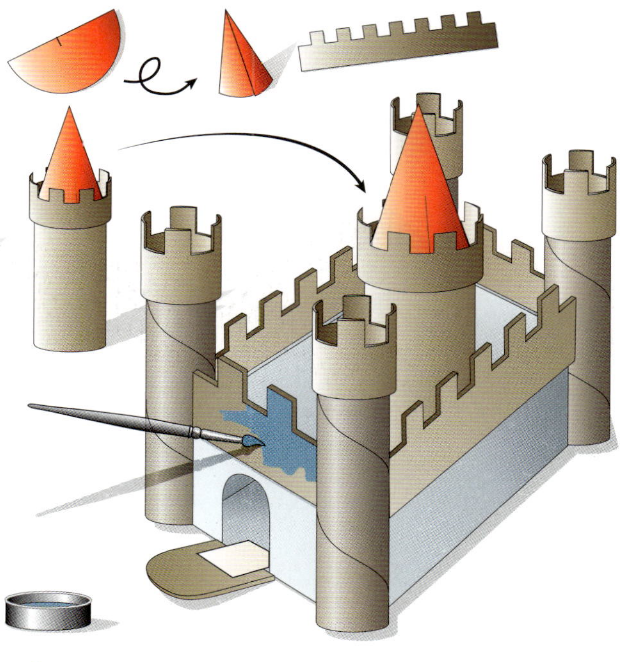

6 Zeichne mit dem Zirkel einen Halbkreis mit 11 cm Radius auf das rote Papier: bilde einen Kegel und klebe ihn oben auf den Burgfried. Eine kleine Papierfahne klebst du auf den Zahnstocher und steckst sie oben ins Dach. Nun kannst du die Burg anmalen.

Raffinierte Insekten

Material

Wäscheklammern aus Holz, Klebstoff, Lineal, Bleistift, Farbe, Pinsel, Wattekugeln, Papier, Schere

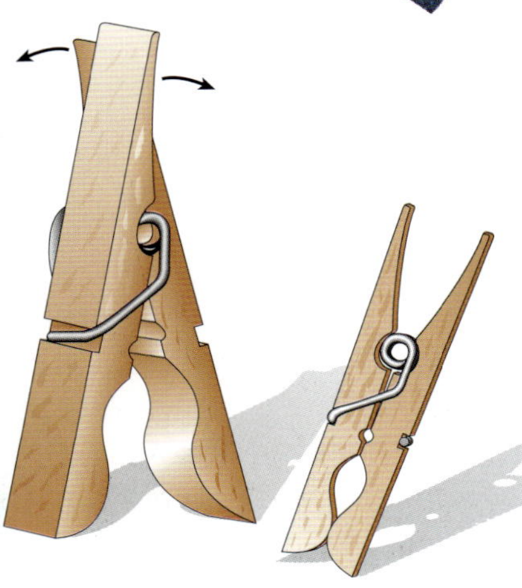

1 Am einfachsten ist es, wenn du dir außer den ganzen Wäscheklammern auch noch Wäscheklammer-Einzelteile im Bastelladen kaufst. Wenn du nur ganze Klammern hast, musst du sie in der Gegenrichtung der Feder auseinander drehen. Vorsicht, an der Feder kannst du dir wehtun!

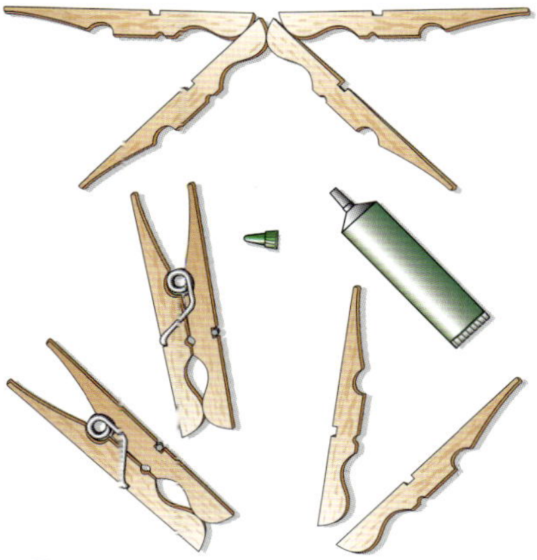

2 Die Flügel der Libellen und Mücken entstehen aus 4 halben Klammern, die du waagerecht oder senkrecht zusammenklebst. Festdrücken und trocknen lassen.

Diese raffinierten Mücken aus Wäscheklammern sind völlig harmlos und stechen garantiert nicht.

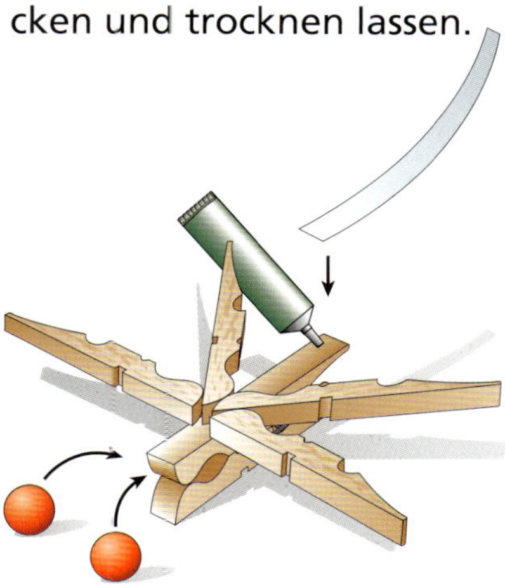

3 Für den Körper klebe eine ganze Klammer unter die Insektenflügel. Lasse sie trocknen. Eine halbe Klammer klebst du nun noch auf den Rücken der Mücke und auf den Rücken der Libelle einen 10 cm langen Papierstreifen.

4 Die Augen der Libelle enstehen aus 2 aufgeklebten Wattekugeln. Die Mücke bekommt 6 Beine aus Papier, die 9 cm lang und 2 mm breit sind und die du unter den Körper klebst.

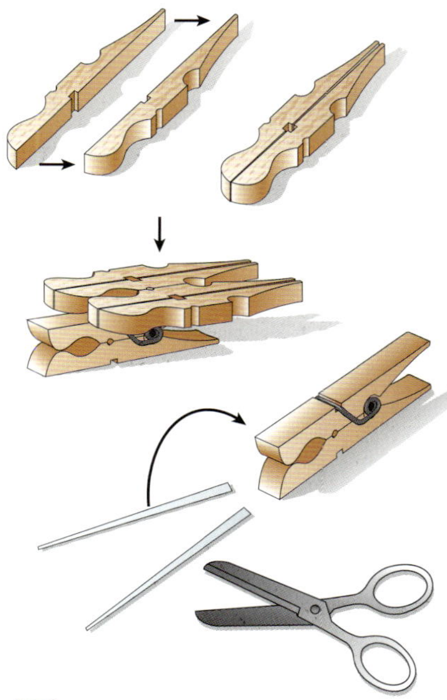

5 Für die Heuschrecken klebst du 4 halbe Klammern paarweise zusammen und befestigst sie nebeneinander auf einer ganzen Klammer. 2 Fühler aus Papier klebst du auf den Kopf.

6 Grashüpfer: Klebe auf beide Seiten einer ganzen Klammer 2 halbe, angewinkelt zusammengeklebte Klammern. Die Fühler sind aus Papier.

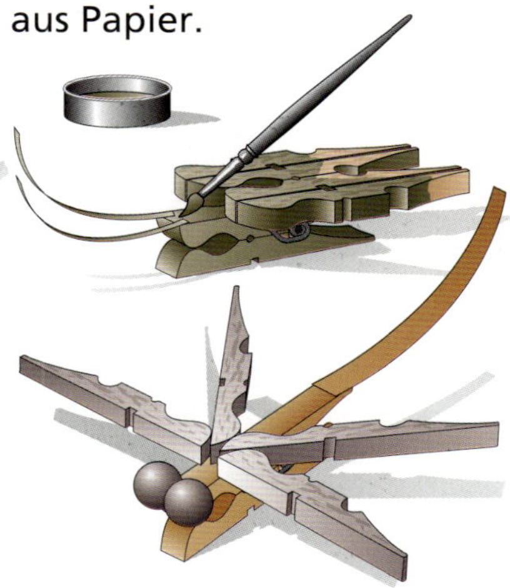

7 Lasse den Klebstoff gut trocknen. Nun bemale die Insekten mit stark verdünnter Farbe in Naturtönen und trockne sie gut.

Jan und Jana Rundlich

Material
Styropor-Eier,
Farbe,
verschiedene Pinsel,
Pfeifenputzer,
Bleistift,
Bastelfilz, Schere,
Zackenschere,
Moosgummi,
Locher, Wackelaugen,
Klebstoff

Wenn du keine Wackelaugen kaufen willst, kannst du auch kleine Kreise aus Moosgummi ausschneiden und auf das Gesicht kleben.

1 Male die Hälfte des Styropor-Eis rosa an und lasse es gut trocknen. Dann bemale die andere Hälfte. Wenn nötig, trage eine zweite Schicht auf.

2 Für die Haare schneidest du 1 oder 2 Stücke vom Pfeifenputzer ab und wickelst sie um einen Stift, sodass eine Spirale ensteht.

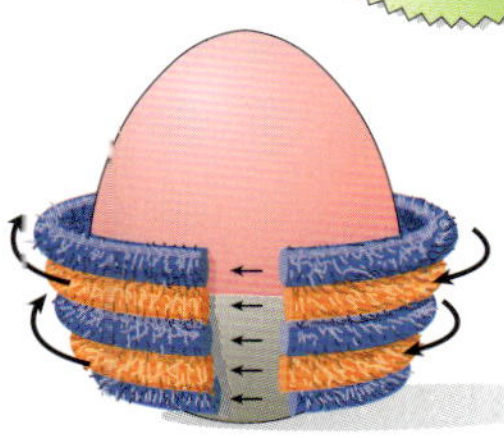

3 Das Kleid des Mädchens besteht aus Filz: Schneide mit der Zackenschere einen Kreis aus und aus diesem dann einen kleineren Kreis im Umfang des Eis.
Für den Ringelpulli des Jungen wickelst du Pfeifenputzerstücke um das Ei herum und steckst sie hinten gut fest.

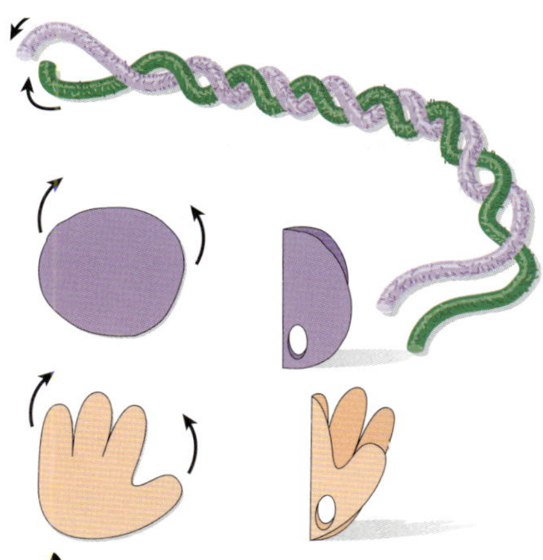

4 Arme und Beine entstehen aus je 2 umeinander gewickelten Stücken Pfeifenputzer. Zeichne dann Hände und Füße auf Moosgummi, schneide sie aus und loche sie.

5 Stich die Glieder der Figuren in das Ei hinein. In das Kleid kommen zwei Löcher für. die Arme. Nun gestalte die Gesichter.

Indianerdorf

Material

Holzstäbe, Zahnstocher, Wollrest oder Bast, Klebeband, Schere, farbiges Papier, Pappe, Draht, Klebstoff, kleine Federn, lufthärtende Modelliermasse, Farbe, Pinsel

Tipi

1 Binde 5 Holzstäbe mit Wolle oder Bast zusammen. Klebe unten zwischen die Zeltstangen mit Klebeband Zahnstocher, damit das Tipi besser steht. Lasse eine Seite offen.

2 Überziehe das Tipi mit Papier, das unten und am Zelteingang 1 cm übersteht. Das überstehende Papier knickst du um und befestigst es mit Klebeband.

3 Verziere das Tipi mit Mustern aus Papier. Übertrage seinen Grundriss auf Papier und schneide ihn aus. Klebe ihn unter das Zelt.

Indianer

1 Schneide aus Pappe Kopf und Körper in der Größe wie auf dem Foto unten aus. Für Hals, Arme und Beine schneide Draht zurecht und biege die Hände in Form. Die Enden bestreichst du mit Klebstoff und stichst sie in die Pappe.

2 Forme aus Modelliermasse die Füße und befestige sie an den Beinen. Trocknen lassen. Nun male sie an und klebe Federn auf.

Gliederdrache

Material

6 Papprollen von Toilettenpapier, Schere, Cutter, Tonkarton, Bleistift, Locher, Wattekugeln, Farbe, Pinsel, Musterklammern, Pauspapier, Vorlagen S. 246

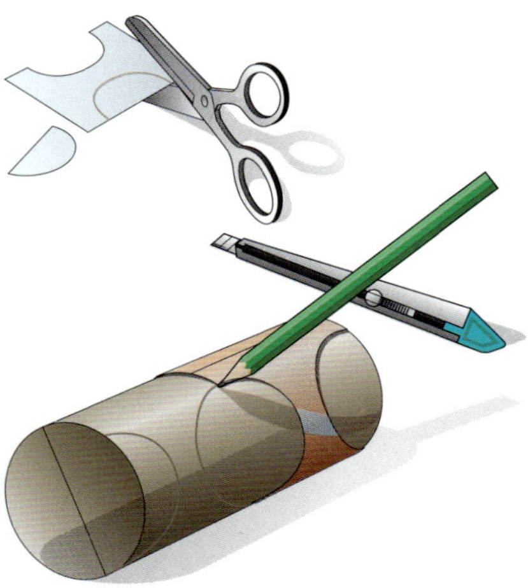

1 Übertrage die Vorlage für Glieder, Kopf und Schwanz des Drachen von Seite 246 auf Pauspapier. Schneide sie aus und zeichne sie auf die Papprollen. Aus jeder Rolle entstehen 2 Glieder.
Schneide die Formen aus oder bitte einen Erwachsenen, sie mit dem Cutter auszuschneiden.

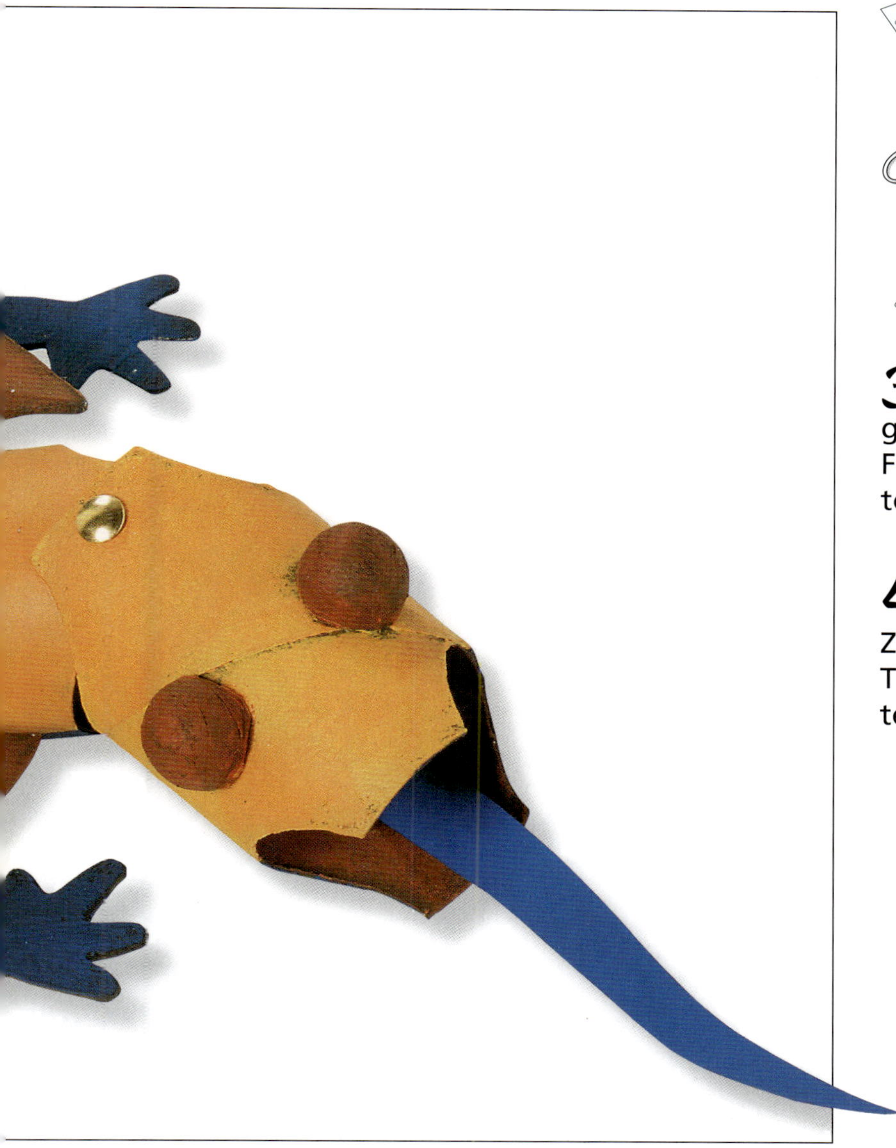

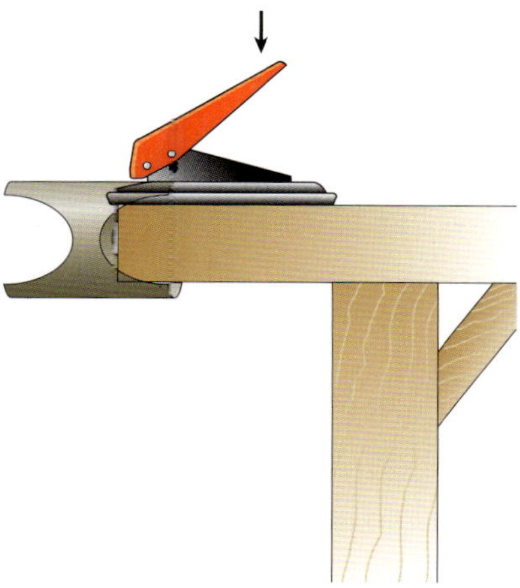

2 Loche die Formen mit dem Locher an den Enden.

Achtung: Die Schwanzspitze und das Vorderteil des Kopfes dürfen nicht gelocht werden.
Das Lochen geht leichter, wenn du die Ringe an eine Tischkante legst.

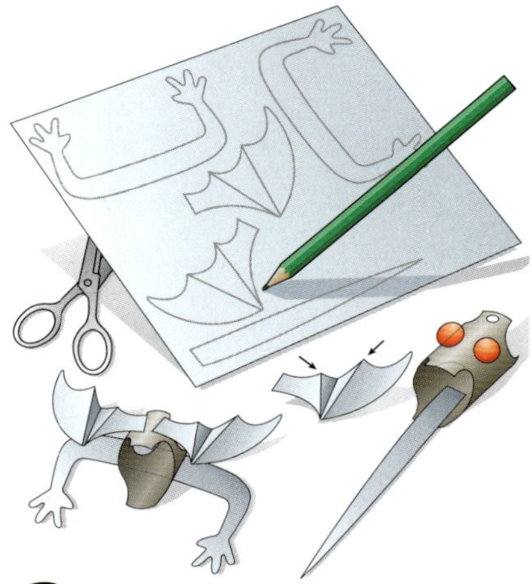

3 Übertrage die Vorlagen für Zunge, Flügel und Füße von S. 246 auf Tonkarton und schneide sie aus.

4 Falte die Flügel zur Ziehharmonika. Klebe die Teile auf, außerdem 2 Wattekugeln als Augen.

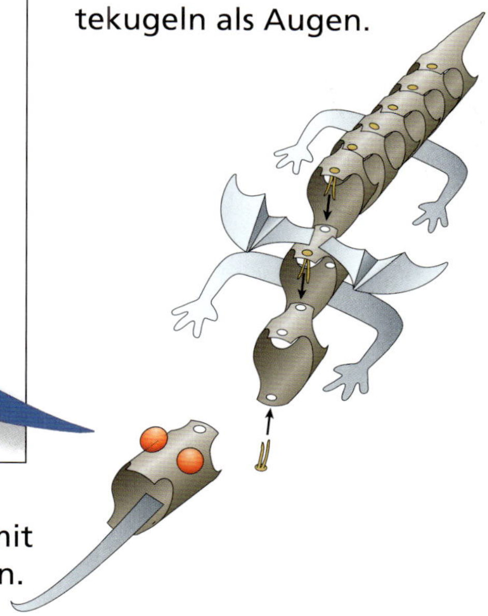

5 Male die verschiedenen Teile des Drachens an. Lasse sie gut trocknen. Nun steckst du die Glieder des Drachen wie auf dem Foto ineinander und befestigst sie mit Musterklammern, die du innen auseinander biegst.

Fallschirmspringer

Material

Stoff, Schere, Klebstoff,
Garn oder Wolle,
Stopfnadel, Wattekugeln
(kleine und mittlere),
Zahnstocher, Lineal,
Draht, Farbe, Pinsel

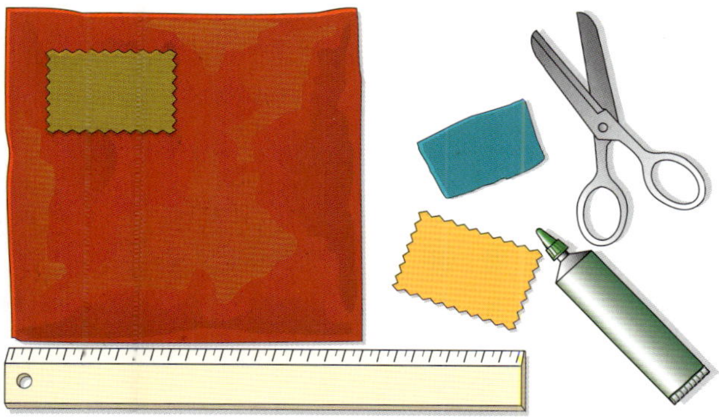

1 Schneide ein Stoffquadrat mit 20 cm Seitenlänge zu sowie verschiedenfarbige Formen, die du auf den Fallschirm klebst.

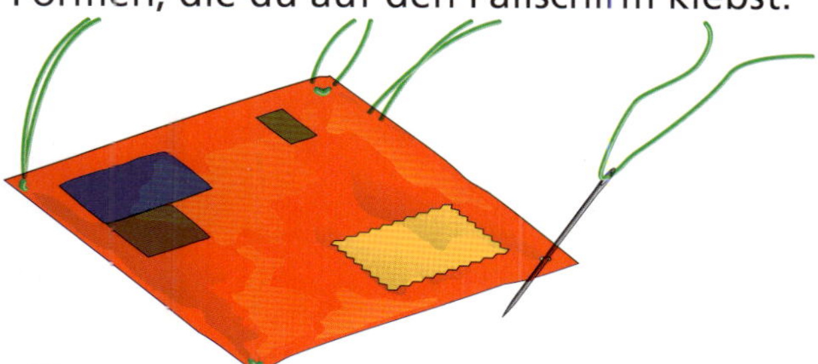

2 Ziehe durch alle Ecken je einen 50 cm langen Faden und lasse ihn überall gleich lang herunterhängen. Die Enden knotest du zusammen.

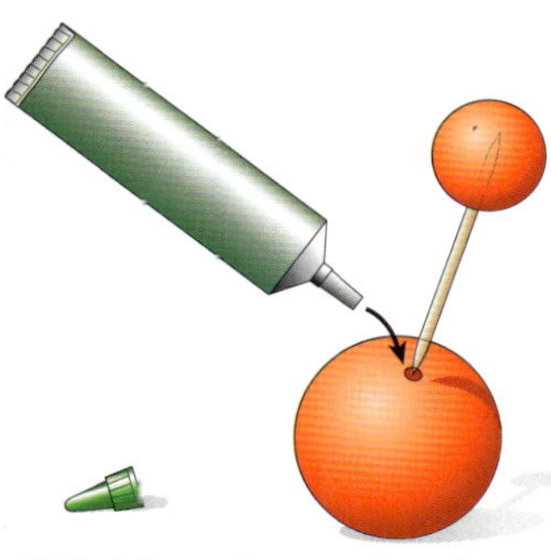

3 Klebe einen Zahnstocher in die kleine Wattekugel (Kopf) und dann in die große (Körper). Wickle einen Draht so um den Hals, dass auf beiden Seiten gleich lange Stücke für Arme und Hände des Fallschirmspringers stehen bleiben. Forme die Hände.

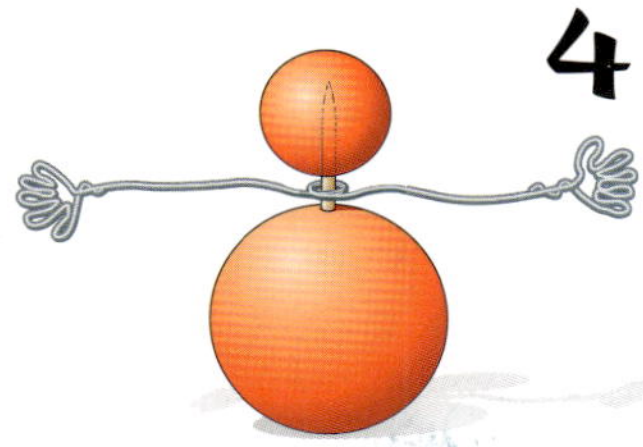

4 Stich mit der Nadel unten in die große Kugel Locher für die Beine. Schneide für diese 2 Stück Draht zurecht, die unten wie ein Lasso geschlungen werden. Streiche sie oben mit Klebstoff ein und stecke sie in die Löcher.

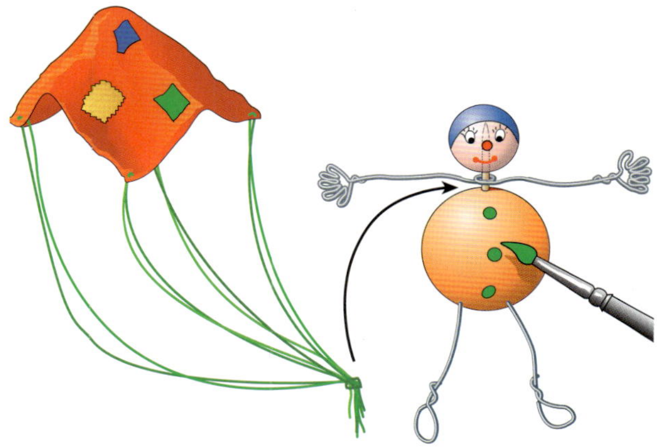

5 Nun wird der Fallschirmspringer bemalt. Lasse ihn trocknen. Knote die Fäden des Fallschirms fest um den Hals des Männchens und schneide überstehende Enden ab.

Lustige Flieger

Material
flache Bastelhölzer oder Eisstiele, Korken, Cutter oder Messer, Schere, Klebstoff, Farbe, Pinsel, Knöpfe, Bleistift, Streichhölzer, Pinn-Nadel, farbiger Tonkarton

1 Bitte einen Erwachsenen, mit dem Cutter oder dem Messer eine 5 mm dicke Scheibe von einem Korken abzuschneiden. Schneide dann von einem Bastelholz 2 cm für das Leitwerk des Flugzeugs ab. Zwei weitere 1,5 cm lange Endstücke vom Bastelholz brauchst du für die Höhenruder.

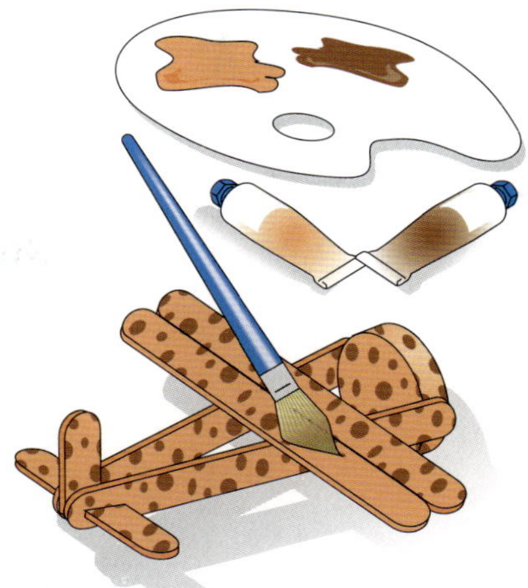

3 Bemale den Flieger in einer Grundfarbe. In einer anderen Farbe male Streifen oder Flecken.

4 Schneide 4 Streichhölzer mit der Schere in 2,5 cm lange Stücke.

2 Klebe die Korkscheibe und das Leitwerk zwischen die Enden zweier Hölzer. Gut trocknen lassen. Die Höhenruder klebe auf beide Seiten des Leitwerks. Gut andrücken und trocknen lassen. Klebe zwei Bastelhölzer als Tragflächen so auf das Flugzeug, dass sie auf beiden Seiten gleich weit überstehen. Gut trocknen lassen.

5 Klebe 2 Streichholzstücke im Dreieck unter jede Tragfläche und verbinde sie mit einem Streichholz. An jedes Dreieck kommt ein Knopf-Rad. Einen Propeller aus Tonkarton befestigst du mit der Pinn-Nadel auf dem Korken.

Fingerpuppen

Material

Bastelfilz,
Lineal,
Bleistift,
Klebstoff,
Schere,
Zirkel,
buntes Garn,
Nähnadel

1 Zeichne mit dem Bleistift die Form für den Körper der Fingerpuppe auf den Filz: ein oben abgerundetes Rechteck von ca. 4 cm Breite und 8,5 cm Höhe.

Für das Rückenteil der Fingerpuppe zeichnest du noch einmal die gleiche Form und schneidest beide aus.

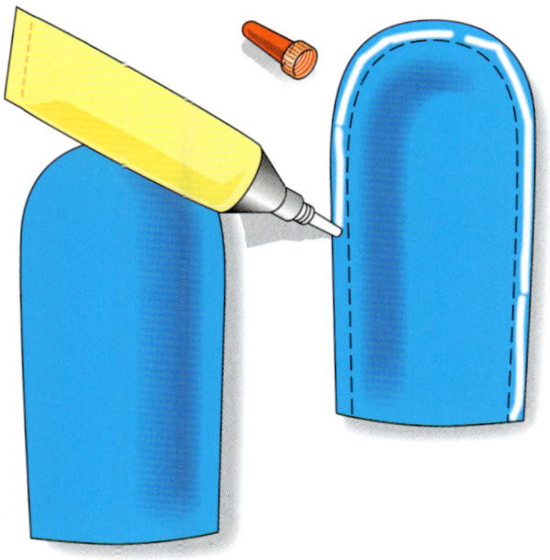

2 Nähe oder klebe Vorder-und Rückenteil der Fingerpuppe so nah wie möglich am Rand zusammen, allerdings nicht unten, damit du deinen Finger hineinstecken kannst.

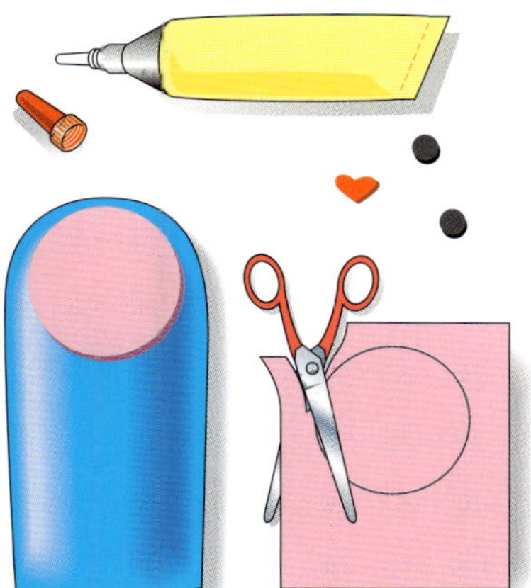

3 Aus andersfarbigem Filz schneide einen Kreis mit 3 cm Durchmesser für das Gesicht der Puppe aus. Klebe ihn oben auf den Körper und lasse alles gut trocknen.

4 Schneide aus verschieden-farbigem Filz Teile für Augen, Mund und eventuell Nase und Brauen aus und klebe sie auf das Gesicht. Lasse sie trocknen.

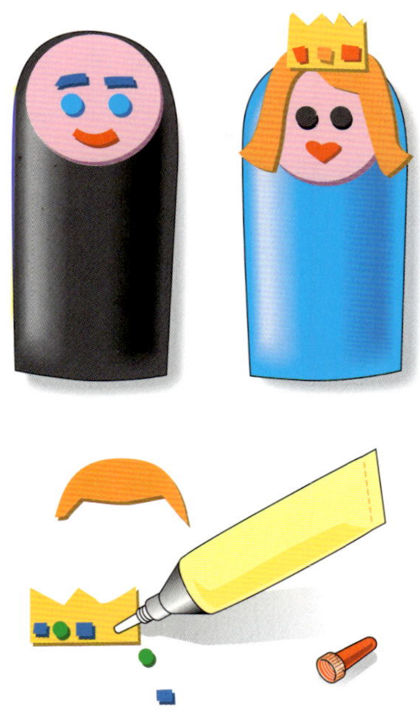

5 Nun schneidest du Haare, Hüte, Kronen, Mützen oder andere Verzierungen in anderen Farben aus. Klebe sie auf und lasse sie trocknen.

6 Du kannst die Körper der Fingerpuppen mit Knöpfen, einem Gürtel, einem Korb oder einer Fliege verzieren.

7 Zum Schluss schneide Umhänge oder Anzüge für die Puppen aus und klebe sie auf. Alle gut trocknen lassen und dann … Vorhang auf!

Foto-Figuren

Material
Wäscheklammern aus Holz, Handbohrer, Klebstoff, Farbe, Pinsel, Pfeifenputzer, Schere, Foto, eventuell Lack

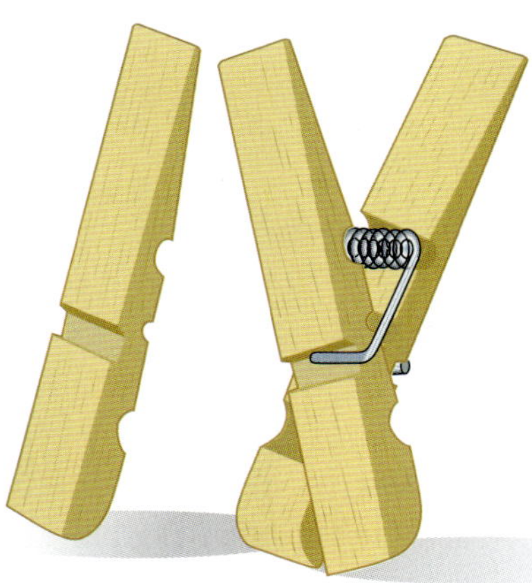

1 Am einfachsten ist es, wenn du zu den ganzen Wäscheklammern auch noch Wäscheklammern in Einzelteilen im Bastelladen kaufst. Wenn du aber nur ganze Wäscheklammern hast, drehe sie der Federnrichtung entgegen auseinander und teile sie so in zwei Hälften. Achtung, an den Federn kannst du dir wehtun!

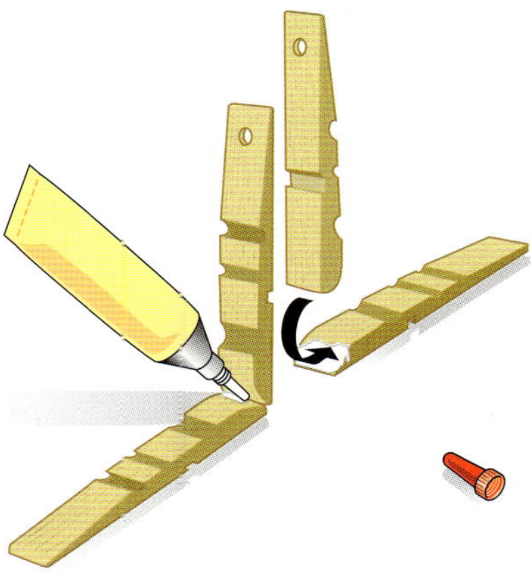

2 Bitte einen Erwachsenen, die Enden von zwei halben Wäscheklammern mit einem Handbohrer vorsichtig zu durchbohren, ohne dass das Holz sich spaltet. Für die Beine der Figur klebe die beiden halben Klammern auf je eine andere halbe Klammer ohne Loch. Ein paar Minuten festhalten und zusammen trocknen lassen.

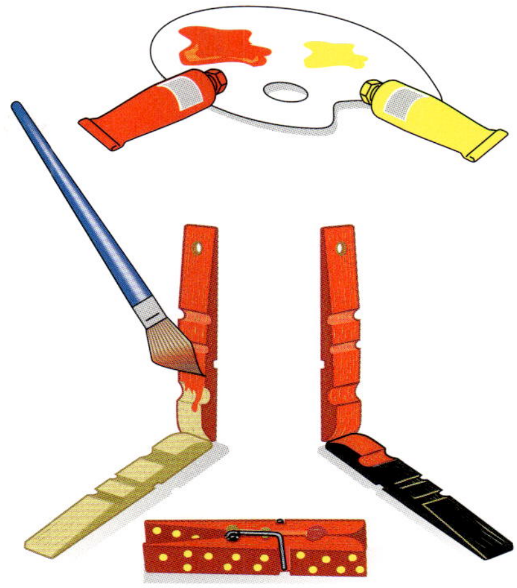

3 Bemale die Beine sowie eine ganze Wäscheklammer, die als Körper dienen wird. Lasse sie gut trocknen und lackiere sie.

4 Wenn der Lack vollständig trocken ist, steckst du auf die Füße der Figur wieder die Metallfedern.

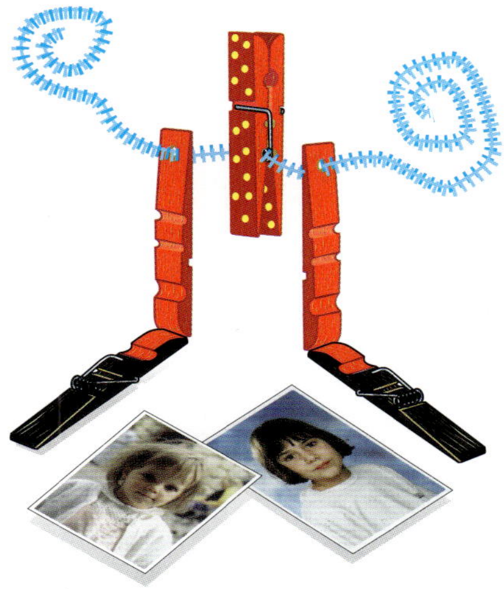

5 Schiebe einen bunten Pfeifenputzer durch das Loch im Bein, durch die Wäscheklammer und dann durch das Loch im anderen Bein. Die Enden rollst du als Arme zu Spiralen. Jetzt noch das Gesicht: Stecke ein Foto zwischen die Klammern.

Fantasieflugzeuge

Material
farbiges Papier,
z. B. Origami-Papier,
(Format A 4),
Schere,
Klebepunkte oder
Sticker,
Filzstifte,
Klebstoff

1 Am besten segeln die Flieger, wenn du recht leichtes Papier nimmst. Ideal ist Origami-Papier. Falte ein Rechteck aus farbigem Papier längs. Ziehe den Knick gut mit dem Fingernagel nach.
Schlage zwei Ecken zum Mittelknick hin um und ziehe die Kanten mit dem Nagel gut nach.

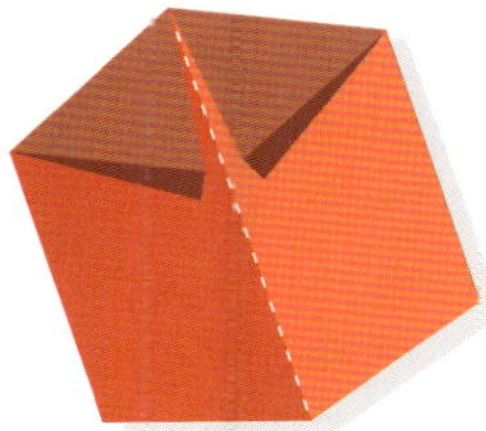

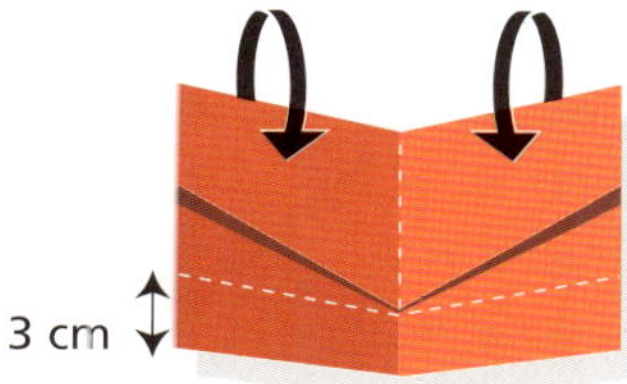

2 Knicke die dabei entstandene Spitze so nach unten um, dass sie 3 cm von der Unterkante entfernt aufliegt. Ziehe die Knicke fest mit dem Fingernagel nach.

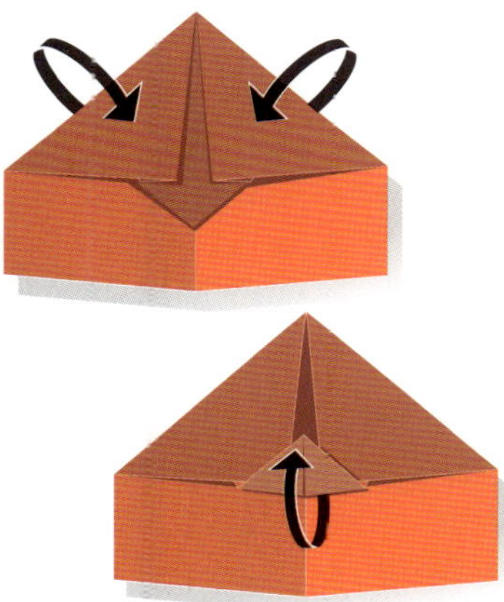

3 Die zwei oberen Ecken falte in Richtung Mittellinie und dann das kleine Dreieck nach oben. Gründlich knicken. Falte das Flugzeug nun an der Mittelfalte in der Mitte so zusammen, dass das kleine Dreieck unten sichtbar bleibt.

4 Achte darauf, dass du bei jedem Arbeitsgang die Knicke gut mit dem Fingernagel festdrückst. Wenn du sie sorgfältig ausführst, wird das Flugzeug gut fliegen und leicht durch die Lüfte segeln.

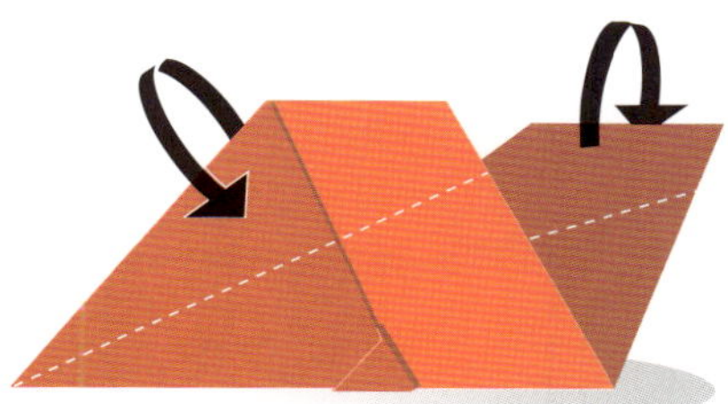

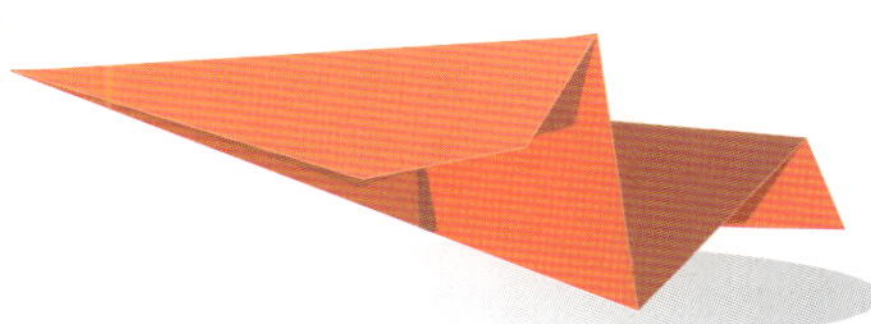

5 Knicke nun beide Flügel des Flugzeuges nach außen zur Mittelfalte hin. Fahre die Knicke fest mit dem Fingernagel nach.

6 Falte den Flieger auseinander. Nicht deutlich genug markierte Knicke ziehe zwischen Daumen und Zeigefinger durch.

7 Verziere das Flugzeug mit Klebepunkten, Stickern oder ausgeschnittenen Motiven. Für das Heck klebe einen langen, mit Filzstift bemalten Papierstreifen hinten auf.

Dominospiel

Material

Moosgummi in den Farben Schwarz, Blau und Braun, Bleistift, Lineal, Schere, Zackenschere, Locher, Klebstoff

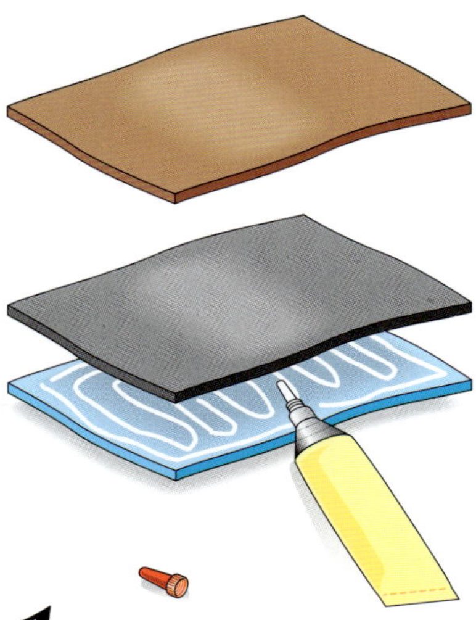

1 Klebe eine schwarze Moosgummiplatte auf eine blaue. Lege die braune Platte darauf.

2 Zeichne 2,5 x 5 cm große Rechtecke. Schneide sie aus. Kürze die braunen Rechtecke um 3 mm. Schneide sie mit der Zackenschere in der Mitte durch.

3 In beide braunen Teile stanzt du nun Löcher mit dem Locher.

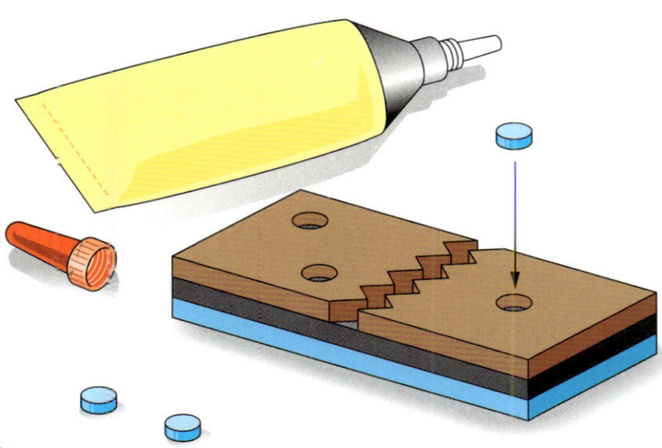

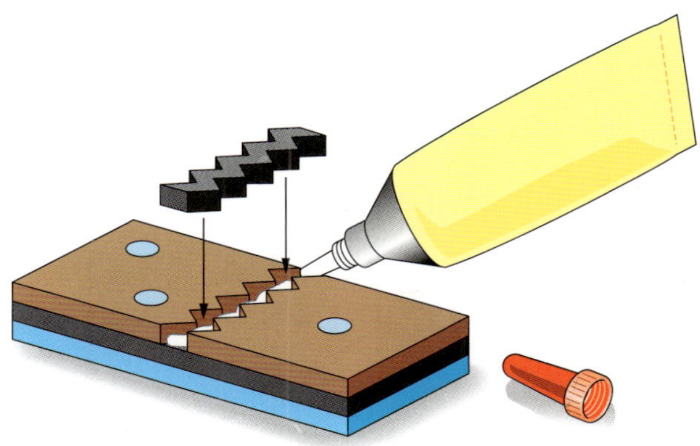

4 Klebe zwei Teile des braunen Rechtecks mit der Zackenkante nach innen auf ein blau-schwarzes. Mit dem Locher stanze Punkte aus einem blauen Moosgummirest und klebe sie in die Löcher der braunen Schicht.

5 Schneide mit der Zackenschere 3 mm breite Streifen aus schwarzem Moosgummi. Klemme sie zwischen die braunen Teile. So fertigst du alle Dominosteine für ein Spiel (28 Steine). Wenn du willst, kannst du die blauen Punkte und schwarzen Zacken auch festkleben, damit sie besser halten.

Wurfspiel

Material

4 Papprollen von Toilettenpapier, 4 Papprollen von Küchenkrepp, 4 Korken, Tonpapier, dünne Pappe, Sand, Messer, Farbe, verschiedene Pinsel, Klebstoff, Wackelaugen Bleistift, Schere

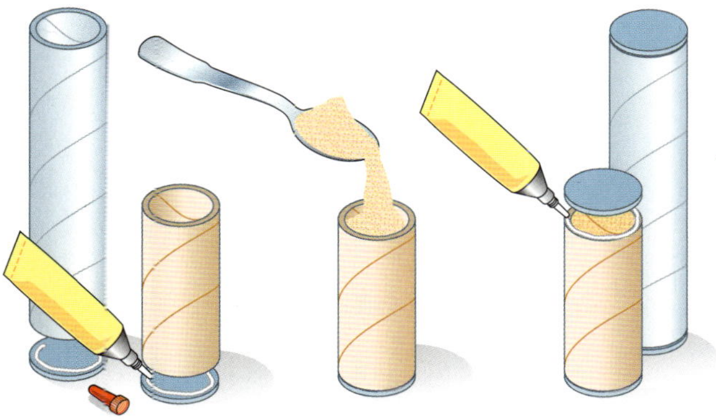

1 Fülle die großen Papprollen mit Sand und verschließe sie durch Aufkleben von Kreisen, die du aus dünner Pappe ausgeschnitten hast.

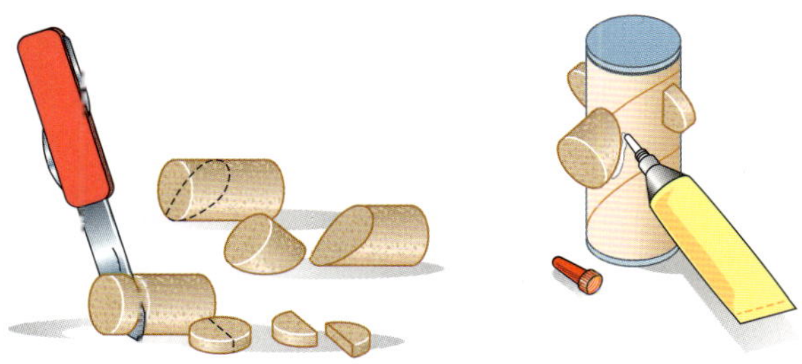

2 Schneide mit dem Messer Nasen und Ohren der Figuren aus den Korken. Klebe sie auf die kleinen Rollen.

3 Zeichne Brauen, Bärte, Narben usw. auf Tonpapier. Male sie an und schneide sie nach dem Trocknen aus.

4 Bemale Körper und Kopf der Figuren etwa so wie auf dem Foto. Lasse sie gut trocknen. Nun noch Motive wie Totenköpfe, Streifen oder Haare malen. Farbe gut trocknen lassen.

5 Klebe die ausgeschnittenen Teile und die Augen auf das Gesicht. Für den Ball des Wurfspiels rolle zwei Socken ineinander.

Da kommt der fürrrchterrrliche Seeräuber Schwarzbart!

Korken-Schiffchen

Material

Korken,
Messer,
Holzstab,
Farbe, Pinsel,
Zahnstocher,
Stoff,
Schere,
Klebstoff

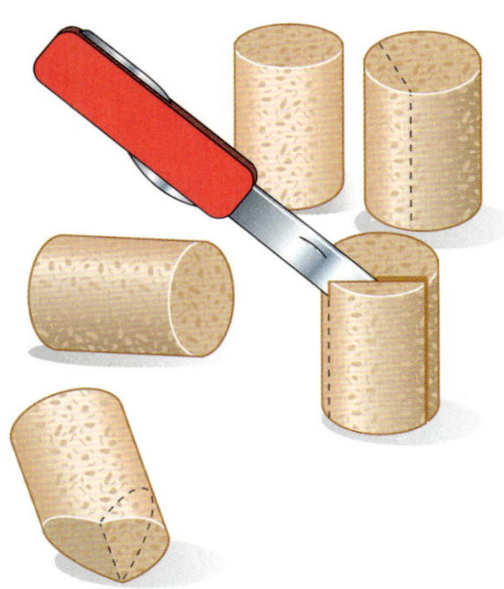

Kleine Boote

1 Korken kannst du sammeln oder in der Drogerie oder im Supermarkt kaufen.

Bitte einen Erwachsenen mit dem Messer den Korken der Länge nach durchzuschneiden und ein Ende spitz zuzuschneiden.

2 Male den Schiffsrumpf bunt an und lasse ihn gut trocknen. Als Mast stecke einen Zahnstocher in den Korken.

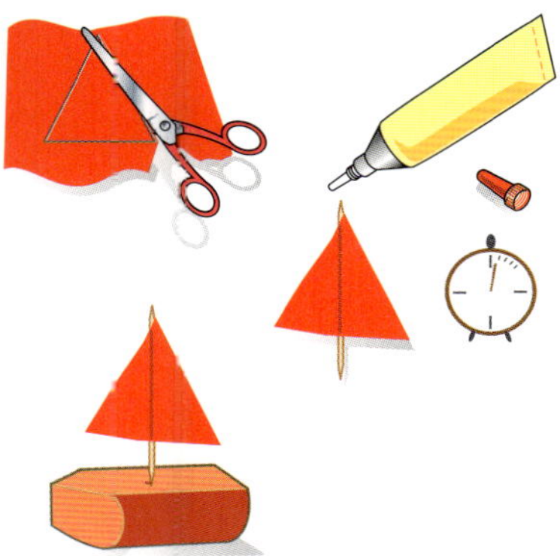

3 Schneide aus buntem Stoff ein Dreieck für das Segel aus und klebe es an den Zahnstocher.
Drücke das Segel ein paar Minuten fest an, damit es gut klebt. Lasse es dann trocknen.

Nach demselben Prinzip kannst du aus mehreren Korken ein größeres Boot bauen. Wenn du es nicht anmalst, sieht dieses Schiff ganz anders aus als die kleinen Boote.

Großes Schiff

Wenn du das Schiff nicht anmalst, kannst du es auch zu Wasser lassen.

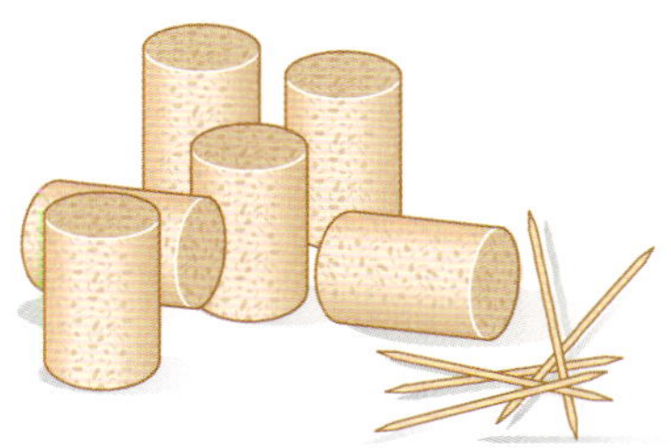

1 Für den Rumpf des großen Schiffes brauchst du 6 Korken. Verbinde die Korken wie auf dem abgebildeten Schema mit Zahnstochern.

2 Stecke einen Holzstab mitten in das Schiff. Wenn nötig, kürze ihn etwas.

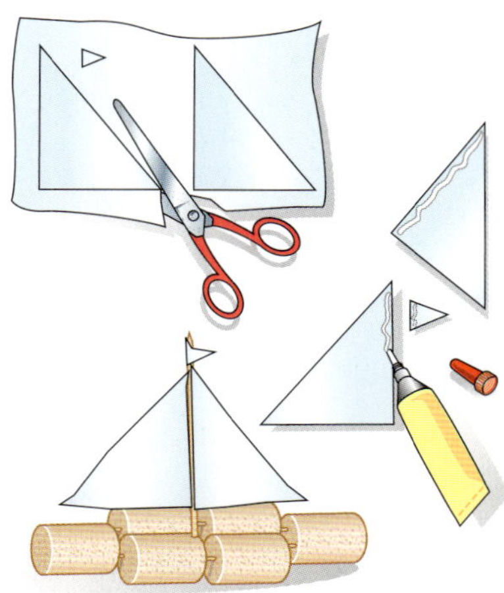

3 Schneide zwei Segel aus weißem Stoff, klebe sie an den Mast. Ganz obenhin kommt ein ganz kleines Dreieck als Fahne. Und die Seefahrt kann lustig werden!

Gomoku

Material

Pappe, Lineal,
Bleistift, Schere,
Farbe, verschiedene Pinsel,
farbiges Klebeband,
10 Babygläschen-Deckel

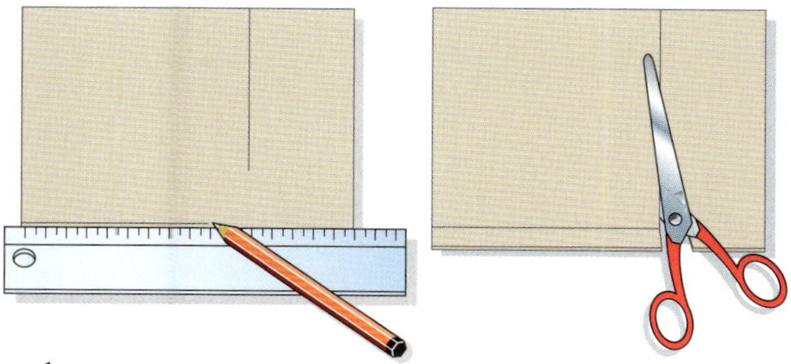

1 Zeichne mit Lineal und Bleistift ein Quadrat mit 21 cm Seitenlänge auf die Pappe. Schneide es mit der Schere aus.

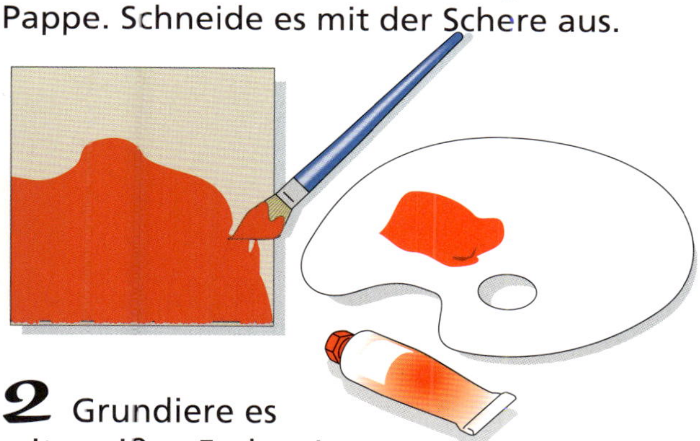

2 Grundiere es mit weißer Farbe. Lasse es gut trocknen und male es dann rot an.

3 Umklebe den Rand des Quadrats mit buntem Klebeband, dann teile damit alle 7 cm gitterförmig Felder ab.

4 Grundiere die 10 Deckel weiß. Lasse sie gut trocknen. Nun bemale 5 Deckel blau und 5 grün. Lasse sie trocknen. Wenn nötig, trage eine zweite Farbschicht auf.

5 Zum Schluss male Motive auf die Deckel: Monde auf die blauen und Sterne auf die grünen. Lasse alles gut trocknen. Wenn nötig, trage eine zweite Farbschicht auf.

Spielregeln

Dieses Spiel wird zu zweit gespielt. Jeder Spieler bekommt 5 Steine derselben Farbe.

Die Spieler legen abwechselnd einen Stein auf eines der Spielfelder. Ziel ist es, so schnell wie möglich drei Steine waagerecht, senkrecht oder diagonal nebeneinander zu legen. Wem dies gelingt, der hat gewonnen.

Rennautos

Material
Pappe, Lineal,
Bleistift, Schere,
Korken, Messer,
Cutter, Zahnstocher,
Klebstoff, Farbe,
Pinsel,
Pauspapier,
Vorlage S. 247

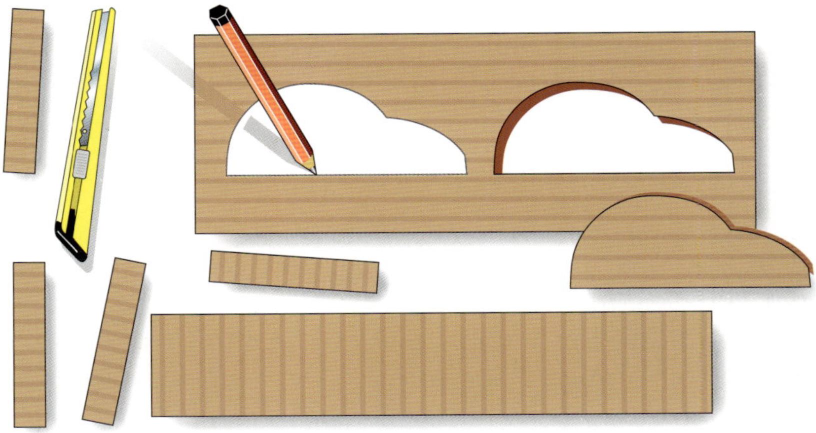

3 Lasse dir Scheinwerfer und Stoßstangen aus Pappe ausschneiden. Klebe die Einzelteile des Autos zusammen. Lasse sie trocknen.

4 Male die Autos an. Lasse sie gut trocknen. Nun male die Einzelheiten. Auch trocknen lassen.

1 Übertrage die Vorlage für das Auto 2-mal auf das Pauspapier und schneide sie aus. Lege den Papierschnitt auf die Pappe, zeichne darum herum und lasse sie mit dem Cutter ausschneiden. Stich Löcher an die gekennzeichneten Stellen. Schneide einen 3 x 20 cm großen Streifen aus Pappe sowie vier 1 x 7 cm große für die Kotflügel aus.

2 Bitte einen Erwachsenen, Scheiben für die Räder deines Autos aus den Korken auszuschneiden. Du brauchst 4 Scheibenräder pro Auto.

5 Stecke einen Zahnstocher durch die vorgebohrten Löcher auf beiden Seiten des Autos. Male die Korkscheiben schwarz an, lasse sie trocknen und stich sie auf die Enden der Zahnstocher. Auf „Los" geht's los!

Zum Feiern gibt es viele Anlässe. Im folgenden Kapitel findest du für jedes Fest die richtigen Bastelideen: Vielleicht wären ja Herzen aus Modelliermasse das richtige Geschenk zum Muttertag oder ein Mousepad für den Vatertag? Für Leseratten jeden Alters kannst du Lesezeichen basteln Kronen oder Masken für den Fasching, bunte Ostereier zu Ostern oder Naschhasen für Naschkätzchen ...

Zu Halloween kannst du deine Gäste mit selbstgebastelten Einladungskarten zum Fest bitten und der Weihnachtsbaum wird mit den bunten Kugeln besonders schön.

Feste feiern

Herzen für Mama

Material

lufthärtende Modelliermasse,
Teelöffel
Farbe,
mitteldicker Pinsel,
Glasperlen (Rocailles),
Holzleim,
Streichholz

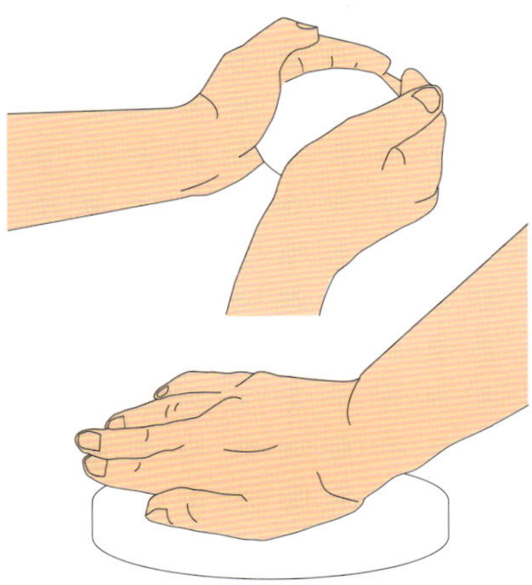

1 Am besten geht es mit weißer Modelliermasse, die an der Luft trocknet. Knete sie gut durch, damit sie geschmeidig wird. Rolle zwischen den Händen eine große Kugel für das größere, eine kleinere Kugel für das kleine Herz. Drücke sie mit der Handfläche oder mit der Teigrolle zu einem flachen Kreis.

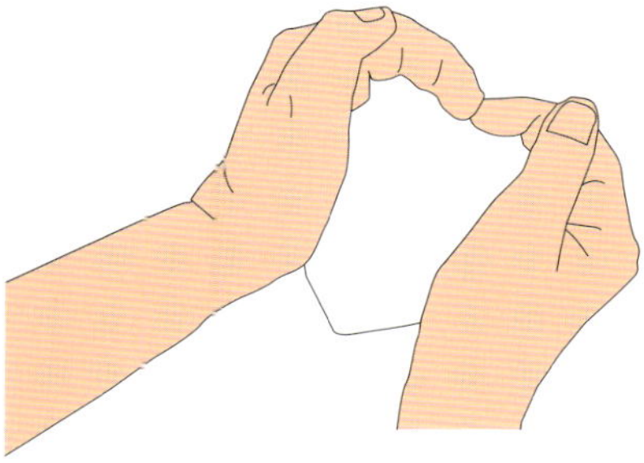

2 Damit ein Herz ensteht, schiebe die Masse zwischen den Händen in die Höhe und forme unten eine Spitze. Das geht am besten mit feuchten Händen, denn dadurch wird die Modelliermasse weicher.

3 **Großes Herz:** Hebe mit dem Teelöffel das Innere in Herzform aus. Glätte die Oberfläche gut mit angefeuchteten Fingern.

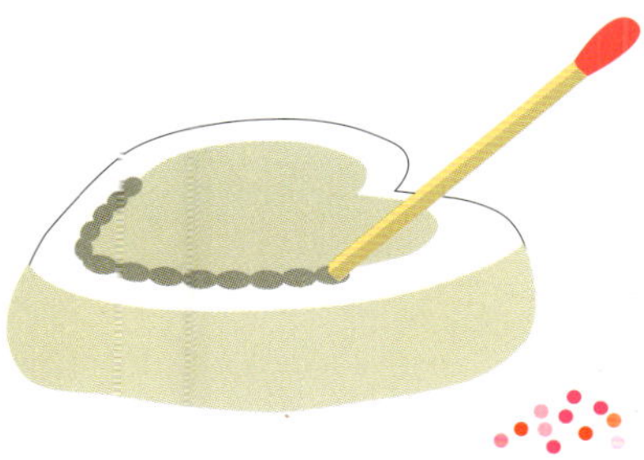

4 **Kleines Herz:** Zeichne mit dem Streichholz ein Herz in die Mitte. Gut aufdrücken, sodass eine kleine Rinne entsteht, die dann mit Perlen ausgelegt wird.

Male das kleine Herz in zwei Rosatönen an. In die Rinne kommt Holzleim.

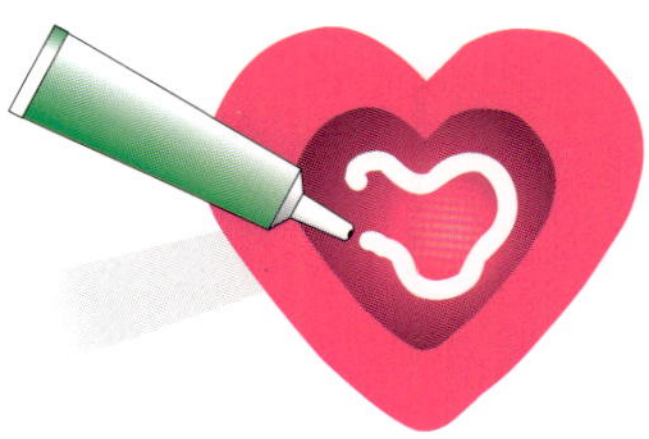

5 Male das große Herz rosa. Lasse es gut trocknen. Die herzförmige Aushöhlung in der Mitte bestreichst du mit Leim.

6 Mische für das große Herz verschiedene rosa Glasperlen in einem Schälchen.

7 Gib sie mit dem Teelöffel auf das innere Herz und drücke sie gut an. In die Rinne des kleinen Herzens lege abwechselnd Perlen in zwei Rosatönen.

Blumige Übertöpfe

Material

weißes Tonpapier 24 x 60 cm,
rotes Tonpapier 13 x 30 cm,
farbiges Papier,
weiße Farbe, Wattestäbchen,
dünner Bindfaden, Schere,
Bleistift, Lineal, Klebstoff

Übertopf mit Blumen

1 Zeichne Blüten, Stiele und Mittelpunkte für die Blüten auf farbiges Papier und schneide sie aus.

2 Klebe die Stiele, die Blüten und die Mittelpunkte auf das weiße Papier. Lasse alles trocknen.

3 Falte das dekorierte Blatt alle 3 cm zur Ziehharmonika. Stich in alle Falten, außer der letzten, unten mit der Schere ein Loch. Ziehe den Bindfaden durch die Löcher. Die letzte Falte klebst du hinter die erste und verknotest den Bindfaden.

Miniatur-Übertopf

1 Übertrage die Vorlage des Blattes etwa 10-mal auf hell- und dunkelgrünes Papier. Schneide es aus.

2 Klebe die Blätter auf das rote Papier. Tupfe mit dem Wattestäbchen weiße Punkte. Falte den Übertopf wie eine Ziehharmonika und verschließe ihn wie den weißen.

Lesezeichen

Material

Tonkarton und Papier in verschiedenen Farben,
Bleistift, Filzstifte, feiner schwarzer Filzstift,
Schere, Klebstoff
Pauspapier,
Vorlagen S. 246 und 253

Diese Lesezeichen sind ganz leicht zu basteln. Sie sind ein hübsches Geschenk zum Mutter- oder Vatertag. Doch du kannst sie auch als originelle Geburtstagskarten verwenden und deinen Gruß auf die Rückseite schreiben.

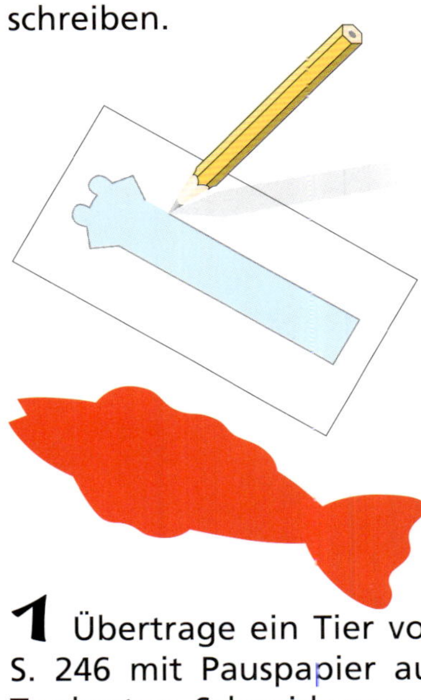

1 Übertrage ein Tier von S. 246 mit Pauspapier auf Tonkarton. Schneide es aus. Für den Fisch übertrage den Schnitt von S. 253 auf roten Tonkarton und schneide ihn aus.

2 Bemale Frosch, Kuh und Vogel mit Filzstiften etwa so wie auf dem Foto oder in anderen Farben. Details und Augen zeichne mit dem dünnen schwarzen Filzstift.

3 Übertrage die Streifen des Fisches von S. 253 auf gelbes, grünes und blaues Papier. Schneide sie aus.

4 Klebe die Streifen auf den Fischkörper, außerdem ein weißes Auge und eine schwarze Pupille.

Krönende Rahmen

Material

Pappe,
Bleistift,
Lineal,
Schere oder Cutter,
Farbe,
feiner und
mitteldicker Pinsel,
Klebstoff, Foto

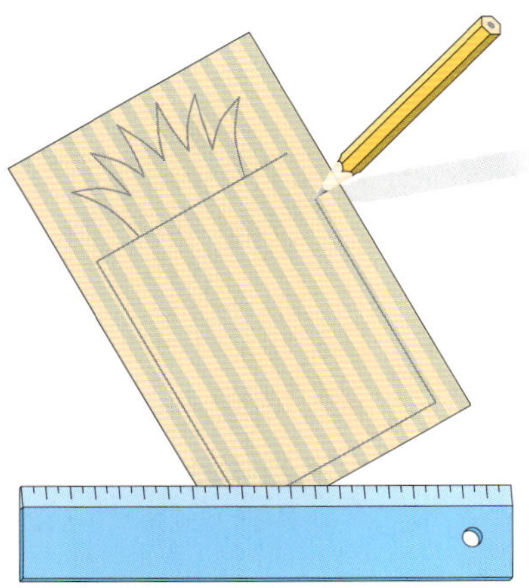

1 Zeichne ein etwa 9 cm breites und 12 cm hohes Rechteck oder Oval auf Pappe. Oben auf das Rechteck oder Oval zeichne eine Krone mit spitzen oder abgerundeten Zacken. Je einfacher die Formen sind, um so leichter ist das Ausschneiden.

2 Schneide den Rahmen mit der Schere aus. Wenn die Pappe zu fest ist, bitte einen Erwachsenen, sie mit dem Cutter zu schneiden.

Zeichne ein 5,5 cm breites und 7,5 cm hohes Rechteck bzw. Oval in die Mitte des Rahmens.

Schneide ein Foto in der richtigen Größe zurecht.

3 Male mit dem feinen Pinsel die Krone an und einen feinen Streifen, der das Foto umranden wird.

4 Lasse alles gut trocknen. Wenn nötig, trage eine zweite Schicht auf und lasse auch diese trocknen.

5 Bemale den Rahmen mit dem mitteldicken Pinsel blau oder rosa. Lasse ihn gut trocknen und trage, wenn nötig, eine zweite Farbschicht auf. Klebe nun das Foto auf und passe es dem Rahmen an.

Wollbilder

Material

farbiges Tonpapier,
Wollreste in verschiedenen Farben,
Bleistift,
Lineal,
Schere,
Klebstoff

Herzbild

1 Schneide ein 20 x 20 cm großes Quadrat aus gelbem Tonpapier und ein 14 x 14 cm großes aus rotem Tonpapier. Klebe das rote Quadrat in die Mitte des gelben. Zeichne mit dem Bleistift einen Rahmen mit Schlaufen an allen vier Ecken um das rote Quadrat.

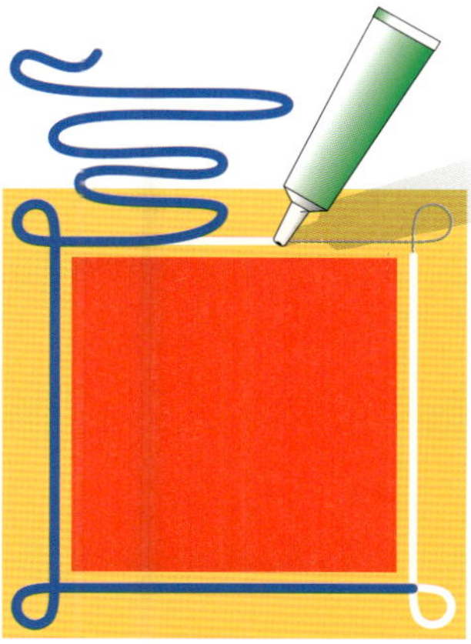

2 Auf den Bleistiftstrich gib Klebstoff, schneide einen Wollfaden ab und klebe diesen auf. Drücke ihn gut an, damit er hält.

3 Zeichne mit dem Bleistift ein Herz, gib Klebstoff auf die gezeichnete Kontur und klebe darauf einen gelben und einen grünen Wollfaden. Schneide überstehende Fäden ab.

4 Verziere das Herz mit grünen Wollstücken. Rolle aus blauer Wolle zwei Spiralen und klebe sie in das Herz. Du kannst dir auch noch andere Verzierungen einfallen lassen. Lasse alles gut trocknen.

Namensbild

1 Schneide ein 20 x 20 cm großes blaues Quadrat und ein 16 x 16 cm großes gelbes aus. Klebe das gelbe auf das blaue Quadrat. Zeichne den Rahmen und beklebe ihn.

2 Schreibe einen Namen, klebe Wolle auf den Schriftzug. Klebe Wollspiralen in einige Buchstaben.

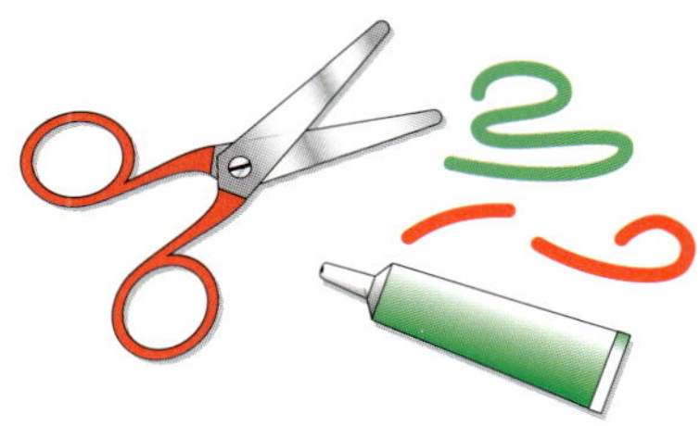

3 Nun dekoriere das Bild mit aufgeklebten Spiralen in den Ecken des gelben Quadrats, blauen Wellenlinien und kleinen grünen und roten Strichen.

Mousepad

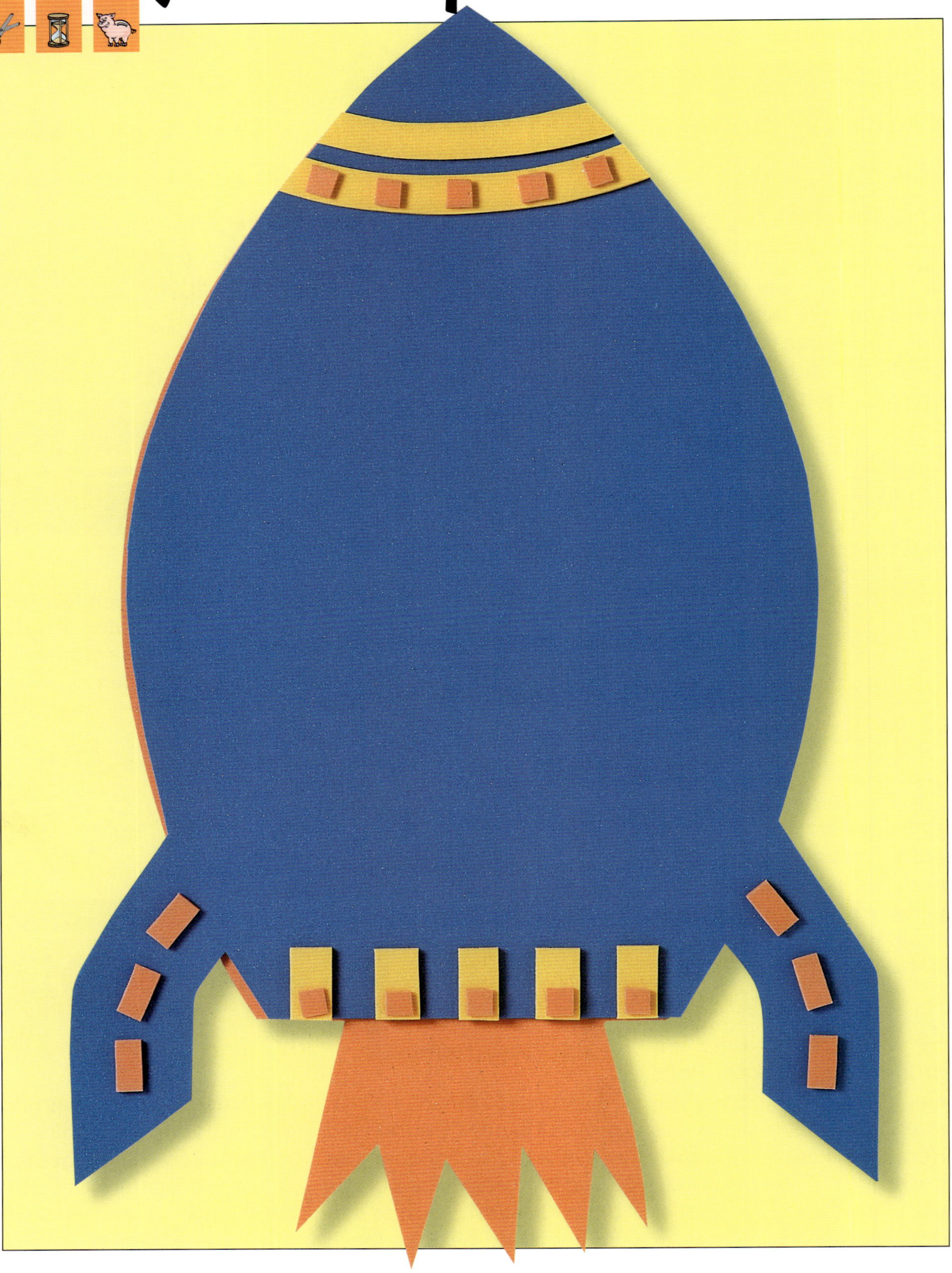

Material

2 Platten Moosgummi
(je 20 x 30 cm) in verschiedenen Farben, Moosgummireste, weißes Papier (DIN A 4), Kugelschreiber, Bleistift, Schere, Klebstoff

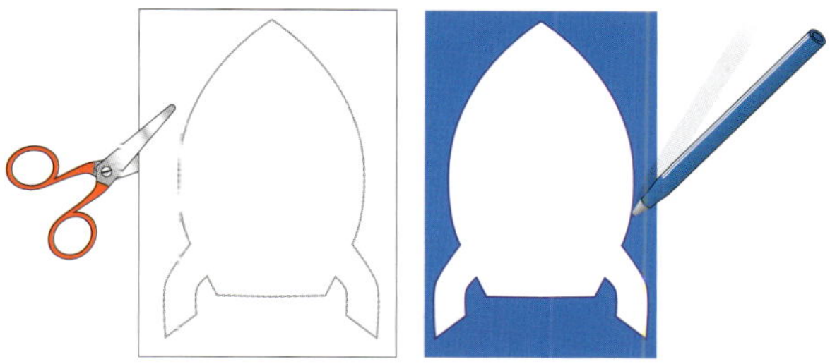

1 Zeichne eine hohe, breite Rakete auf weißes Papier. Schneide sie aus und übertrage sie mit Kugelschreiber auf Moosgummi.

2 Übertrage nun die Rakete noch einmal auf andersfarbiges Moosgummi und füge spitze Flammen hinzu.

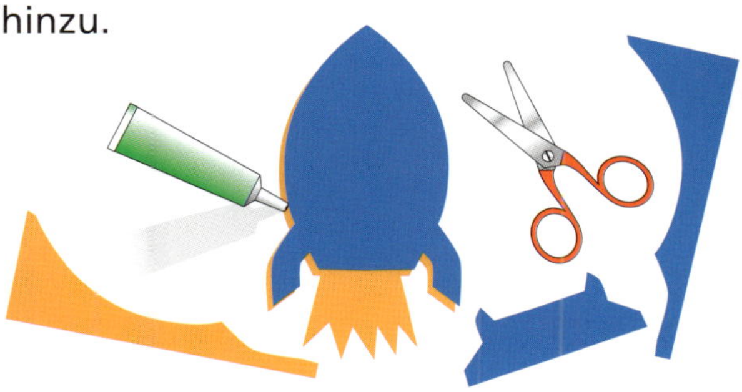

3 Schneide die beiden Raketen aus. Klebe die Rakete ohne Flammen auf die andere. Drücke sie gut an und lasse sie trocknen.

4 Schneide 2 bogenförmige Streifen aus den Moosgummiresten aus und klebe sie oben auf die Rakete. Überstehende Enden schneide mit der Schere ab. Verziere die Streifen mit kleinen andersfarbigen Quadraten. Drücke sie an, lasse sie trocknen.

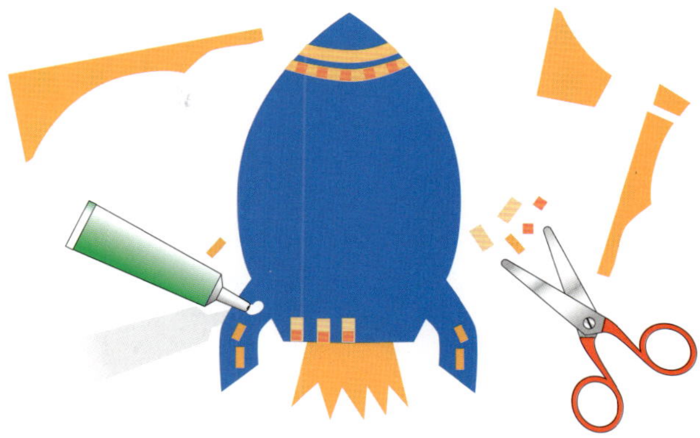

5 Schneide kleine Rechtecke aus und klebe sie unten auf die Rakete. Verziere sie mit kleinen Quadraten in anderen Farben. Die Füße der Rakete verzierst du auch mit kleinen Rechtecken.

Mit diesem Auto flitzt die Maus nur so!

Blumenkarte

2 Zeichne ein Rechteck auf blaues Packpapier, dann ein kleineres auf grünes und einen Blumentopf auf rosa Packpapier.

3 Reiße die Formen mit Daumen und Zeigefinger aus, sodass unregelmäßige Ränder entstehen.

Material

farbiges Papier
z. B. Packpapier,
weißes Papier,
Pappe,
Bleistift,
Klebstoff,
Lineal,
3 Textilrosen
(oder Trockenblumen)

1 Schneide ein 11 x 13 cm großes Rechteck aus Pappe. Klebe darauf ein Rechteck aus rotem Packpapier in derselben Größe. Auf die Rückseite klebe weißes Papier, um deinen Gruß zu notieren.

4 Klebe das Rechteck für den Hintergrund auf, darauf das kleinere und darauf die Textil- oder Trockenblumen. Darüber kommt der Blumentopf. Lasse alles gut trocknen.

Fantasiekarten

1 Schneide eine 12 x 12 cm große Karte aus Tonkarton aus.

2 Aus beliebigem Papier schneide zwei rechtwinklige Dreiecke und klebe sie an gegenüberliegenden Ecken auf die Karte.

3 Schneide für die Verzierung der Mitte ein Quadrat und klebe es auf. Darauf kommt ein Fantasiemotiv aus Papier, Konfetti oder was dir sonst noch gefällt.

4 Dekoriere die Karten mit trockenen Blättern und Ähnlichem. Deinen Gruß schreibst du mit weißem Stift auf die Rückseite.

Material

Tonkarton, farbiges Papier, Geschenkpapier, Konfetti, trockene Blätter usw., Schere, Klebstoff, weißer Stift, Lineal

Festliche Kronen

Material

farbiger Tonkarton,
Bleistift,
Schere,
Lineal,
Farbe,
Wattestäbchen,
Klebstoff,
Hefter

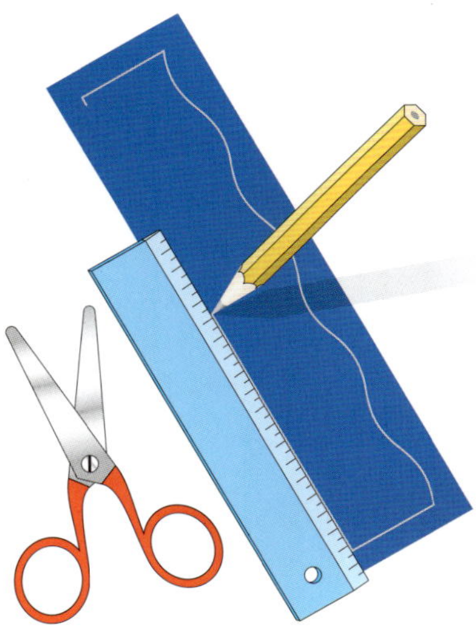

1 Schneide einen etwa 10 x 58 cm großen Kartonstreifen mit Wellenkante.

2 Verziere die blaue Krone, indem du mit dem Wattestäbchen weiße Farbe auftupfst. Auf die grüne Krone klebe schräg schmale Papierstreifen in verschiedenen Farben.

3 Passe die Krone dem Kopfumfang an und schneide sie eventuell zurecht.

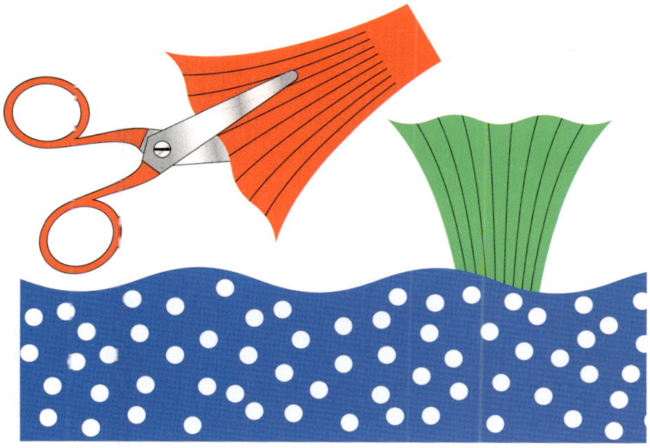

4 Schneide zwei „Federbüsche“ aus, die eine Lasche von 4 cm haben. Klebe den einen außen, den anderen an die Oberkante innen auf die Krone.

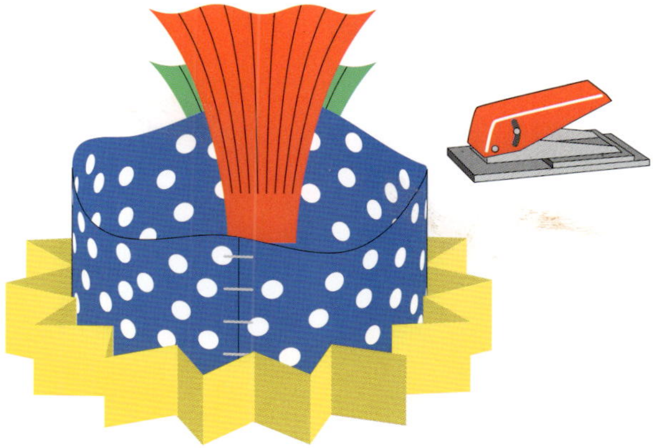

5 Falte einen langen, gelben Papierstreifen zur Ziehharmonika und klebe ihn unten an die blaue Krone. Verschließe die Krone mit Heftklammern.

Fransen-Krone

Material
farbiger Tonkarton
und Tonpapier, 5 Wattekugeln,
Schere, Zirkel, Lineal, Bleistift,
Klebstoff, Hefter

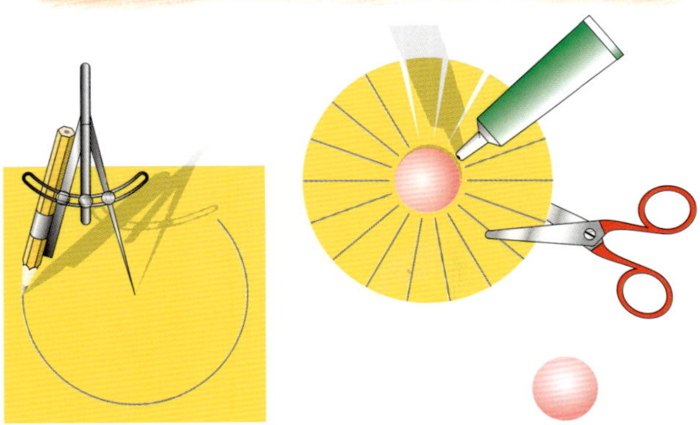

1 Zeichne mit dem Zirkel 5 Kreise mit 7 cm Durchmesser auf buntes Tonpapier. Schneide sie aus und schneide Fransen ein. In die Mitte klebe je eine Wattekugel.

2 Schneide eine 10 x 58 cm große Krone mit einer Wellenkante aus Tonkarton aus.

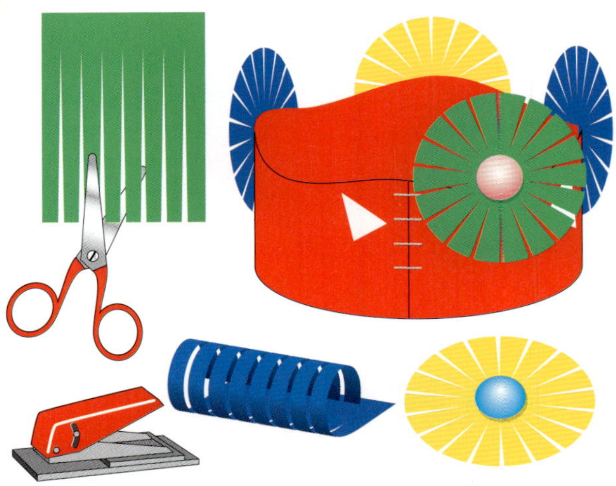

3 In Papierstreifen schneide Fransen und lasse dabei eine 2 cm breite Lasche. Ziehe in die Fransen mit der Schere „Locken“. Klebe die Lasche in die Krone. Klebe die Kreise und Dreiecke auf. Zusammenheften.

Halbmasken

Material

weiße Halbmasken aus Stoff oder Plastik, Glitzerkleber, Hefter, Klebepunkte bzw. Sticker, farbiges Papier, Krepppapier, Schere, Klebeband, Klebstoff, Gummiband

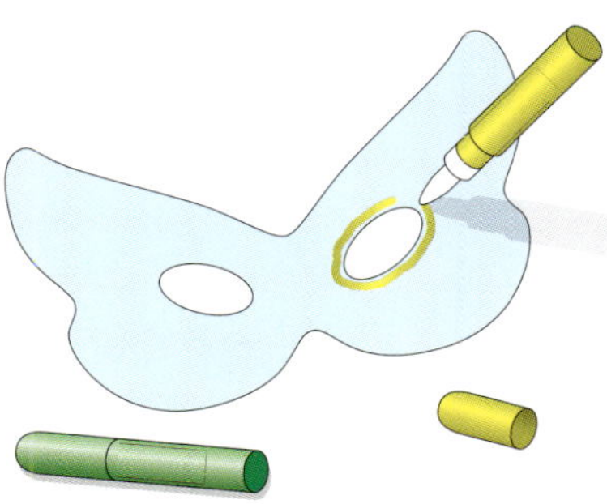

1 Trage Glitzerkleber um die Augen der Maske herum auf. Lasse ihn trocknen.

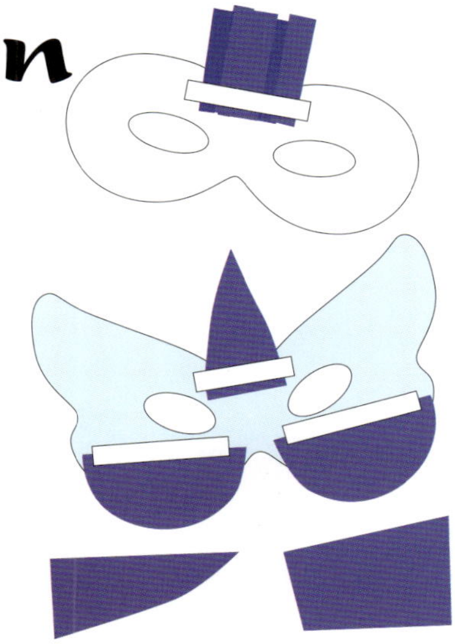

2 Klebe mit Klebeband aus farbigem Papier ausgeschnittene Formen oder in Falten gelegtes Krepppapier hinter die Maske.

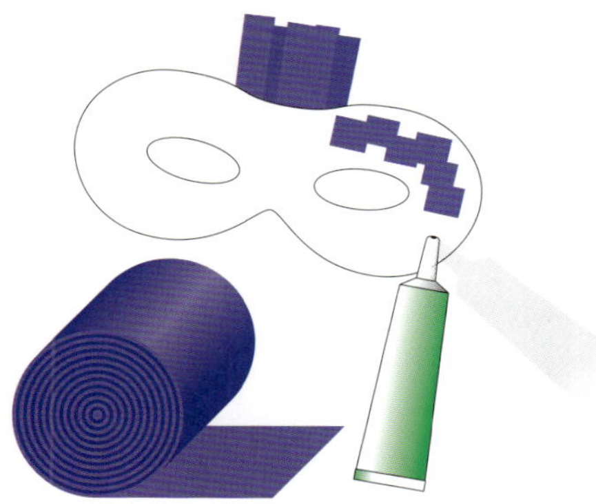

3 Verziere die Maske vorne mit Kreisen aus farbigem Papier oder kleinen Quadraten aus Krepppapier.

4 Verschönere den „Federbusch" und die Krepppapier-Quadrate mit Glitzerkleber und setze Klebepunkte auf die Papierformen.

Knote ein Gummiband in die vorgesehenen Löcher an der Seite oder hefte es fest.

Verkleidete Hände

Material

weißes Tonpapier,
Bleistift,
Schere, Filzstifte,
feiner schwarzer
Filzstift, Klebstoff,
Gummiband,
Pauspapier,
Vorlagen S. 247 – 249

Einfache Hände

1 Übertrage die Vorlage des gewählten Modells (Stifte oder Figuren) von S. 247 oder S. 249 mit Pauspapier auf weißes Tonpapier. Zeichne mit Bleistift die Verzierungen jedes Motivs nach: Punkte, Streifen usw. Schneide die Hand mit der Schere aus.

2 Bemale die Hand mit Filzstiften in bunten Farben. Details ergänze mit dem feinen, schwarzen Filzstift. Bitte einen Erwachsenen, auf beide Seiten des Handgelenks Löcher in das Papier zu stechen. Fädle ein Stück Gummiband in der Länge deines Handgelenkumfangs durch die Löcher und verknote es auf der Innenseite.

Relief-Hand

1 Übertrage den Tierkopf von S. 248 auf weißes Tonpapier und schneide ihn aus. Bemale ihn nun mit einem schwarzen Filzstift.

2 Übertrage das Handmodell von S. 248 und schneide es aus. Zeichne die Motive mit Bleistift vor und male sie an.

3 Lasse 2 Löcher am Handgelenk bohren und knote ein Gummiband fest. Falte das Tier durch Festkleben der großen Lasche zum Kegel. Die kleinen Laschen knickst du um und klebst den Kegel mitten auf die Hand.

Tiermasken

Material

großes Blatt farbiges Tonpapier,
farbiges Papier,
Bleistift, Lineal,
schwarze Klebepunkte,
Schere, Cutter,
Klebstoff, Gummiband,
Pauspapier,
halbe Froschvorlage S. 249

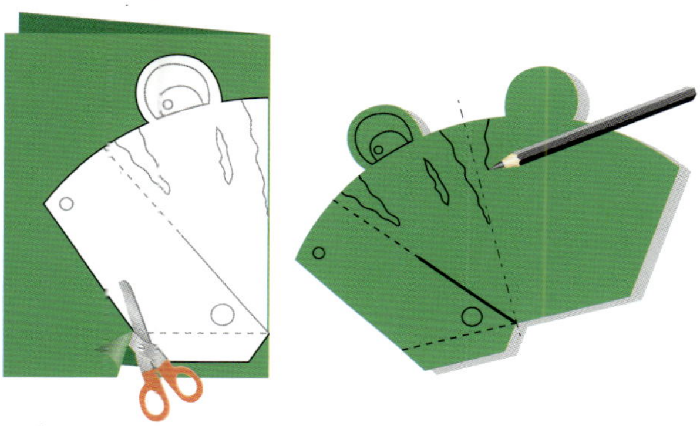

1 Falte das Tonpapier in der Mitte. Übertrage die halbe Vorlage von S. 249 und schneide sie aus. Übertrage die Details mit dem Bleistift.

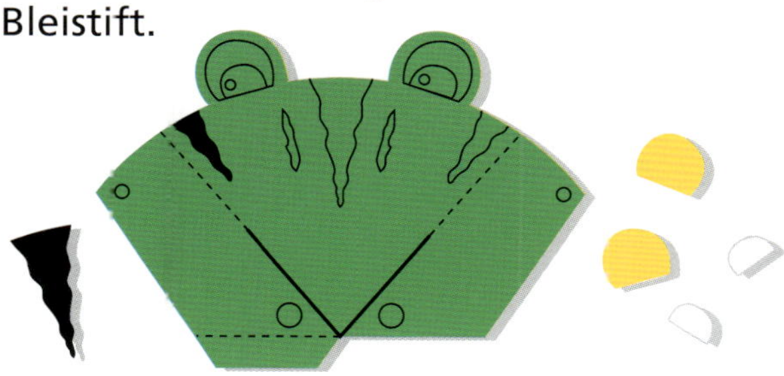

2 Schneide die Flecken und Augenteile aus farbigem Papier aus. Klebe sie auf die dafür vorgesehenen Stellen der Maske.

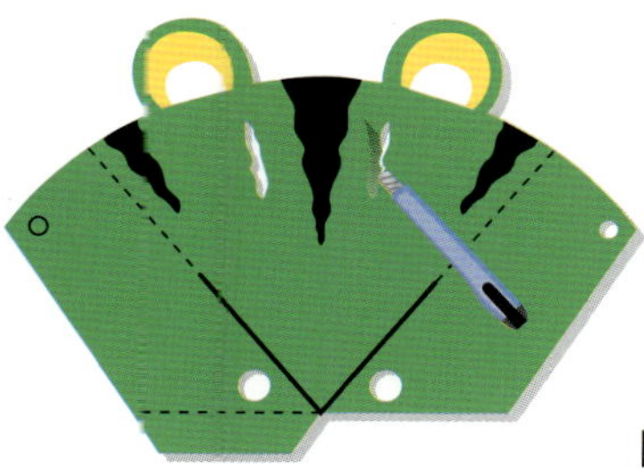

3 Bitte einen Erwachsenen, Sehschlitze und an der Seite der Maske Luftlöcher einzuschneiden.

4 Klebe Klebepunkte oder schwarze Papierpunkte in die Augen. Falte die Maske an den gestrichelten Linien.

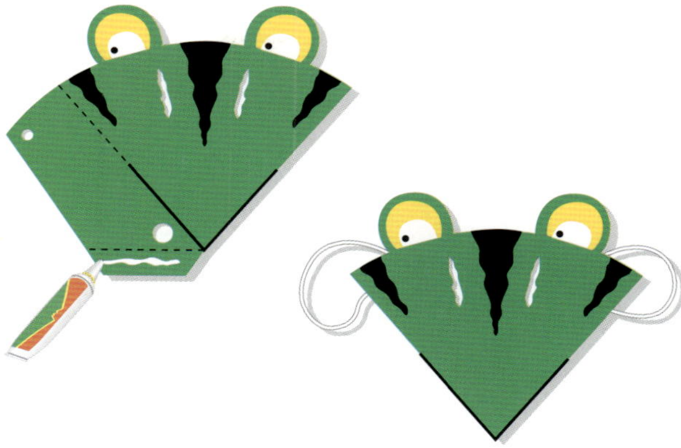

5 Klebe die Lasche. Lasse sie trocknen. Bohre auf beiden Seiten an den angegebenen Stellen kleine Löcher. Schneide das Gummiband zu und knote es an die Maske. Für den Fuchs und den Raben musst du den Frosch-Schnitt entsprechend verändern.

Faschings-Nasen

Material

Bleistift, weißes und farbiges Tonpapier, Filzstifte, feiner schwarzer Filzstift, Schere, Klebstoff, weißes Gummiband, Pauspapier, Vorlagen S. 243

1 Wähle eines der Tiere aus und übertrage die Vorlage von S. 243 auf weißes oder farbiges Tonpapier.

Für manche Tiere musst du statt der Ohren Augen zeichnen. Zeichne wie auf dem Foto Flecken, Augen, Hörner usw. mit dem Bleistift vor. Schneide die Formen aus.

2 Bemale das Tier mit Filzstiften. Einzelheiten wie Augen und Maul umrande schwarz. Stich 4 kleine Löcher für das Gummiband bzw. zum Atmen an die angegebenen Stellen.

3 Falte die Lasche und bestreiche sie mit Klebstoff. Bilde einen Kegel. Ein paar Minuten festhalten, damit es gut klebt.

4 Miss deinen Kopfumfang und schneide ein etwas längeres Stück Gummiband ab.

5 Fädle es durch eines der Löcher und verknote es auf der Innenseite der Maske. Stecke es dann durch das andere Loch. Prüfe, ob die Länge des Gummis stimmt. Dann verknote auch das zweite Ende.

Bemalte Ostereier

Material
ausgeblasene Eier (siehe S. 6) oder Plastikeier, Bleistift, Radiergummi, Bastelfarbe, feiner und mitteldicker Pinsel

1 Halte das Ei zwischen deinen Fingern fest und male es an. Lasse es trocknen. Wo deine Finger waren, ergänze Farbe. Die Farbe muss gut trocknen.

2 Halte das Ei zwischen Daumen und Zeigefinger. Male mit dem feinen Pinsel direkt einfache Motive auf: Herzen, Quadrate, Punkte, Zacken und lasse sie trocknen.

3 Wenn nötig, trage eine zweite Farbschicht auf, damit die Motive deutlich zu sehen sind.

4 Kompliziertere Motive (z. B. Gesichter) zeichne zuerst mit dem Bleistift vor: Mund, Nase, Haare, Augen usw. Radiere die Bleistiftstriche vorsichtig weg, wenn dir die Zeichnung nicht gefällt.

5 Halte das Ei am unteren Ende und male Haare, Brauen, Augen, Nase, Schnurrbart und Mund mit dem feinen Pinsel auf. Lasse alles gut trocknen. Wenn nötig, trage eine zweite Farbschicht auf.

Andere Ideen: Tauche den Zeigefinger in goldene Farbe und bedrucke das Ei mit deinen Fingerabdrücken. Ganz leicht geht es auch, wenn du einen Stempel gleichmäßig auf das Ei drückst.

Bommeltiere

Material

Wolle,
Bleistift,
Zirkel, Schere,
Cutter, dünne Pappe,
Bastelfilz,
Klebstoff

Bereite die folgenden Pappringe vor:

Für ein Küken
Kopf: 2 Ringe, 6 cm (Mitte: 3 cm),
Körper: 2 Ringe, 7 cm (Mitte: 3 cm).

Für Huhn oder Hasen
Körper: 2 Ringe, 10 cm (Mitte: 4 cm)
Kopf: 2 Ringe, 7 cm (Mitte: 3 cm)

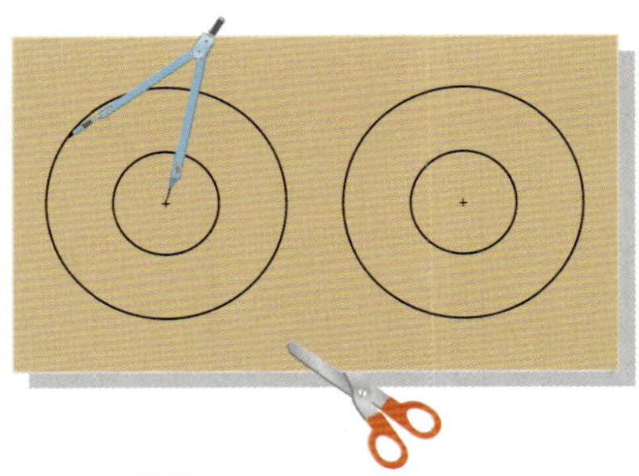

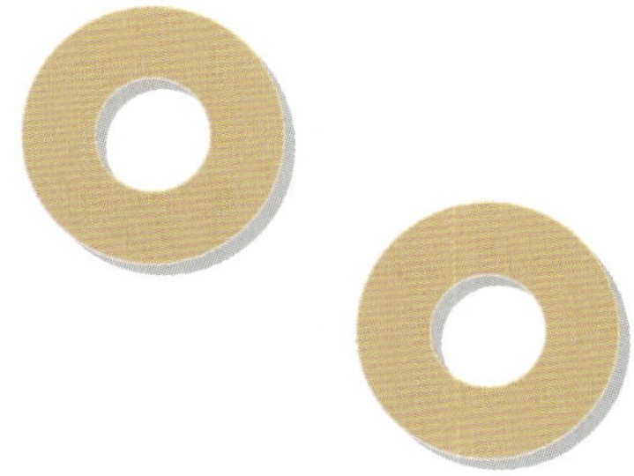

1 Je nach gewähltem Tier zeichne die zwei Kreise für den Körper auf Pappe. Bitte einen Erwachsenen, die Mitte mit dem Cutter herauszuschneiden.

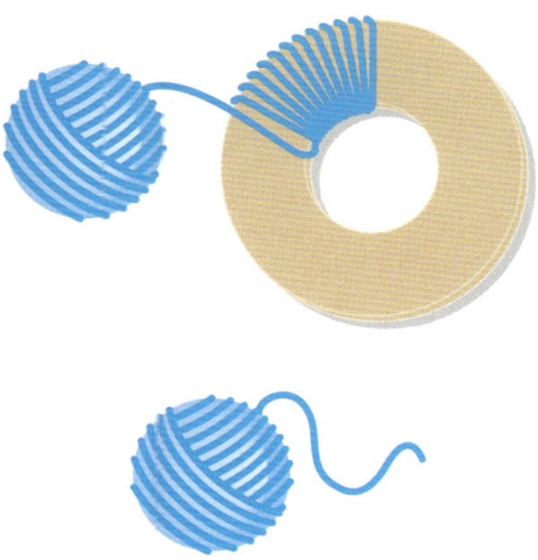

2 Wickle Wolle zu Knäulen in der Größe des Lochs. Lege die beiden Ringe aufeinander. Wickle die Wolle sehr fest um die Pappe bis das Loch fast geschlossen ist.

3 Schneide mit der Schere die Wolle zwischen den Ringen durch. Wickle einen Wollfaden fest zwischen den Ringen um die Mitte der Bommel. Festknoten.

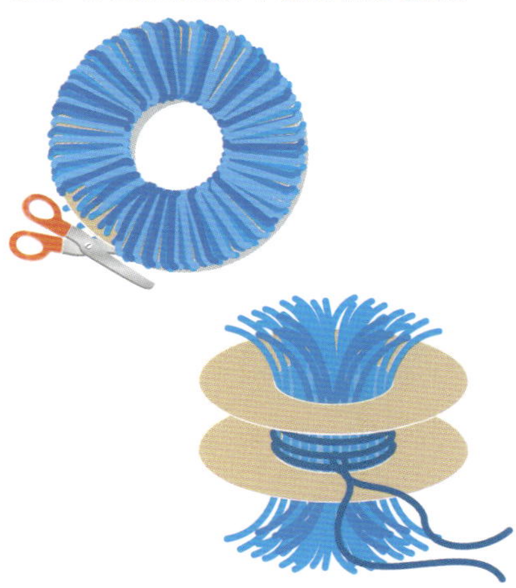

4 Entferne die Ringe. Schneide überstehende Fäden ab. Nun bastle die Bommel für den Kopf. Knote die Bommeln zusammen. Klebe Filzteile auf.

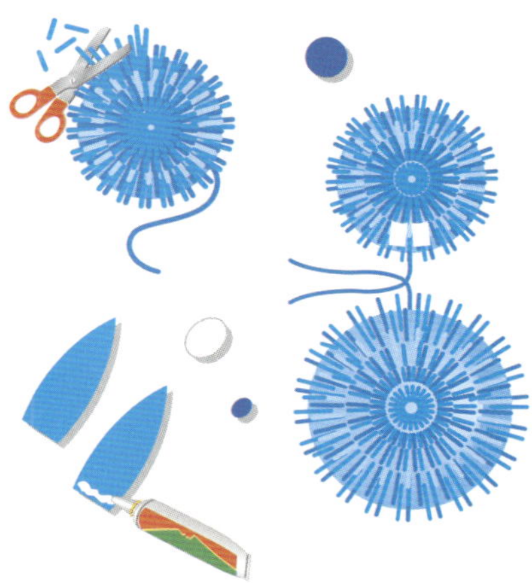

Osterschachtel

Material
Span- oder Pappschachteln,
Bastelfarbe für alle Untergründe,
mitteldicker Pinsel,
Eier,
Klebstoff,
wahlweise Klarlack

1 Besonders hübsch wird das Ergebnis, wenn du die Schachtel zunächst weiß grundierst. Lasse sie gut trocknen.

Bemale nun die Schachtel in einer von dir gewählten Farbe. Wenn nötig, trage eine zweite Farbschicht auf. Achte darauf, dass die Farbe gut trocknet.

2 Schlage die Eier auf und schütte Eigelb und Eiweiß in ein Schälchen. Spüle und trockne die Eierschalen gut ab. Zerbrich sie mit den Fingern in kleine Stücke.

In so eine hübsche Schachtel passen gut kleine Ostereier.

3 Verteile die Schalenstückchen locker auf der Schachtel oder versuche, Muster damit zu legen (geometrische Motive, Initialen oder Ähnliches). Klebe die Schalenteilchen einzeln von der Mitte ausgehend mit Klebstoff auf.

4 Vervollständige das Mosaik mit noch kleineren Stückchen Eierschale. Klebe sie vorsichtig auf und lasse sie gut trocknen.

5 Wenn du willst, kannst du auch die Seiten des Deckels vorsichtig mit Eierschalenstückchen bekleben. Lasse sie gut trocknen.

6 Die Schachtel wird besonders schön, wenn du sie ein- oder zweimal mit farblosem Lack überziehst Lasse sie trocknen.

Du kannst auch ganz bunte Schachteln basteln: Dazu bemale die Eierschalen bunt, bevor du sie aufklebst.

Naschhasen

Material

farbiger Tonkarton, farbiges Papier, Bleistift, Schere, oder Textmarker, Klebstoff, Pauspapier, Vorlage S. 250

1 Übertrage mit dem Bleistift den Umriss des Hasen auf Pauspapier (halbe Vorlage S. 250 und Erklärungen S. 7). Schneide ihn aus. Übertrage die Vorlage auf farbigen Tonkarton und schneide sie aus.
Am besten nimmst du Tonkarton, der farblich zu den Ostereiern oder Bonbons passt.

3 Schneide Augen, Nase, Pausbäckchen und Zähne aus Papier aus und klebe sie auf den Hasen. Lasse alles trocknen.

4 Klebe die Hände zusammen. Drücke sie gut an und lasse sie trocknen.

2 Umrande den Hasen mit dem schwarzen Filzstift auf Vorder- und Rückseite. Zeichne ihm Krallen auf Vorder- und Hinterpfoten.

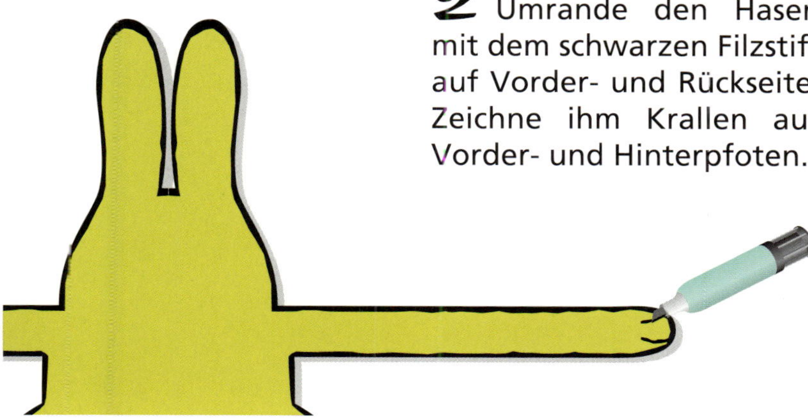

5 Falte die Korbseiten und die Beine des Hasen innerhalb der Arme. Die Beine hängen über den Rand. Schneide Möhren aus Papier aus und verziere damit den Korb, den du mit Ostereiern oder Bonbons füllst.

Glocken-Mobile

Material

farbiger Tonkarton,
Bleistift, Pauspapier,
Schere, Ziermotiv-Bastelschere,
Nylonfaden, Klebstoff,
70 cm Draht, für das Mobile,
Stopfnadel

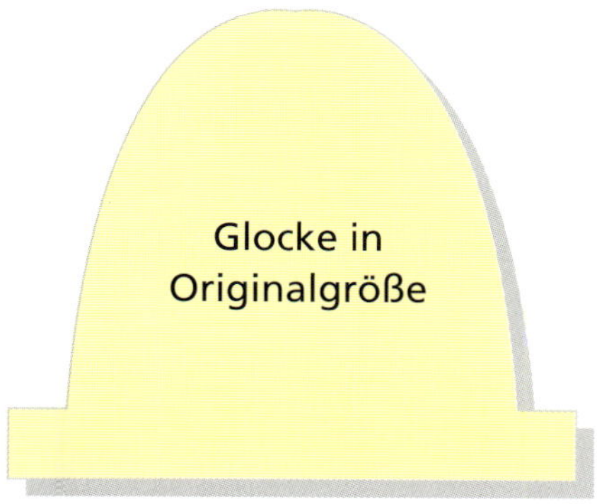

1 Übertrage 8-mal die oben stehende Glockenvorlage auf Tonkarton in verschiedenen Farben.

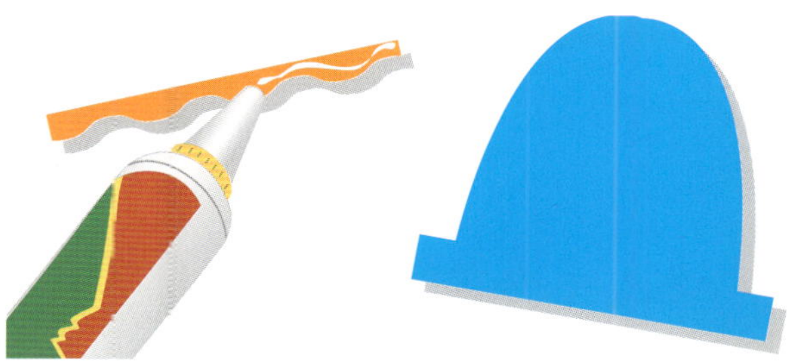

2 Verziere den unteren Rand der Glocken mit bunten Kartonstreifen, die du mit der Ziermotiv-Schere zugeschnitten hast.

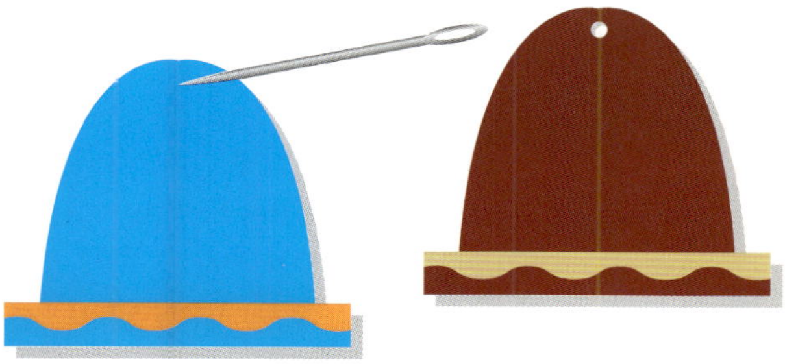

3 Stich ein kleines Loch mit der Nadel oben in jede Glocke, damit du sie aufhängen kannst.

4 Bereite die Nylonfäden und Drahtstücke so vor, wie auf dem Schema unten angegeben.

5 In jede Glocke fädle ein Fadenende und verknote es. Knote das andere Ende an das Ende eines Drahtbügels. Ordne die acht Glocken so an, wie du es auf dem Montageplan siehst, und hänge das Mobile auf.

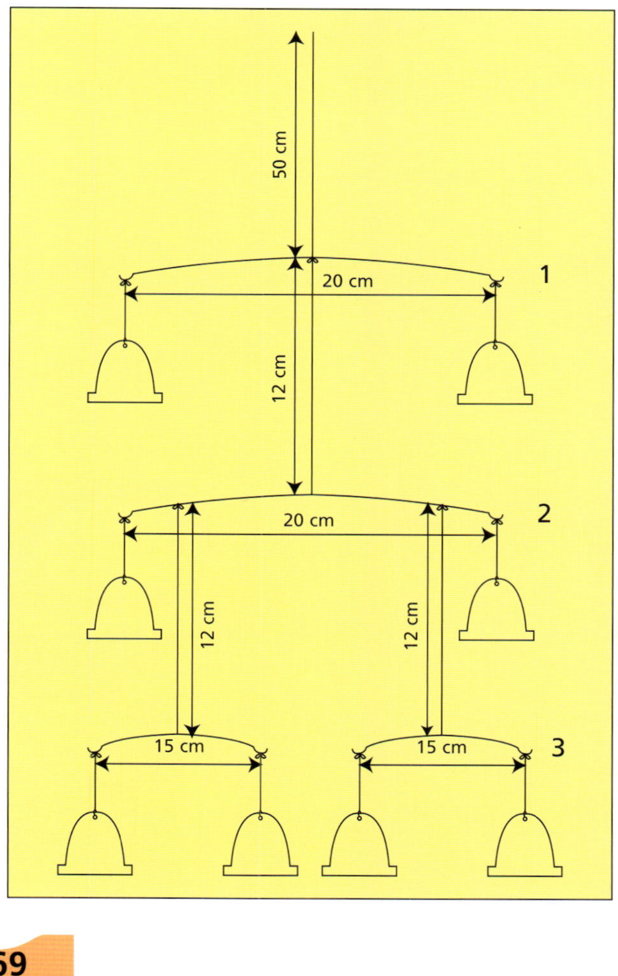

Halloweendekoration

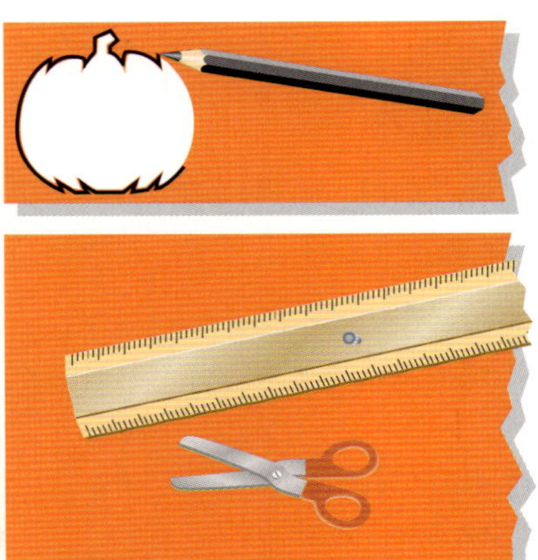

Material

Papier und Tonkarton (50 x 65 cm) in Orange und Schwarz,
Bleistift,
Lineal, Schere,
Locher, Klebstoff,
Pauspapier,
Vorlagen S. 248

Girlanden

1 Zeichne einen 65 cm langen und 8 cm hohen Streifen für die Fledermäuse (bzw. 11 cm hoch für die Kürbisse) auf farbiges Papier. Schneide ihn aus. Übertrage mithilfe von Pauspapier auf den Rand des Streifens die Vorlage von S. 248 für Kürbis oder Fledermaus.

3 Klebe die zwei Bänder an der Lasche zusammen.

4 Übertrage Münder, Nasen und Augen der Kürbisse auf schwarzes Papier und schneide sie aus. Fledermausaugen stanze aus orangefarbenem Papier. Aufkleben.

2 Falte den Streifen zur Ziehharmonika und lasse dabei am Ende eine kleine Lasche überstehen. Schneide alle Schichten aus, aber nicht an der gestrichelten Linie entlang. Bastle nun eine zweite Girlande.

Einladungskarten

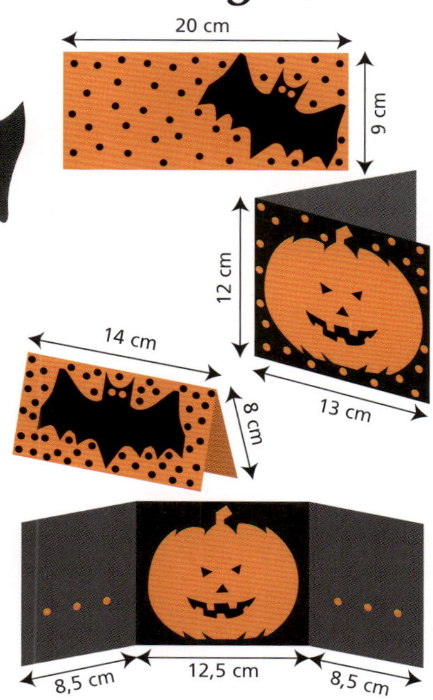

Pause die Vorlagen von S. 248 auf farbiges Papier. Stanze mit dem Locher Konfetti. Klebe die Motive und das Konfetti auf Klappkarten aus Tonkarton.

Halloweenlaternen

Material

Pappe, Farbe, Pinsel, Schere, Cutter, Klebstoff, Draht, Transparentpapier, Glas, Kerze, Bleistift, doppelseitiges Klebeband, Pauspapier, Vorlagen S. 250, S. 251

1 Übertrage die Vorlage für Kürbis oder Fledermaus auf Pauspapier und schneide sie aus.
Zeichne den Umriss und die Details mit dem Bleistift auf Pappe.
Schneide die Umrisse mit der Schere aus oder lasse die Pappe von einem Erwachsenen mit dem Cutter schneiden.

2 Bitte einen Erwachsenen, Augen, Nase, Mund und Wangen des Kürbis bzw. die Details der Fledermaus auszuschneiden.

3 Grundiere Kürbis bzw. Fledermaus mit weißer Farbe und lasse sie gut trocknen. Male Kürbis und Fledermaus orange, gelb und rot sowie den Kürbisstiel grün an.

4 Aus Draht stelle eine Spirale her. Bohre oben durch den Kürbis ein Loch, durch das du die Spirale steckst. Die Fledermaus bekommt zwei Löcher, durch die du 2 aus Draht gebogene Füße ziehst.

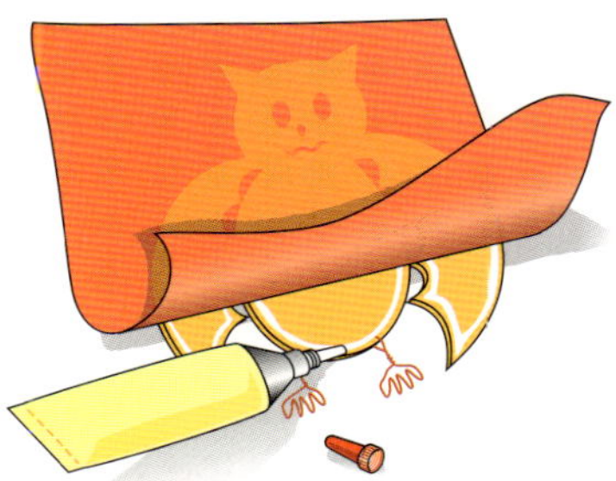

5 Klebe ein Blatt Transparentpapier hinter Kürbis und Fledermaus. Lasse den Klebstoff gut trocknen und schneide überstehendes Papier ab.

6 Nimm ein zu deiner Laterne passendes Glas. Wasche es und lasse es trocknen.

7 Klebe doppelseitiges Klebeband auf das Glas und daran die Laterne. Stelle eine Kerze in das Glas und achte darauf, dass sie nie ohne Aufsicht brennt!

Blätterkarten

Material

Tonpapier,
Bleistift,
Schere,
Filzstift,
Stopfnadel,
goldenes Band,
Pauspapier,
Vorlagen S. 252

1 Übertrage zwei kleine Blätter pro Karte von der Vorlage von S. 252 auf farbiges Tonpapier.

2 Schneide sie aus. Stich mit der Nadel ein Loch durch die auf der Vorlage gekennzeichnete Stelle.

3 Übertrage die Vorlage der Blätterkarte mit dem Bleistift auf farbiges Tonpapier und schneide sie aus.

4 Bohre mit der Nadel die angegebenen Löcher. Ziehe das goldene Band hindurch, verknote es auf der Innenseite und ziehe es dann durch das Loch in dem kleinen Blatt. Das Gleiche machst du auf der anderen Seite der Karte.

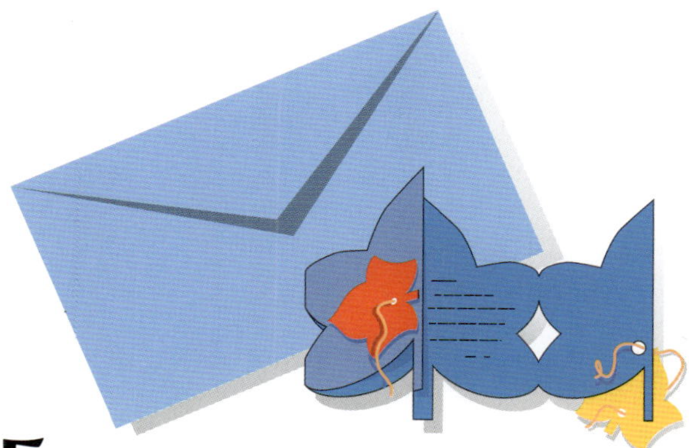

5 Schreibe deinen Gruß mit Filzstift innen auf die Karte, falte die Blatthälften zusammen, binde die Bänder zur Schleife und verschließe so die Karte. Dann steckst du sie in einen farblich passenden Umschlag. Du kannst auch Weihnachtskarten nach diesem Prinzip basteln: Dazu zeichne einen Tannenbaum oder eine Weihnachtsbaumkugel.

Christbaumkugeln

Material

Kugeln aus Styropor (5 cm Durchmesser), dünnes Geschenkband oder goldener Faden, Klebstoff, Schere, Seiden- oder Krepppapier, Stecknadeln mit Kopf oder Pinn-Nadeln

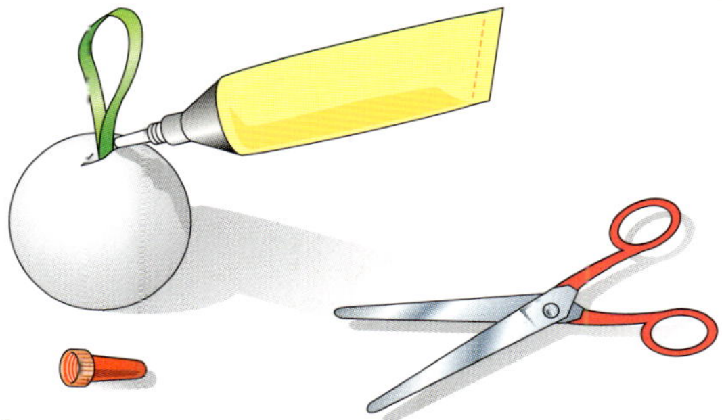

1 Bohre mit der Scherenspitze ein Loch in die Kugel, gib Klebstoff in das Loch und drücke das zur Schlaufe gelegte Band hinein.

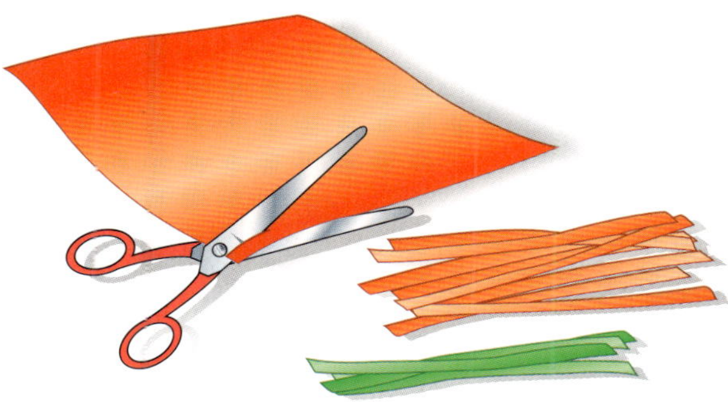

2 Schneide etwa 60 Papierstreifen von 2 x 8 cm Größe, dazu 7 Streifen in einer anderen Farbe oder nimm dicke Pinn-Nadeln.

3 Zerknülle die Streifen zu kleinen Kügelchen. Klebe sie auf die mit Klebstoff bestrichene obere Hälfte der Styroporkugel.

4 Bestreiche die Mitte der Kugel mit Klebstoff und beklebe sie mit Papierkügelchen, wobei du ab und zu die Farbe wechselst. So beklebst du die ganze Kugel. Lasse sie gut trocknen.

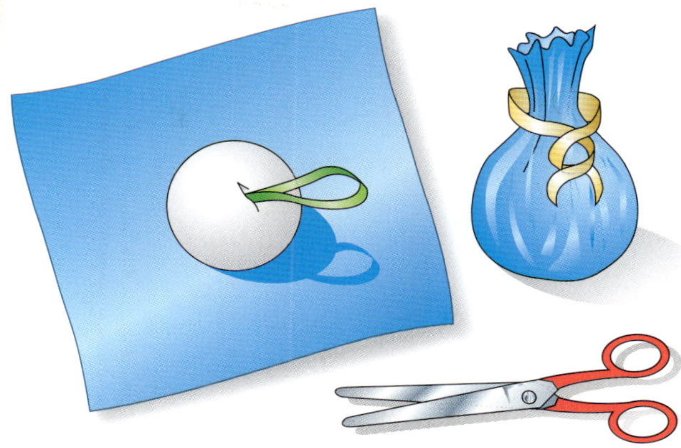

5 So bastelst du andere Kugeln: Wickle die Styroporkugel in ein Quadrat aus Seiden- oder Krepppapier mit 23 cm Seitenlänge und binde es mit einem Band zusammen.

Wenn du eine Halbkugel mit Krepppapier überziehst und in der Mitte einschneidest, kannst du eine Tischkarte hineinstecken.

Nikolaus

Material

Moosgummiplatten oder -reste in verschiedenen Farben, Bleistift, Zirkel, 2 Wackelaugen (7 mm Durchmesser), Schere, Klebstoff, Pauspapier, Band zum Aufhängen, Vorlagen S. 252

Der Nikolaus kann an den Weihnachtsbaum gehängt werden, ist aber auch ein hübscher Zimmerschmuck.

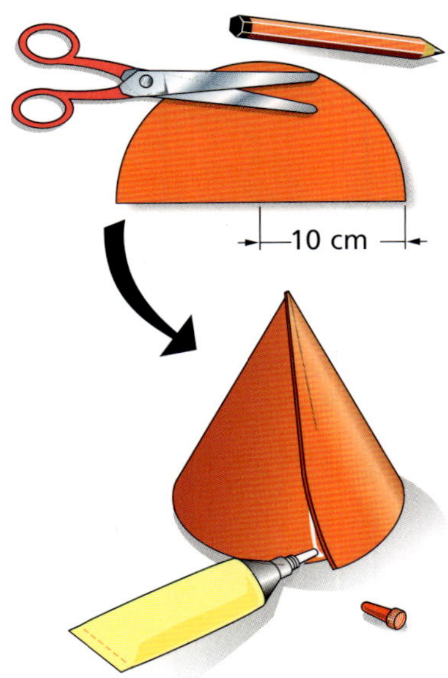

1 Zeichne mit dem Bleistift oder dem Zirkel einen Halbkreis mit 10 cm Radius auf Moosgummi. Schneide ihn aus und klebe ihn zu einem Kegel zusammen. Drücke die Klebestellen gut an.

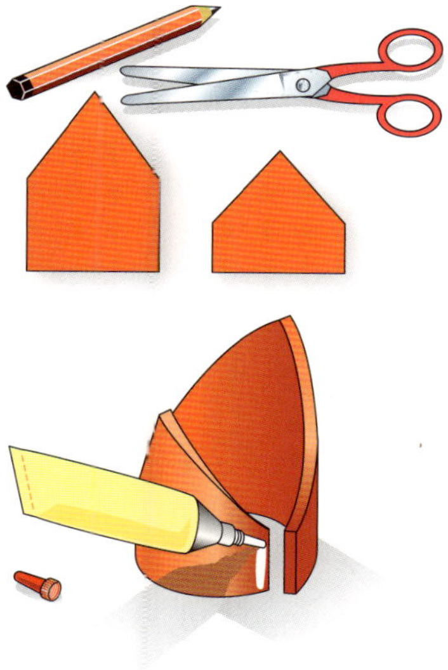

2 Übertrage mit dem Bleistift die Vorlagen des Nikolaushutes auf Moosgummi. Schneide sie aus, klebe sie zusammen und drücke sie gut an.

Eine hübsche Geschenkidee: Eine Moosgummi-Weihnachtslandschaft auf einer bemalten Schachtel.

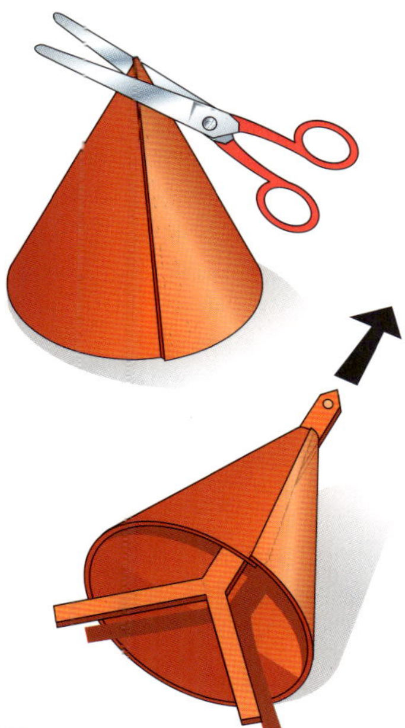

3 Übertrage die Vorlage der Beine auf Moosgummi. Schneide sie aus. Bohre oben in den Stiel ein kleines Loch. Schneide die Spitze des Kegels ab, damit der Stiel der Beine durchpasst.

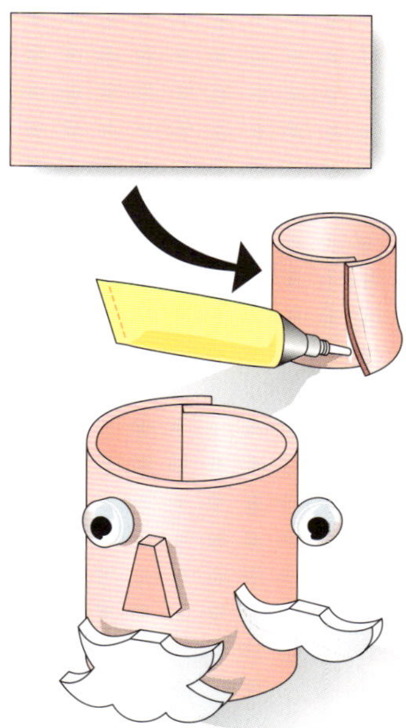

4 Schneide ein 4 x 10 cm großes Rechteck für den Kopf. Rolle es ein und klebe es zur Röhre. Übertrage die Vorlagen für den Bart und klebe sie auf den Kopf, außerdem Nase und Augen.

5 Schneide Arme, Hände, Stiefel, Bischofsstab und Rucksack aus und klebe alles auf. Stecke Geschenke in den Rucksack. In das Loch an den Beinen fädle ein Band zum Aufhängen.

Festliche Lampions

Material

Metallfolie, Locher oder Motivlocher, Bleistift, Lineal, Näh- oder Stecknadel, Schere, Klebeband, Kerzen und Jogurtgläser

1 Zeichne mit Lineal und einem Bleistift 8 x 22 cm oder 16 x 22 cm große Rechtecke auf silberne oder goldene Metallfolie.
Für den Tannenbaum-Lampion zeichne eine 11 cm hohe Tannenform mit einer 4 cm hohen Lasche unten, auf die eine Kerze gestellt wird. Schneide die Formen mit der Schere aus.

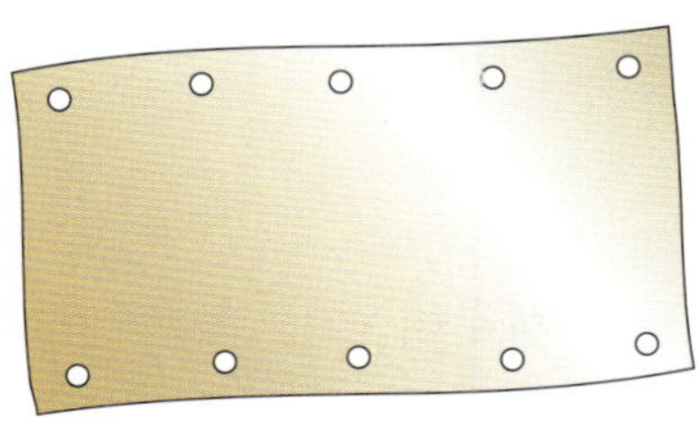

2 Stanze mit dem Locher oder Motivlocher in regelmäßigen Abständen ein Muster in die Ober- und Unterkante der Lampions.

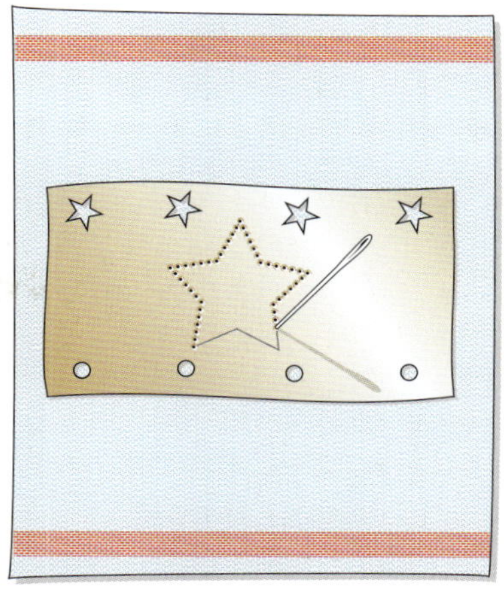

3 Zeichne mit dem Bleistift Sterne oder Herzen auf den Lampion, deren Umrisse du mit der Nadel einstichst.

4 Schneide unten aus der Tanne ein kleines Dreieck heraus und falte die Lasche am unteren Ende um.

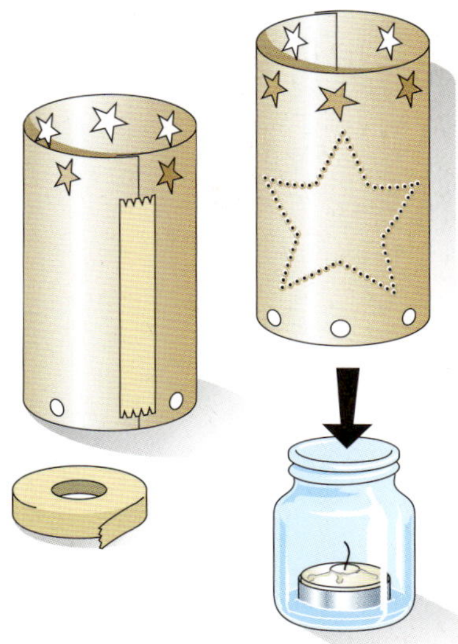

5 Stelle eine Kerze auf die Lasche des Tannenbaums. Die anderen Kerzen kommen in Gläser, in die du etwas Wasser gefüllt hast. Klebe die Lampions hinten mit Klebeband zusammen. Achte darauf, dass die Kerzen nie ohne Aufsicht brennen!

Weihnachtskarten

Material

Tonpapier,
Tonkarton,
Lineal, Bleistift,
Schere, Klebstoff,
Band zum Aufhängen,
Glitzerkleber

1 Falte den Tonkarton in der Mitte. Schneide quadratische Karten mit 12 cm Seitenlänge und Karten in 10,5 x 15 cm Größe zu.

2 Zeichne Tannenbäume auf Tonpapier, schneide sie aus und klebe sie auf Karten in anderer Farbe.

3 Zeichne den Umriss der Tanne mit dem Glitzerkleber nach (dabei gleichmäßig auf die Tube drücken!). Lasse sie gut trocknen.

4 Zeichne in einer anderen Farbe mit Glitzerkleber die Christbaumkugeln und in noch einer anderen den Stern auf der Tannenspitze. Gut trocknen lassen.

5 Das gleiche Motiv kannst du auch für Baumschmuck verwenden: Zeichne einen Tannenbaum mit Kugeln und Stern auf Tonkarton, schneide ihn aus und dekoriere ihn mit Glitzerkleber. Bohre ein Loch und hänge ihn an einem Bändchen auf.

Schneegestöber

Material

kleine Schraubdeckelgläser, Knetmasse in verschiedenen Farben, Flitter, Teelöffel, Geschirrtuch, Borstenpinsel, Farbe

In den mit Wasser gefüllten Gläsern erhebt sich ein tolles Schneegestöber, wenn du sie schüttelst!

1 Fülle den Deckel mit Knetmasse und drücke sie gut fest. Dann verschließe das Glas.

2 Öffne das Glas wieder. Die Knetmasse ist in die Mitte des Deckels gedrückt. Forme auf der Knete im Deckel die Grundzüge der Figur oder Landschaft. Knete aus einer Kugel Körper, Berge, Baumstamm usw.

3 Nun modelliere Kugeln und Würste für Köpfe und Details. Drücke sie gut an der Grundform fest.

4 Schütte Flitter in das Glas und fülle es bis zum Rand mit Wasser. Rühre das Wasser leicht um, damit der Flitter nicht am Grund zusammenklumpt.

5 Schließe nun das Glas vorsichtig über der Spüle, denn dabei läuft das Wasser natürlich über. Das Glas muss ganz fest zu sein. Wenn dicke Luftblasen darin sind, öffne das Glas noch einmal und fülle Wasser auf. Trockne das Glas außen ab.

6 Bemale den Deckel weiß. Drehe das Glas um und beobachte, wie der Flitter im Wasser herumwirbelt.

Kerzen fürs Fest

Material

Kerzen, Farbe, verschiedene Pinsel, Lineal, Geldstück, lufthärtender Ton, Teelöffel, Filzstiftkappe, Streichholz, Stopfnadel, Teelichter

Achtung: Kerzen dürfen nie ohne Aufsicht brennen!

Kerzen

1 Miss die Höhe der kleinen Kerze und teile sie durch sieben. Markiere mit dem Fingernagel Striche. Auf die große Kerze drücke ringsum ein Geldstück.

2 Bemale die Regenbogenkerze wie auf dem Foto. Lasse die Farbe nach jedem Streifen trocknen. Bemale die Punkte der großen Kerze und lasse sie trocknen.

Kerzenständer

1 Forme aus Ton eine Kugel, drücke sie flach und presse zum Maßnehmen ein Teelicht hinein. Höhle den Kerzenständer mit dem Teelöffel aus.

2 Modelliere die Ränder schön rund, zeichne Motive und Details mit dem Streichholz, der Nadel oder der Filzstiftkappe. Bemale die Kerzenständer und lasse sie trocknen.

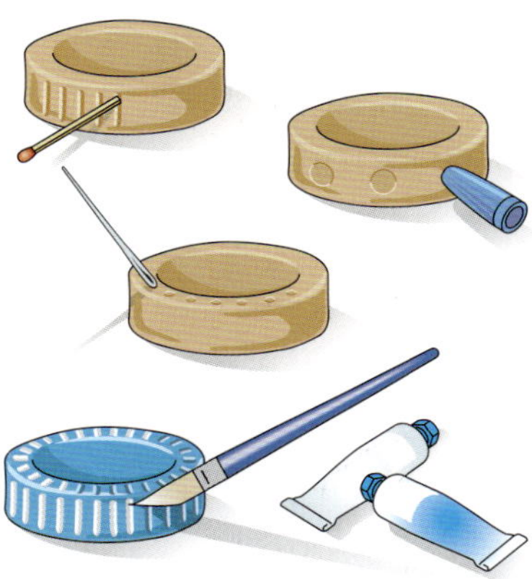

Bunte Girlanden

Material

Krepppapier in verschiedenen Farben, Schere, Klebstoff oder Hefter

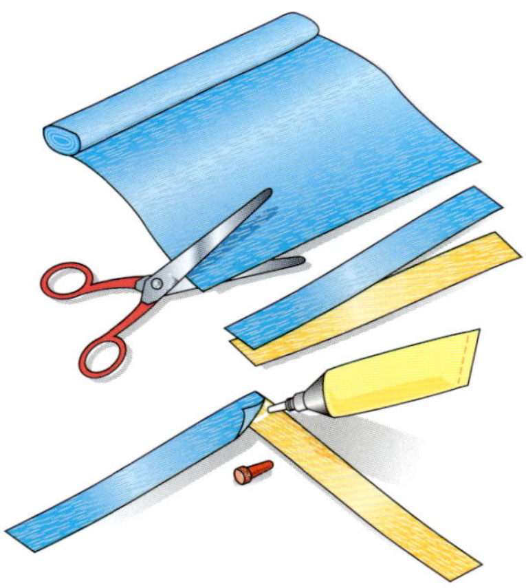

1 Schneide aus Krepppapier sehr lange, etwa 8 cm breite Streifen in 2 verschiedenen Farben.

Lege die beiden Streifen an den Enden über Eck zusammen, sodass sie in einem rechten Winkel zueinander liegen. Klebe sie in dieser Lage mit einem Tropfen Klebstoff zusammen.

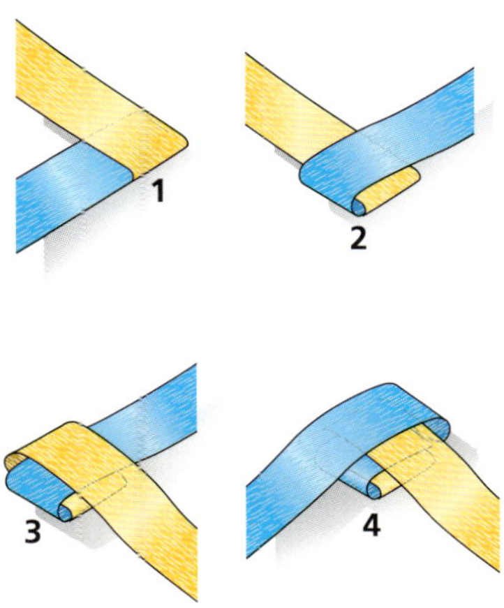

2 Kreuze die Krepp-Papierstreifen abwechselnd in beiden Richtungen.
Wenn die Girlande nicht lang genug ist, kannst du 2 weitere 8 cm breite Streifen in verschiedenen Farben ankleben. Kreuze wieder die Streifen, bis du die gewünschte Länge der Girlande erreicht hast. Klebe die Enden zusammen.

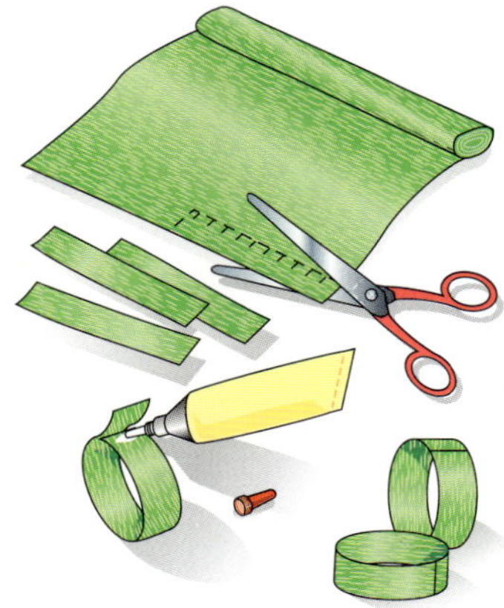

3 Schneide Streifen aus Krepppapier (4 x 20 cm) in 2 Farben. Für eine 1 m lange Girlande brauchst du 25 dieser Streifen.

4 Bilde aus den Streifen Ringe, die du am Ende zusammenklebst. Bereite alle Ringe der einen Farbe vor.

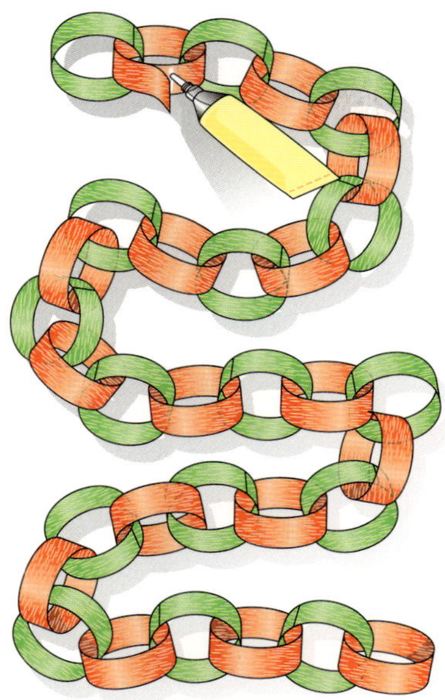

5 Die Girlande entsteht nun, wenn du die andersfarbigen Streifen zwischen die schon fertigen Ringe ziehst und ebenfalls zum Ring klebst. Schneller geht es, wenn du statt des Klebstoffs Heftklammern nimmst.

Auch die Jahreszeiten liefern dir viele Anregungen zum Basteln mit Papier, Pappe oder Dingen aus der Natur …
Zum Frühling passen bemalte Blumentöpfe und Mini-Pflanzungen. Aus den Muscheln, die du vielleicht in den Sommerferien sammeln kannst, entstehen Rahmen oder Figuren. An den Herbst erinnern Tiere aus Walnüssen oder Kastanien. Und an den kalten Wintertagen kannst du Skiläufer aus Wäscheklammern auf die Piste schicken.

Das wird ein Basteljahr im Rhythmus der Jahreszeiten!

Im laufe der Jahreszeiten

Frühlingsbaum

Material

Krepppapier
in verschiedenen Farben,
Schere, Klebstoff,
festes Nähgarn,
Pappe, Lineal,
Bleistift

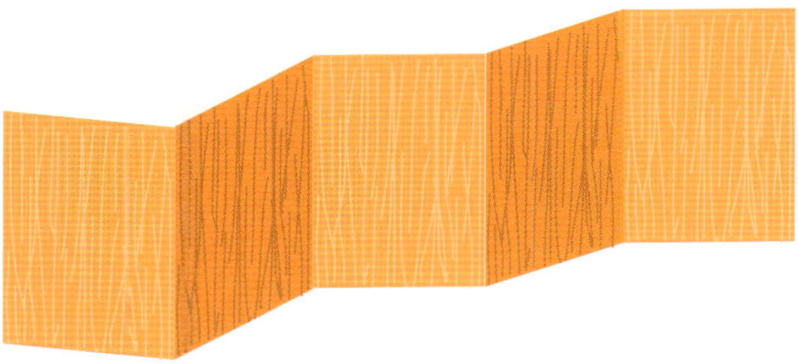

1 Falte einen 40 cm langen und 4 cm breiten Krepp-Papierstreifen alle 4 cm zur Ziehharmonika und runde den oberen Teil ab.

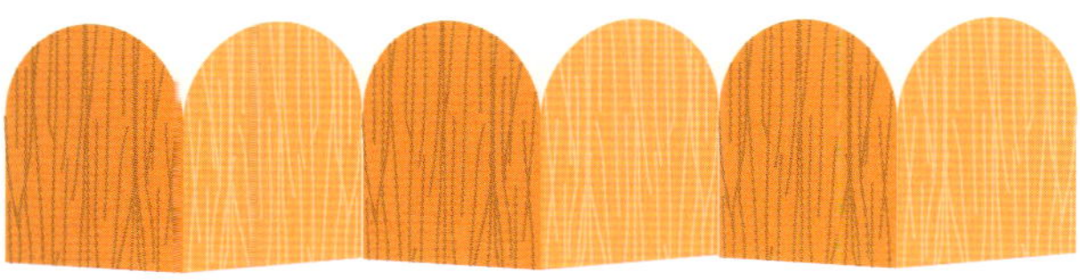

2 Falte den Streifen auseinander und drücke jedes Blütenblatt mit dem Daumen in der Mitte ein.

3 Rolle den Krepp-Papierstreifen ein. Klebe das Ende mit einem Tropfen Klebstoff zu und umwickle den unteren Teil der Blüte mit Garn.

4 Stelle so 8 bis 10 Blüten her. Zeichne einen 28 cm hohen Baum auf Pappe und schneide ihn aus. Schneide einen 4 x 13,5 cm großen Ständer zum Festkleben aus.

5 Übertrage die Form des Baumes auf Krepppapier, schneide ihn aus und klebe ihn auf die Pappe. Knicke einen 2 cm breiten Rand am Ständer um und klebe ihn von hinten auf den Baum, damit er steht. Klebe die Blüten auf und lasse alles trocknen.

Nach demselben Prinzip kannst du auch einen Blumenstrauß aus Krepppapier basteln.

Witzige Barometer

Material

Korken, abgerundetes Messer, Zahnstocher, lufthärtende Modelliermasse, Klebstoff, Bleistift, Kiefernzapfen, verschiedene Pinsel, Farbe

Das sind doch mal originelle Barometer: Wenn sich der Zapfen öffnet, gibt es schönes Wetter! Und wenn er sich schließt, wird es regnen.

Männchen

1 Schneide einen Korken in zwei Hälften. Klebe ihn auf einen ganzen Korken, sodass der Körper des Männchens entsteht.

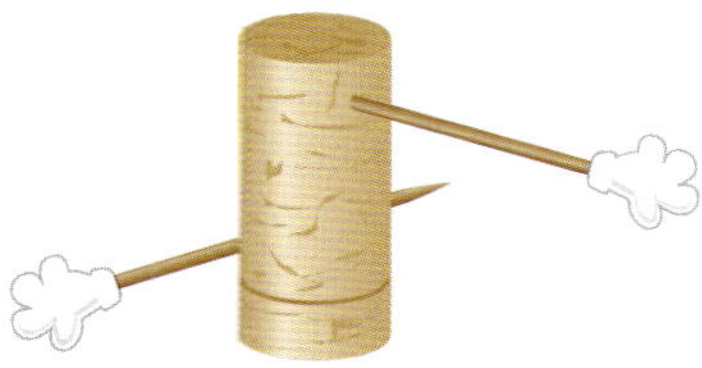

2 Forme Hände aus Modelliermasse. Gib etwas Klebstoff auf die Spitze zweier Zahnstocher und stich sie in die Hände. Stich die Arme dann oben in den Körper.

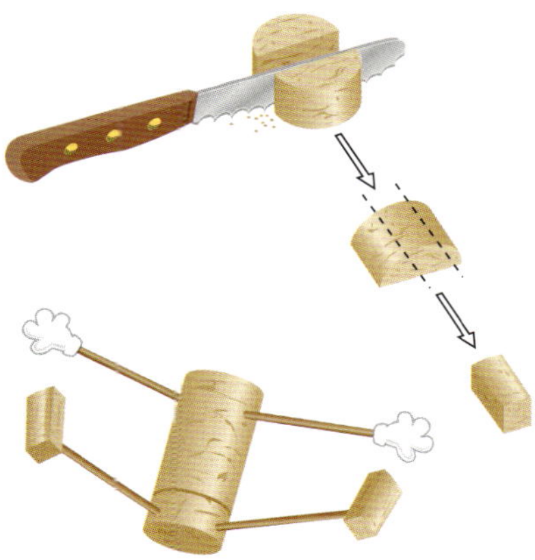

3 Schneide eine Korkscheibe mitten durch und dann jedes Stück in 3 Teile. Stich die Füße auf zwei am Ende mit Klebstoff bestrichene Zahnstocher. Die Beine stichst du unten in beide Seiten des Körpers, sodass das Männchen entweder sitzt oder steht.

4 Klebe den Kiefernzapfen als Kopf oben auf die Figur. Lasse alles gut trocknen. Bemale Körper, Hände und Füße und lasse sie trocknen.

Und hier ist ein lustiges Barometer-Eichhörnchen.

Hund

1 Forme aus Modelliermasse einen Kegel für den Kopf, 3 Kügelchen für Augen und Schnauze. Drücke sie aneinander. Stich die Augen mit dem Bleistift ein.

2 Dann forme 4 Pfötchen. Bilde Krallen nach, indem du jede Pfote mit der Bleistiftmine einritzt.

3 Lege einen Kiefernzapfen waagerecht, klebe den Hundekopf an die Spitze und die Pfoten an die Seiten. Lasse den Hund trocknen und bemale ihn dann.

Bemalte Blumentöpfe

Material

kleine Ton-Blumentöpfe,
Bleistift,
Radiergummi,
Farbe,
Borstenpinsel,
Haarpinsel

Diese bemalten Blumentöpfe bringen kleine Grünpflanzen oder Kakteen schön zur Geltung. Ihre frischen Farben verkünden verheißungsvoll den Frühling!

1 Mit dem Borstenpinsel grundiere den Topf weiß, damit die bunte Farbe den Ton gut abdeckt. Lasse ihn trocknen.

2 Bemale den Topf nun in der gewählten Grundfarbe. Lasse ihn gut trocknen. Wenn nötig, trage eine zweite Farbschicht auf und lasse sie trocknen. Das Innere der Töpfe wird nicht bemalt.

3 Zeichne die gewählten Motive vorsichtig ringsum auf den Topf: Blätter, Margeriten, Punkte, Streifen …

4 Wenn dir das Ergebnis nicht gefällt, radiere es weg und fang noch einmal an.

5 Male mit dem Haarpinsel das vorgezeichnete Muster in frühlingshaften, frischen Farbtönen aus. Lasse es gut trocknen. Du kannst auch andere einfache Motive erfinden: Karos, Spiralen, Rauten usw.

Mini-Plantagen

Material

Eier,
Eierkarton,
Messer,
Watte,
Kressesamen,
Gartenblümchen,
Steckschwamm

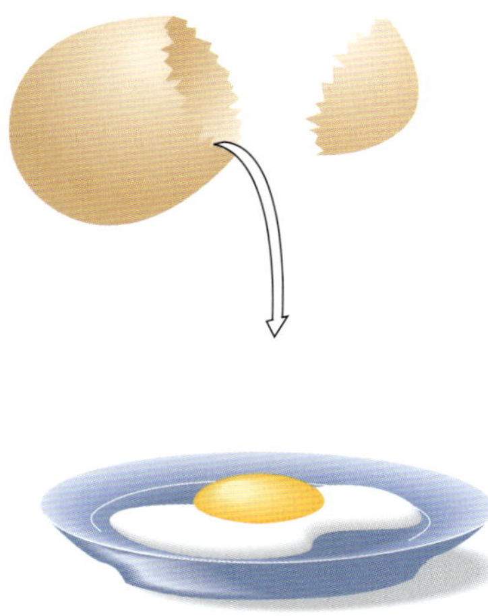

Diese Mini-Plantagen sind sehr leicht herzustellen. Es genügt etwas Geduld, um die Pflanzen wachsen zu lassen.

Miniplanzen

1 Schneide mit dem Messer vorsichtig die Spitze eines Eis ab. Hebe das rohe Ei zum Kochen auf. Spüle die Schale aus.

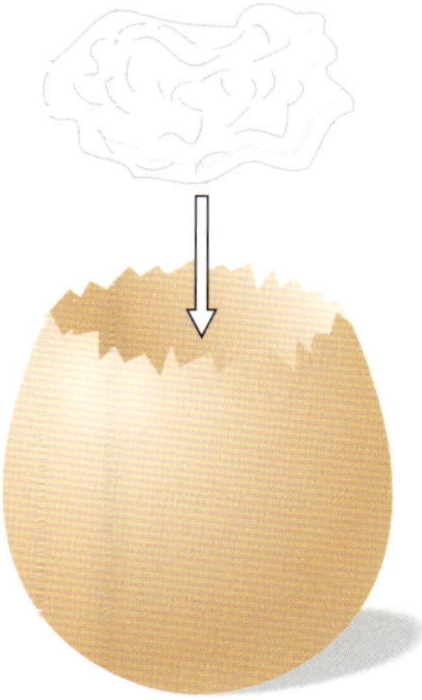

2 Tränke einen Wattebausch gründlich in Wasser und lege ihn vorsichtig in die Eierschale, damit diese nicht kaputt geht.

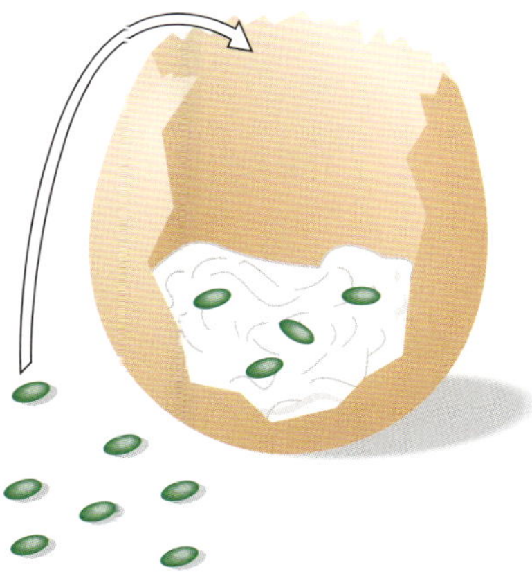

3 Streue Kressesamen auf die nasse Watte in der Eierschale. Prüfe täglich, ob die Watte auch schön feucht ist. Wenn dies nicht der Fall ist, gieße etwas Wasser nach, bis sich die Watte vollgesogen hat.

4 Nun musst du nur noch ein paar Tage abwarten und dann sprießen die winzigen Kressekeime. Genauso kannst du übrigens auch Linsen wachsen lassen.

Mini-Gestecke

Diese kleinen Blumengestecke künden auf originelle Weise vom Frühling.

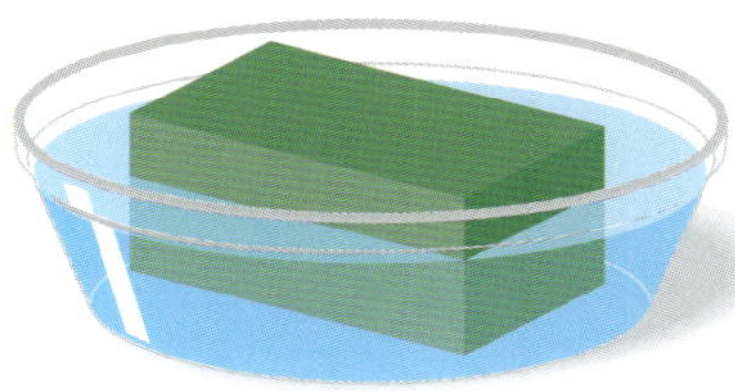

1 Kaufe im Blumengeschäft oder Gartencenter Steckschwamm. Über Nacht weichst du diesen in kaltem Wasser ein. Köpfe ein Ei und spüle es aus.

2 Schneide den Schwamm so zu, dass er in die Eierschale passt und stecke Blumen hinein.

3 Befeuchte regelmäßig den Schwamm, damit sich das Gesteck hält. Du kannst die Eierschale auch einfach mit Wasser füllen und als Mini-Vase verwenden.

Ferientagebuch

Material

Heft, Klebstoff, Bleistift, Schere, farbiges Papier, Pauspapier, Vorlagen S. 253

1 Lege das Heft geöffnet auf blaues Papier. Zeichne den Umriss mit dem Bleistift nach und schneide ihn aus. Klebe ihn auf das Heft.

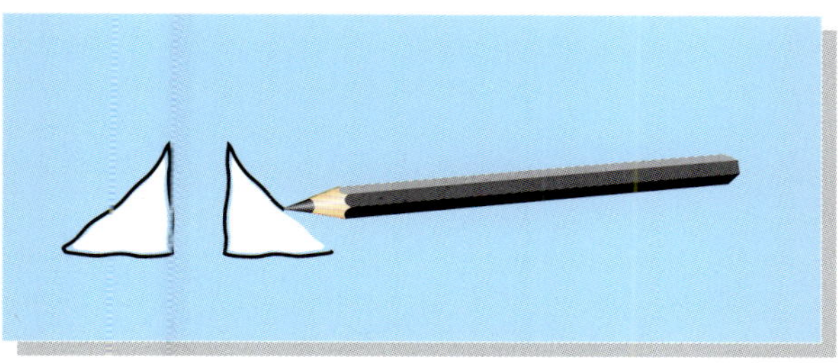

2 Übertrage mehrere große und kleine Segel für deine Boote sowie Bootsrümpfe von S. 253 auf farbiges Papier. Schneide sie mit der Schere aus.

3 Nun übertrage mehrere Seesterne von S. 253 auf gelbes Papier und schneide sie mit der Schere aus.

4 Verteile die Motive so auf dein Ferientagebuch, bis dir die Zusammenstellung gelungen scheint, ohne sie zunächst festzukleben. Du kannst auch die abgebildeten Hefte als Vorbild nehmen

5 Klebe die Segelboote und Seesterne auf den Deckel des Heftes. Lasse sie gut trocknen. Wenn du willst, kannst du den Heftrücken genauso dekorieren.

Eimer-Karten

Material
weißer Tonkarton,
Bleistift,
Schere, Lineal,
Farbe, Filzstifte,
verschiedene Pinsel,
Radiergummi,
Klebepunkte
Pauspapier,
Vorlage S. 253

1 Übertrage mit dem Bleistift die Vorlage für den Eimer von S. 253 auf Pauspapier. Schneide sie aus. Lege den Schnitt auf weißen Tonkarton und zeichne um ihn herum.

Zeichne mit dem Lineal in die Mitte ein Rechteck, das du dann beschriftest. Schneide den Eimer aus.

3 Verziere den gepunkteten Eimer mit Klebepunkten.

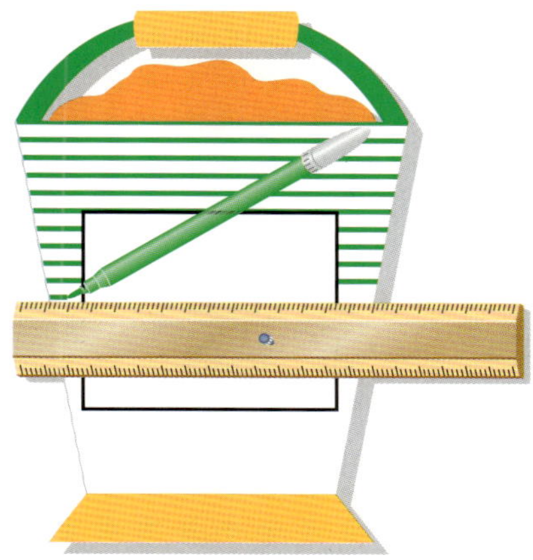

4 Ziehe mit Filzstift und Lineal Linien für den gestreiften Eimer. Oben anfangen!

2 Zeichne mit dem Bleistift beliebige Motive auf den Eimer oder lasse dich vom Foto inspirieren. Bemale die Karte nun in kräftigen Farben.
Achtung, das zum Beschriften vorgesehene Rechteck nicht bemalen! Lasse die Karte gut trocknen und trage, wenn nötig, eine zweite Farbschicht auf.

5 Radiere zum Schluss den Umriss des Rechtecks weg und schreibe deine Botschaft mit Filzstift darauf.

Stiftetopf

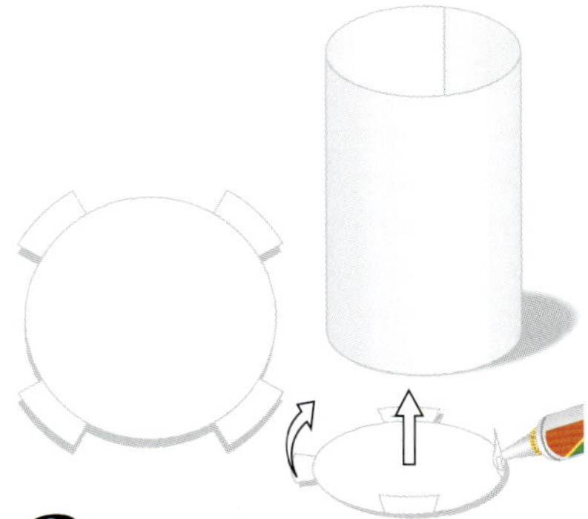

2 Zeichne mit dem Zirkel einen Kreis in der Größe der Rolle plus vier Laschen zum Kleben. Ausschneiden, Laschen umknicken und unten an die Rolle kleben.

3 Übertrage die Vorlagen für Muscheln und Seesterne auf farbiges Papier, schneide sie aus und klebe sie auf den blauen Streifen.

Material

Papier in verschiedenen Farben,
weißer Tonkarton,
Bleistift,
Lineal,
Zirkel,
Schere,
Klebstoff,
Pauspapier,
Vorlagen S. 245

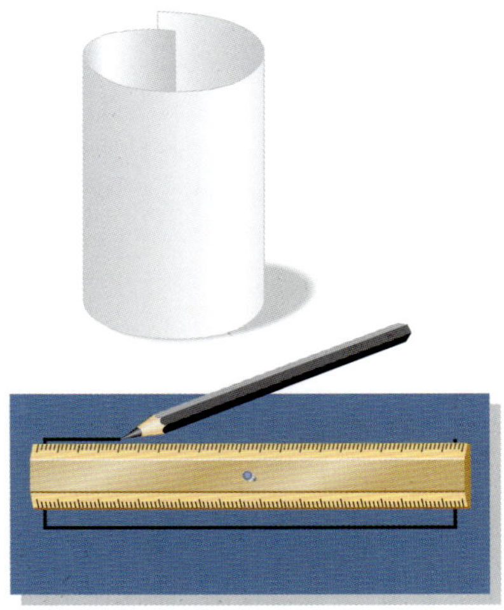

1 Schneide einen 10 x 25 cm großen Streifen aus weißem Tonkarton, einen 10 x 45 cm großen aus blauem Papier. Tonkarton rollen, kleben.

4 Falte den Streifen alle 3 cm zur Ziehharmonika. Klebe diese um die weiße Röhre herum. Lasse alles gut trocknen.

Stern-Kette

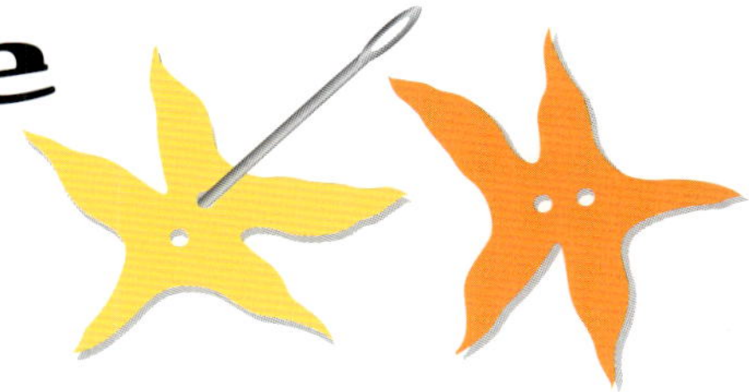

2 Stich mit der Scherenspitze oder einer Nadel zwei Löcher für den Bindfaden in die Sterne.

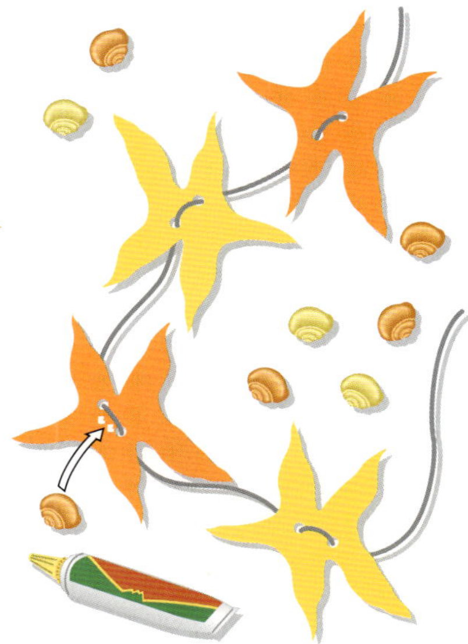

3 Schneide etwa 60 cm Bindfaden ab, ziehe ihn durch die Löcher in den Seesternen und verknote ihn.

4 Besonders hübsch sieht es aus, wenn du mitten auf jeden Papierstern eine kleine Muschel klebst. Drücke sie ein paar Minuten gut an und lasse alles trocknen.

Du kannst auch Ketten mit anderen bunten, sommerlichen Meeres-Motiven basteln: Fische, Jakobsmuscheln usw.

Material

farbiger Tonkarton,
Bleistift,
Schere, Stopfnadel,
dünner Bindfaden,
kleine Muscheln,
Klebstoff,
Pauspapier,
Vorlage S. 245

1 Übertrage nach der Vorlage acht Seesterne auf orangefarbenen und gelben Tonkarton. Schneide sie aus.

Strandgrüße

Material

weißer Tonkarton,
Lineal, Bleistift,
Schere, Cutter,
Klebstoff,
Filzstifte,
farbiges Papier,
Pauspapier,
Vorlage S. 254

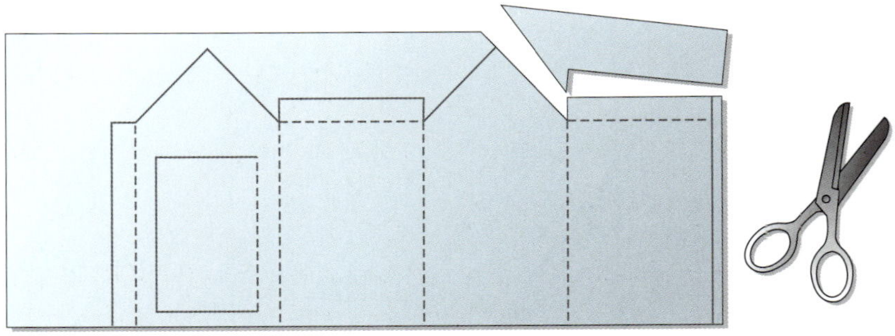

1 Übertrage die Vorlage für die Kabine von S. 254 auf Pauspapier und schneide sie aus. Zeichne ihre Umrisse auf weißem Karton nach und schneide sie aus.

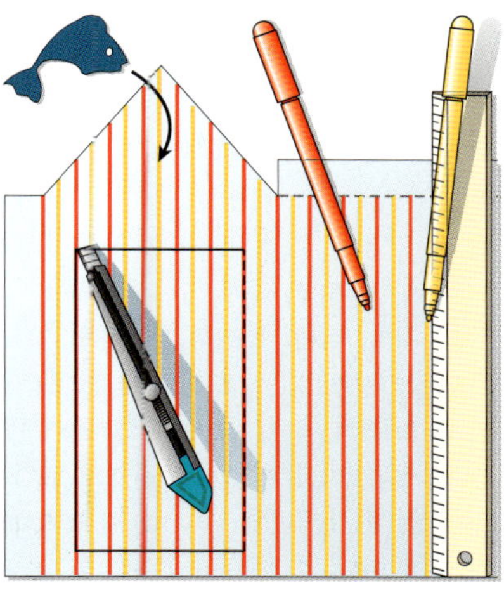

2 Ziehe die senkrechten Streifen mit Filzstift und Lineal. Die Abstände richten sich danach, welches Modell du gewählt hast.

Bitte einen Erwachsenen, die Türöffnung mit dem Cutter zu schneiden. Klebe je nach Modell einen Fisch oder einen Seestern aus Papier über die Tür.

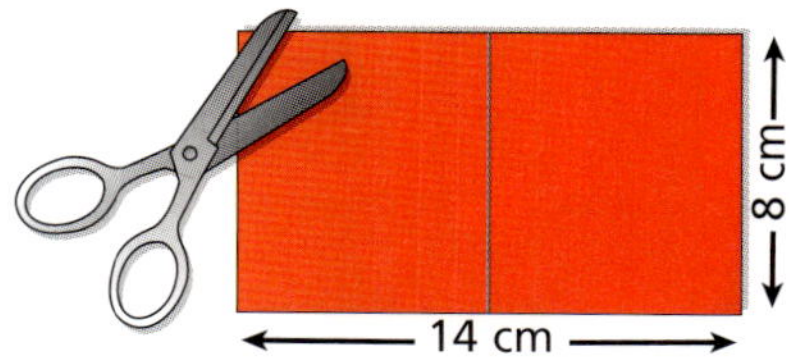

3 Übertrage das Rechteck fürs Dach auf farbiges Papier und schneide es aus. Falte es in der Mitte der längeren Seite.

4 Schreibe nun deinen Gruß mit Filzstift wie im Schema angegeben auf die Strandkabinen-Karte:

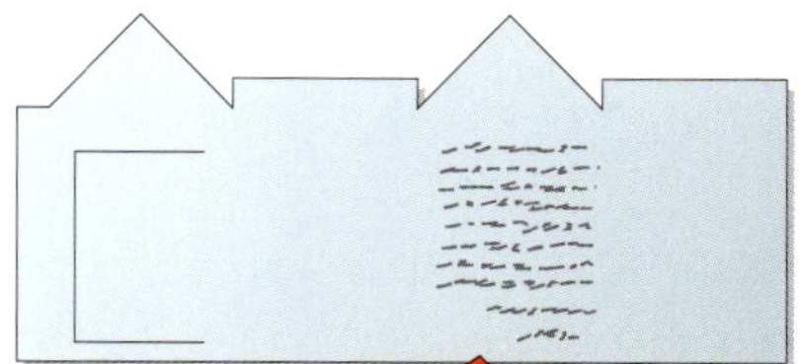

5 Falte die Karte an den gestrichelten Linien. Klebe die große Lasche. Auf die kleinen Laschen klebst du das Dach. Wenn du die Karte verschicken willst, lasse sie dazu besser flach und lege eine Faltanleitung bei.

Bemalte Steine

Material

flache Steine,
Bleistift,
Radiergummi,
Farbe,
Haarpinsel,
Borstenpinsel,
eventuell farbloser Lack

Wenn du in den Sommerferien ans Meer fährst, sammle Steine in verschiedenen Formen. Je flacher sie sind, umso leichter sind sie zu bemalen.

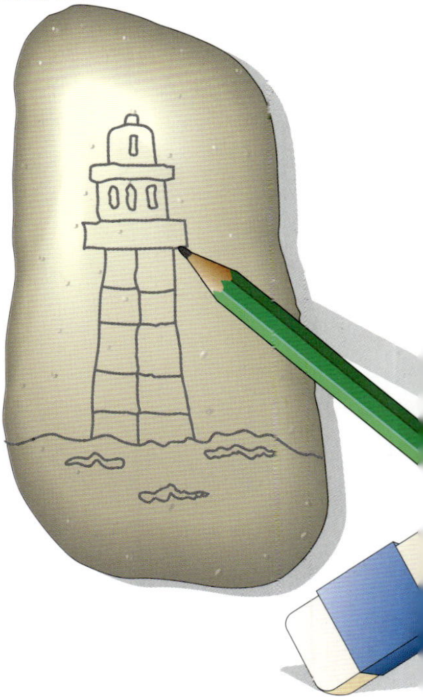

1 Je nachdem, was du malen willst, zeichne zuerst das Motiv mit dem Bleistift auf. Was misslingt, lässt sich so ganz leicht wieder wegradieren.

2 Bemale mit dem Borstenpinsel den Hintergrund zweimal und lasse ihn gut trocknen.

3 Mit dem Haarpinsel male nun die Details aus. Achtung, nicht auf den Hintergrund übermalen!

4 Wenn nötig, trage eine zweite Farbschicht auf. Gut trocknen lassen und eventuell lackieren.

Sommerliche Rahmen

Material

farbiges Tonpapier, farbiger Tonkarton, Bleistift, Lineal, Schere, Cutter, Klebstoff, Bindfaden, Pauspapier, Foto, Vorlagen S. 245

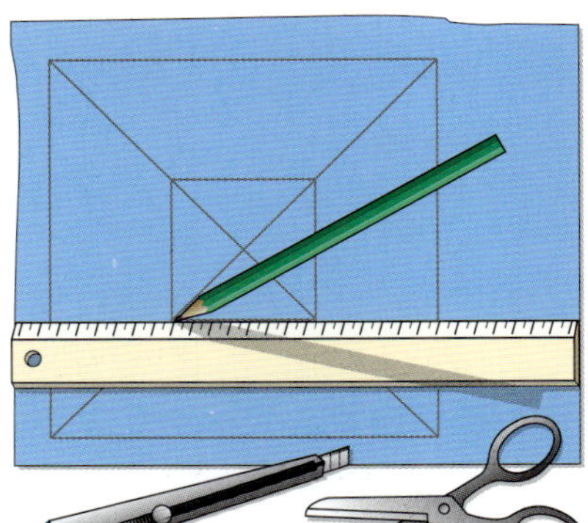

1 Zeichne auf Tonkarton ein Quadrat mit 20 cm Seitenlänge. Ziehe mit dem Lineal die Diagonalen zwischen den Ecken. In die Mitte des Quadrates zeichne nun ein kleineres mit 7,5 cm Seitenlänge. Schneide das kleine und dann das große Quadrat aus.

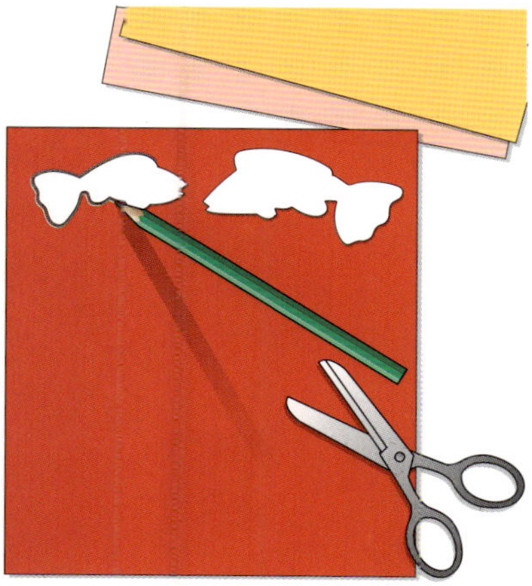

2 Pause die Fische von S. 245 ab und schneide sie aus. Übertrage sie auf verschiedenfarbiges Papier und schneide sie mit der Schere aus.

3 Zeichne kleine Kiesel auf Papier in verschiedenen Farben. Schneide sie aus. Klebe anschließend die ausgeschnittenen Fische und Kiesel zur Dekoration auf den Rahmen.

4 Wähle ein Quadrat mit 8,5 cm Seitenlänge auf einem Foto aus, kennzeichne es ganz leicht mit Lineal und Bleistift und schneide es aus.

Muscheln und Seesterne, die aus dem Rahmen fallen …
… da riecht man förmlich die Meeresbrise!

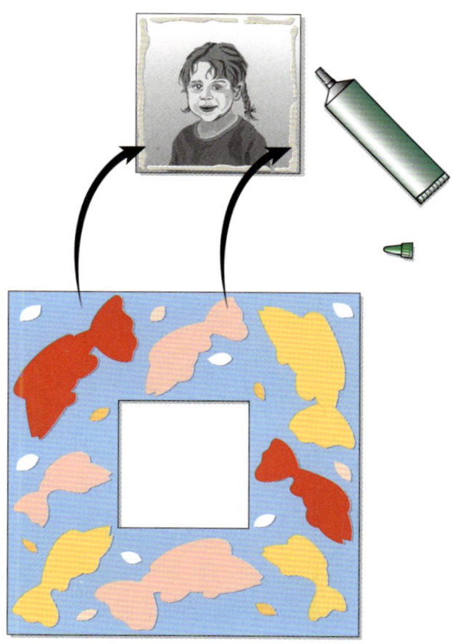

5 Bestreiche die Ränder des Fotos mit Klebstoff, klebe es von hinten an den Rahmen und drücke es ein paar Minuten fest.

6 Wenn du den Rahmen aufhängen willst, bohre mit der Scherenspitze 2 kleine Löcher oben in das Quadrat.

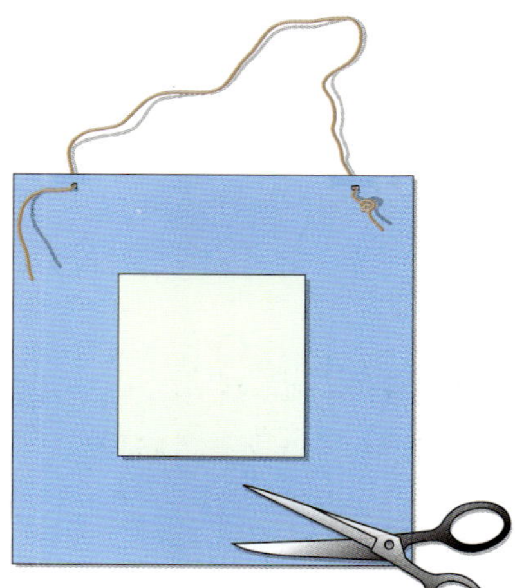

7 Fädle ein Stück Bindfaden durch die Löcher, verknote die Enden hinter dem Rahmen. Fertig.

Muschelbilder

Material

Pappe, Lineal,
Bleistift, Farbe,
Schere, Klebstoff,
farbiges Packpapier,
farbige Wellpappe,
Muscheln,
Bast oder Wolle,
Pinsel

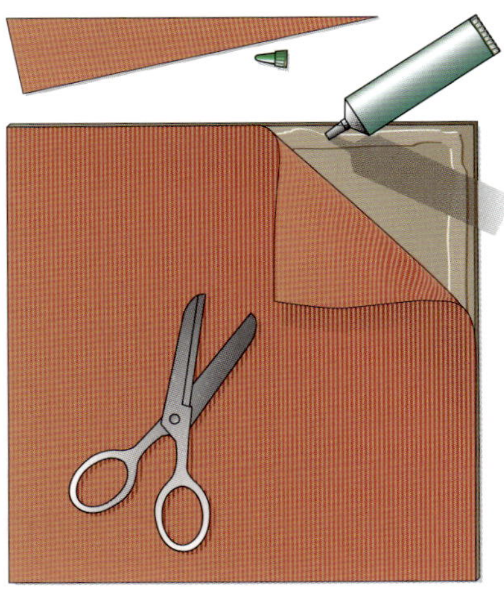

1 Schneide mit der Schere ein Quadrat oder Rechteck erst aus Pappe und dann noch einmal aus Packpapier aus. Klebe letzteres auf die Pappe. Drücke es fest und lasse es trocknen.

Noch leichter ist es, wenn du statt des Packpapiers Farbe nimmst und das Pappquadrat oder -rechteck anmalst.

3 Klebe Muscheln auf das Quadrat oder Rechteck in der Mitte und drücke sie gut fest. Lasse sie gut trocknen.

4 Schneide Bast- oder Wollfäden zurecht. Klebe sie auf das Muschelbild. Lasse sie gut trocknen.

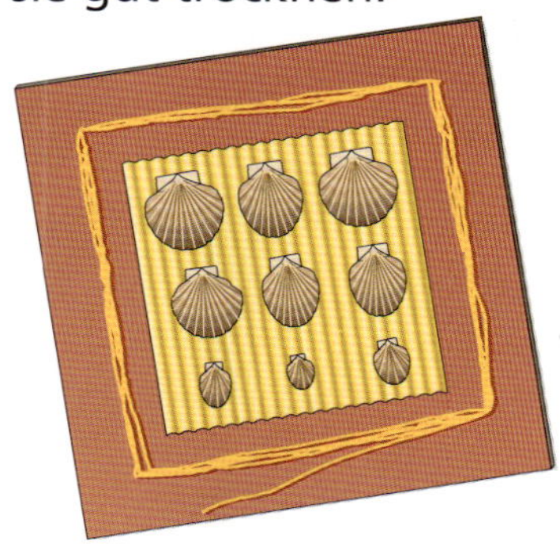

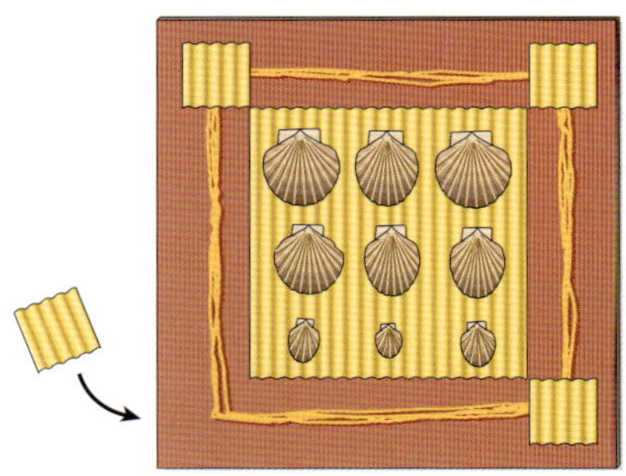

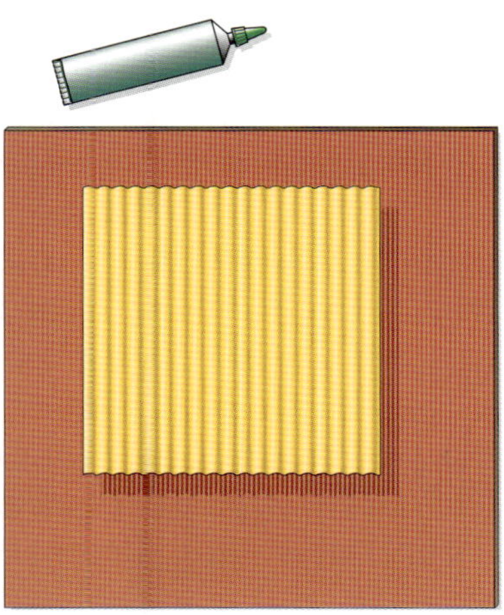

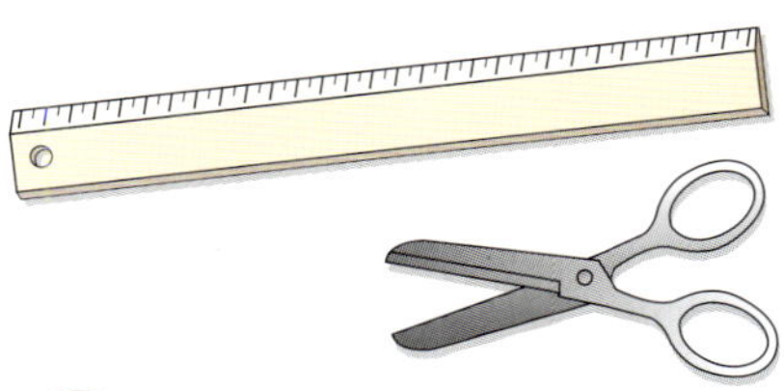

2 Schneide ein etwas kleineres Quadrat oder Rechteck aus farbiger Wellpappe aus, klebe es in die Mitte des Bildes. Drücke es ein paar Minuten an und lasse es gut trocknen.

5 Aus Wellpapperesten schneide kleine Quadrate oder Rechtecke, ordne sie auf dem Bild an, klebe sie fest, drücke sie ein paar Minuten an und lasse sie gut trocknen.

Rettungs-Rahmen

Material
farbiges Tonpapier, Zirkel, Lineal, Bleistift, Paketschnur, Schere, Cutter, Klebstoff, Stopfnadel, Pauspapier, Foto, Vorlagen S. 255

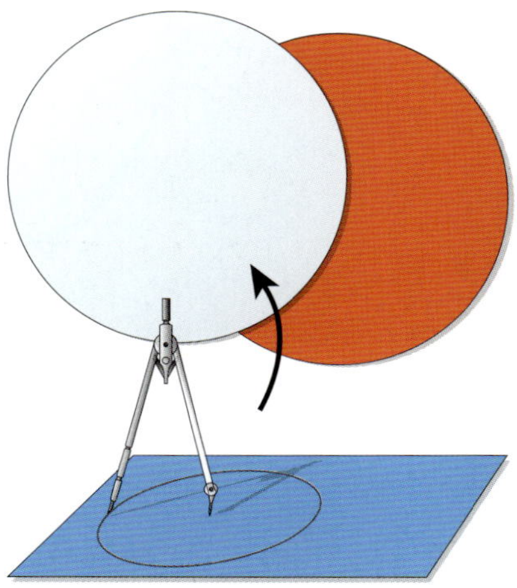

1 Zeichne mit dem Zirkel einen Kreis mit 21 cm Durchmesser auf weißes und auf rotes Papier. Schneide die Kreise aus. Dann zeichne einen dritten Kreis mit 13 cm Durchmesser auf blaues Papier. Schneide auch diesen aus. Klebe den blauen in die Mitte des weißen Kreises. Lasse alles gut trocknen.

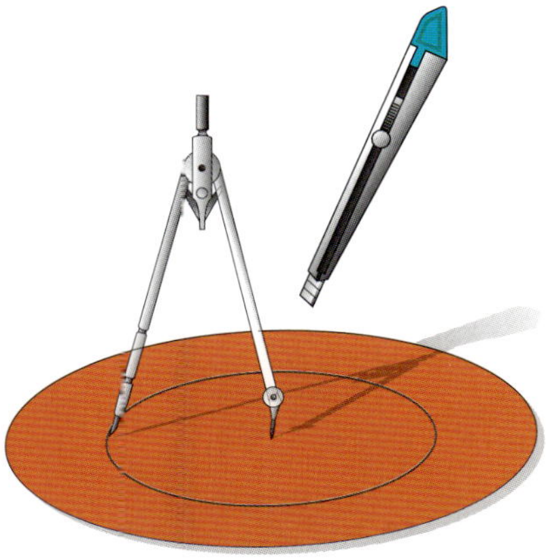

2 Vom Mittelpunkt des roten Kreises aus zeichne einen Kreis mit 13 cm Durchmesser (6,5 cm Radius). Bitte einen Erwachsenen, ihn auszuschneiden, sodass ein Ring entsteht.

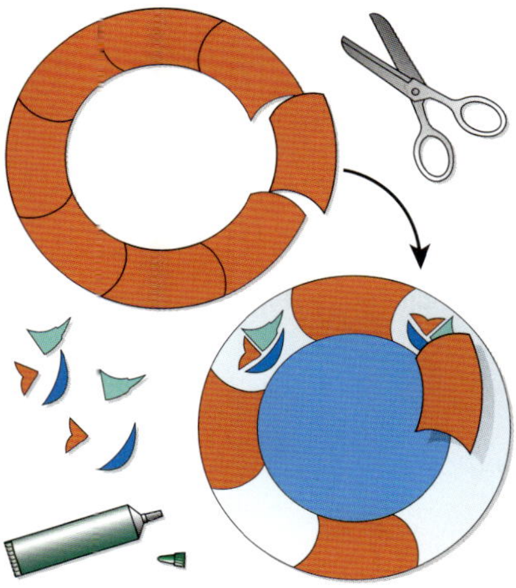

3 Zeichne nun 8 gleiche, etwas gebogene Teile auf den roten Ring. Schneide vier mit der Schere aus, klebe sie in gleichmäßigem Abstand ringsum auf den weißen Rahmen. Lasse alles gut trocknen.

4 Übertrage 4-mal die Vorlage für das Boot mithilfe von Pauspapier auf farbiges Papier. Schneide sie aus und klebe die Boote auf die weißen Teile.

Zu demselben Thema kannst du dir andere Rahmen ausdenken oder in die Mitte des Rettungsringes ein großes Foto kleben.

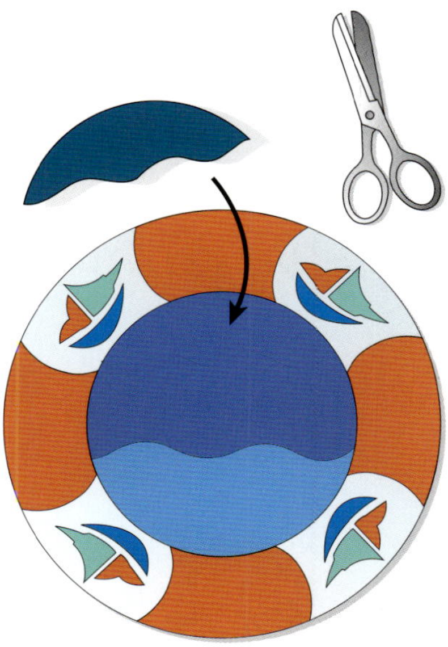

5 Schneide 2 Kreise mit 13 cm Durchmesser aus Papier in verschiedenen Blautönen aus. In beide schneide eine Wellenlinie. Klebe zwei Wellen auf den blauen Kreis.

6 Nun schneide 5 oder 6 Passfotos zurecht und klebe sie in den Rettungsring-Rahmen. Lasse sie trocknen.

7 Bitte einen Erwachsenen zwei Löcher oben in den Rahmen zu stechen. Stecke dadurch die Paketschnur und verknote sie.

Muschel-Figürchen

Material

auf Spaziergängen am Strand gesammelte Muscheln und Schneckenhäuser: z. B. Scheidenmuscheln, Venusmuscheln, Herzmuscheln, „chinesische Hüte" (Napfschnecken), Strandschnecken usw., schnell trocknender Klebstoff

1 Wasche und trockne deine Muscheln alle sorgfältig ab.

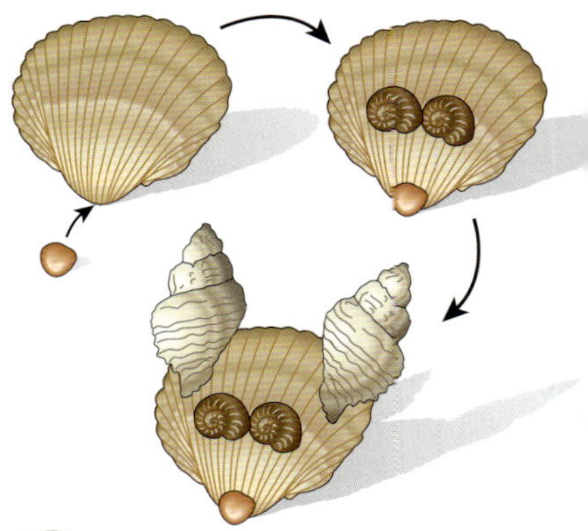

2 Suche dir ein Modell aus und lege alle Muscheln, die du dafür benötigst, zurecht. Klebe Ohren, Augen, Nase an den Kopf. Drücke sie ein paar Minuten an und lasse sie dann trocknen.

3 Je nachdem, welches Modell du bastelst, klebe weitere Muscheln auf: als Hut, Fühler usw. Lasse sie gut trocknen.

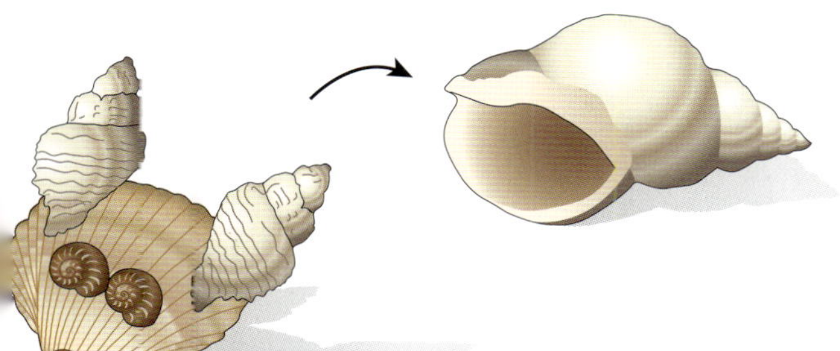

4 Für den Körper nimm eine etwas größere Muschel. Klebe den Kopf deines Tieres oder der Figur darauf. Drücke ihn gut fest und lasse ihn trocknen.

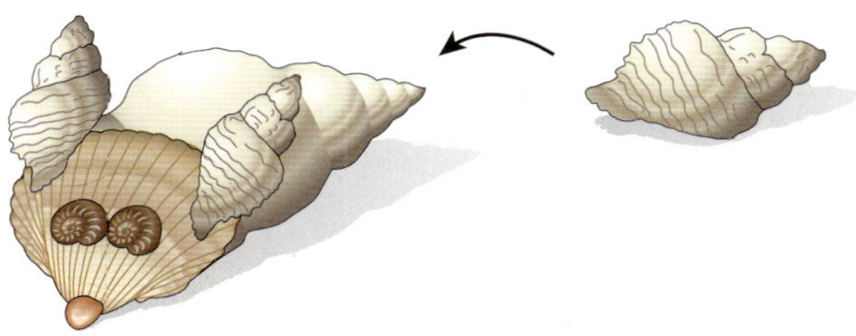

5 An das andere Ende der Körper-Muschel klebst du eine kleinere Muschel für den Schwanz des Tieres. Drücke ihn einige Minuten an und lasse ihn trocknen.

Den Körper einer menschlichen Figur bastelst du aus mehreren übereinander geklebten „chinesischen Hüten“. Genauso kannst du ein aufrecht stehendes Tier (z. B. Bär oder Hase) gestalten.

Herbst-Alphabet

Material

Pappe,
Bleistift, Lineal,
Körner: Linsen, halbe Erbsen,
Mais, Sternanis, usw.,
Schere, Klebstoff

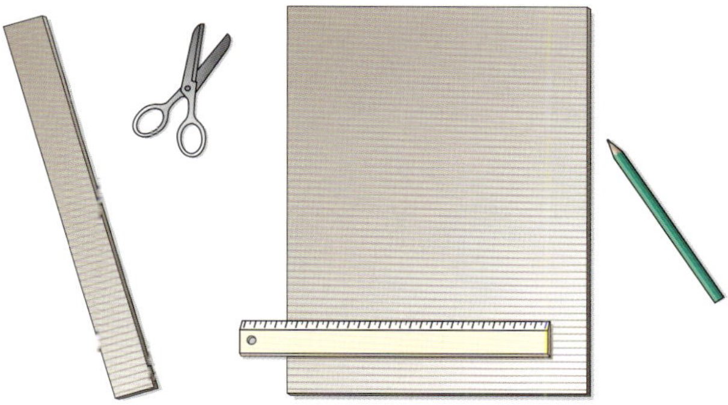

1 Zeichne mit Bleistift und Lineal ein 30 x 40 cm großes Rechteck auf Pappe. Schneide es mit der Schere aus.

2 Schreibe mit Bleistift die Buchstaben des Alphabets auf die Pappe. Auf dem Foto siehst du eine mögliche Anordnung.

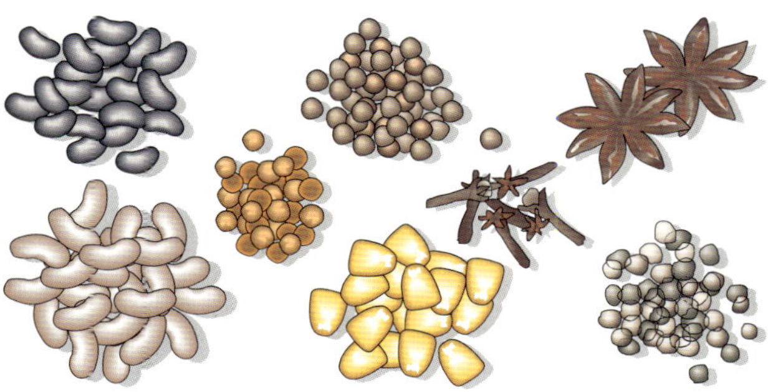

3 Schütte verschiedene Körnersorten getrennt in Schälchen, das erleichtert die Arbeit beim Aufkleben.

4 Bestreiche den ersten Buchstaben mit Klebstoff. Ordne die Körner darauf an und drücke sie gut fest, damit sie auch gut auf der Pappe haften. Lasse den so gebildeten Buchstaben gut trocknen.

5 Bestreiche den nächsten Buchstaben mit Klebstoff, lege die Körner darauf und drücke sie gut an. Verfahre mit den übrigen Buchstaben genauso.

Für deine Bilder aus Körnern und Pflanzenteilen kannst du helle Linsen, halbe Erbsen, getrocknete Orangen- oder Zitronenscheiben, Lorbeerblätter, Kastanien, Gewürznelken, weiße und rote Bohnen, Kaffeebohnen, Sonnenblumenkerne, Fenchelsamen, grünen Pfeffer und anderes mehr verwenden..

Natur-Tiere

Material

Walnüsse,
Kürbiskerne,
Linsen, Kastanien,
Farbe, Pinsel,
Pfeifenputzer, Schere,
Klebstoff, Filzstifte,
Handbohrer,
Streichhölzer

Nuss-Schalentiere

1 Knacke eine Walnuss so, dass die Schalen ganz bleiben. Lege die Kerne beiseite. Für die Schildkröte bemale die ganze Schale. Dem Marienkäfer malst du einen Kopf und auf den Körper (mit der Pinselspitze) Punkte. Trocknen lassen.

2 Schneide nun 4 bzw. 6 Stücke Pfeifenputzer mit der Schere ab. Knicke sie in der Mitte. Klebe sie als Beine unter die Nussschalen. Festdrücken, trocknen lassen.

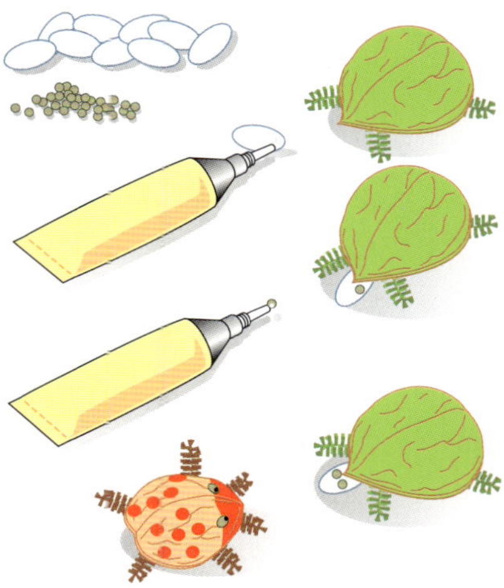

3 Für die Schildkröten klebe einen Kürbiskern als Kopf unter die Nussschale. Lasse ihn trocknen. Klebe dann 2 Linsen als Augen auf den Kopf. Drücke sie an und lasse sie gut trocknen.

4 Für die Marienkäfer zeichne mit dem Filzstift jeweils einen schwarzen Punkt auf 2 Linsen. Klebe sie als Augen auf die Nussschale. Lasse sie gut trocknen.

Kastanientiere

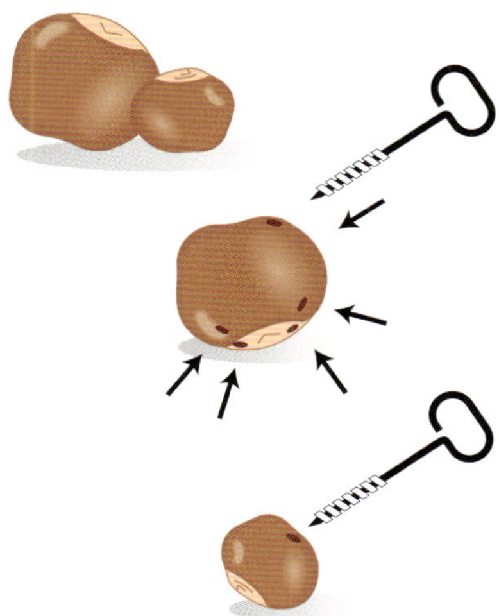

1 Nimm 2 unterschiedlich große Kastanien. Bitte einen Erwachsenen, 1 Loch für den Hals und 4 Löcher für die Beine in die große und 1 Loch für den Hals in die kleine Kastanie zu bohren.

2 Verziere die kleine Kastanie: 2 Stückchen Pfeifenputzer werden zu Ohren und 2 mit Punkten versehene Linsen zu Augen.

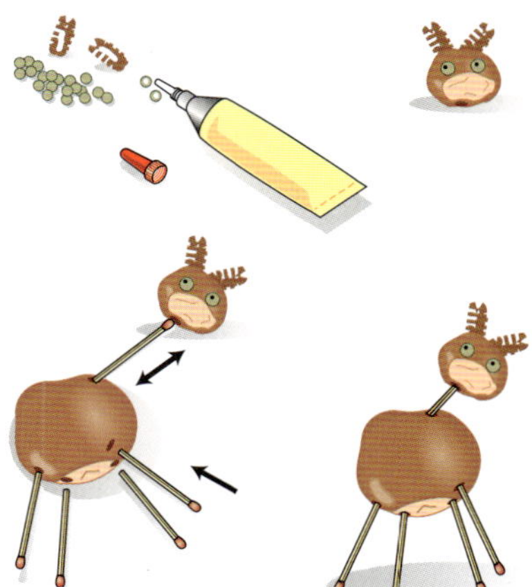

3 Stecke 4 Streichhölzer unter den Körper, eines zwischen Körper und Kopf. Statt Streichhölzern kannst du auch andere Holzstäbchen nehmen.

Herbstbild

Material

Pappe,
Bleistift, Lineal,
Schere, Klebstoff,
farbiges Seidenpapier

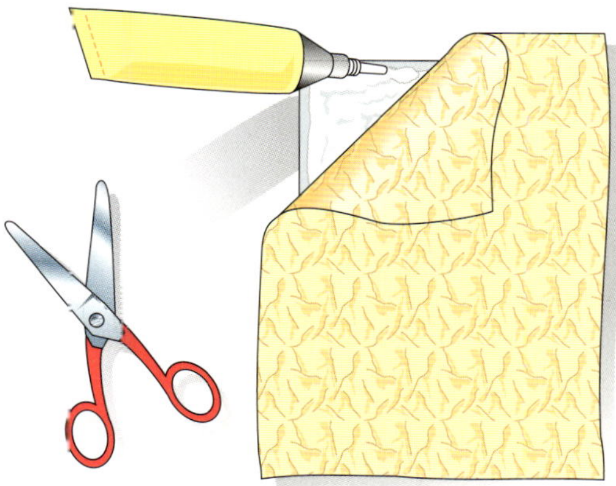

1 Schneide ein 16 x 24 cm großes Rechteck aus Pappe aus. Klebe ein Blatt zerknülltes Seidenpapier darüber und schneide überstehende Ränder ringsum ab.

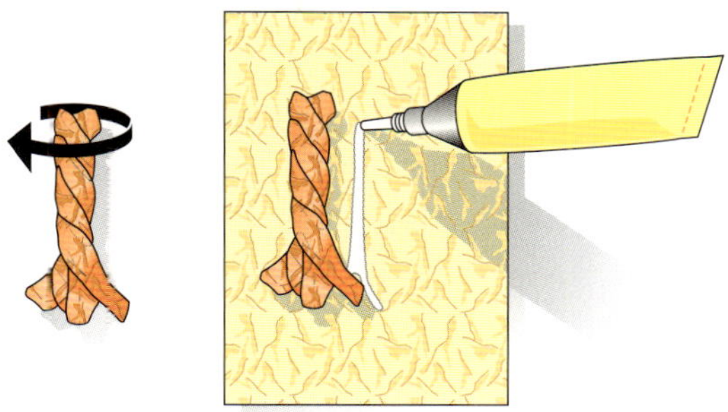

2 Drehe ein Stück orangefarbenes Seidenpapier wie eine Kordel. Klebe es als Baumstamm auf das Bild.

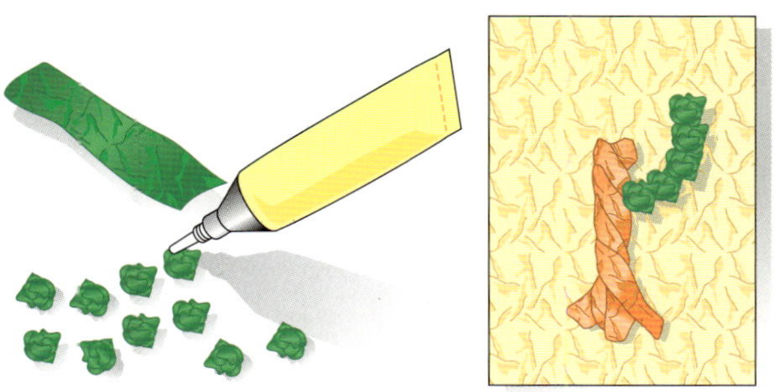

3 Reiße kleine Stücke vom grünen Seidenpapier ab, zerknülle sie zu Kugeln und klebe diese zur Baumkrone zusammen.

4 Reiße kleine Stücke vom helleren grünen Seidenpapier ab. Zerknülle sie ebenfalls zu Kugeln und klebe sie als weitere Blätter auf den Baum.

5 Verdrehe grüne Seidenpapierstücke zwischen den Händen. Klebe sie als herunterfallende Blätter an den Baumstamm. Verziere das Bild mit aus grünem Seidenpapier gerissenen Dreiecken.

Du kannst auch ein Bild zum Thema Weinlese basteln!

Briefpapier

Material

Recyclingpapier,
Lineal,
Bleistift,
Schere,
Blätter, Farbe,
verschiedene
Baumblätter,
verschiedene Pinsel

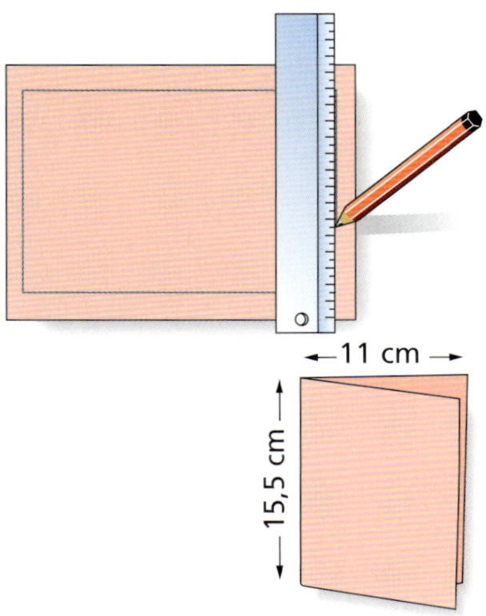

1 Zeichne mit Lineal und Bleistift ein 15,5 x 22 cm großes Rechteck auf Recyclingpapier. Schneide es aus und falte es in der Mitte, sodass du eine Klappkarte hast.

Für ein Blatt Briefpapier zeichne ein 14,5 x 24,5 cm großes Rechteck auf das Papier und schneide es mit der Schere aus.

2 Sammle auf Waldspaziergängen Herbstblätter. Trage mit dem Pinsel rote Farbe auf ein Baumblatt auf. Drücke es auf eine Karte oder einen Briefbogen, sodass sich ein Abdruck ergibt.
Fertige so Abdrücke von verschiedenen Blättern mit derselben Farbe. Lasse sie gut trocknen.

3 Verteile nun grüne Farbe auf deine gesammelten Blätter und bedrucke damit ebenfalls die Karten oder das Briefpapier.

4 Lasse die Farbe gut trocknen. Drucke mit anderen Blättern weiß.

5 Zum Schluss vervollständige das herbstliche Briefpapier noch durch große oder kleine Umschläge, die du mit kleineren Blättern bedruckst. Vergiss nicht, genug Platz für Briefmarke und Adresse zu lassen!

Verzierte Früchte

Material

Apfelsinen, gelbe und grüne Zitronen, feiner schwarzer Filzstift, Kartoffelschälmesser, Sparschäler oder Linolmesser, Gewürznelken, Zahnstocher, 1 m Geschenkband

Verzierte Apfelsinen oder auch Zitronen parfümieren Schränke oder schmücken den weihnachtlichen Tisch.

Geschnitzte Früchte

1 Mit schwarzem Filzstift zeichne einfache Muster auf eine Zitrone oder Apfelsine, z. B. so wie auf dem nebenstehenden Foto. Lasse die Striche trocknen.

2 Schäle nun mit einem Kartoffelschälmesser, Sparschäler oder am besten mit einem Linolmesser die Schale entlang der vorgezeichneten Muster ab. Vorsicht, dass du dich nicht verletzt!

3 Nach demselben Verfahren kannst du Punkte, Streifen, Spiralen oder Karos in die Apfelsinen oder Zitronen schnitzen.

Duftende Apfelsine

1 Nimm die Apfelsine in die Hand. Stich mit einem Zahnstocher in regelmäßigem Abstand Löcher auf der ganzen Apfelsine bis ins Fruchtfleisch. Nun stecke in jedes Loch eine Gewürznelke.

2 Wenn die Apfelsine aufgehängt werden soll, binde ein Geschenkband um sie herum. Oben bindest du eine hübsche Schleife oder eine Schlinge. Schneide die Enden schräg.

Mini-Seilbahn

Material

Holzbrett (23 x 42 cm), Pappe, Farbe, verschiedene Pinsel, 2 Nägel (6 cm lang), Hammer, Klebstoff, 2 leere Garnrollen, Bindfaden, Schere, Bleistift, Tonkarton, Pauspapier, Vorlage S. 255

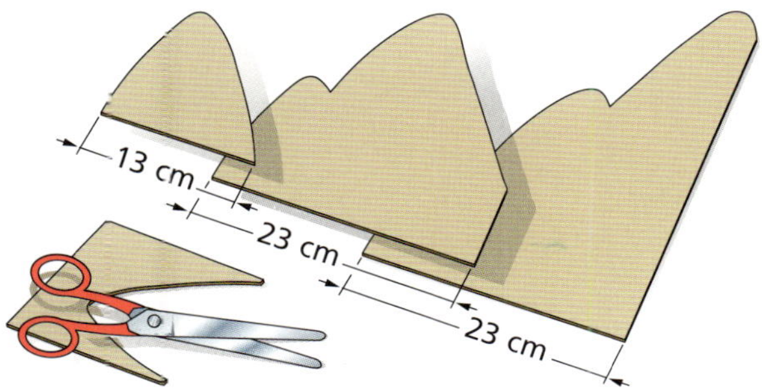

1 Schneide 3 Berge aus Pappe aus. Klebe sie so auf das Brett, dass sie sich überschneiden.

2 Ebenfalls aus Pappe schneide Berggipfel, Wolken und Sonne aus. Klebe sie auf, male sie an und lasse sie gut trocknen.

3 Stecke auf die Nägel je eine Garnrolle und eine oder mehrere Pappscheiben (siehe Schema). Nagle sie auf den Gipfel des großen und des kleinen Berges.

4 Pause die verschiedenen Teile der Seilbahn-Kabine von S. 255 durch, schneide sie aus und übertrage sie auf Tonkarton. Schneide die Kabine aus Tonkarton aus.

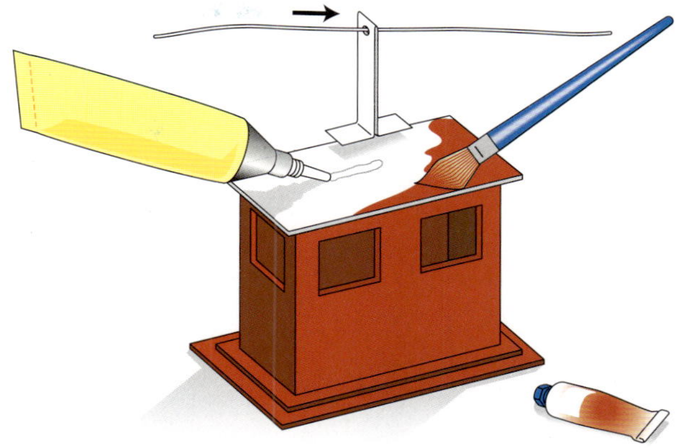

5 Falte und klebe die Teile der Seilbahn wie auf dem Schema angegeben. Lasse sie gut trocknen und male sie rot an. Schneide ein Stück Bindfaden von ca. 65 cm Länge zu, fädle ihn in das Loch im Aufhänger der Seilbahn.

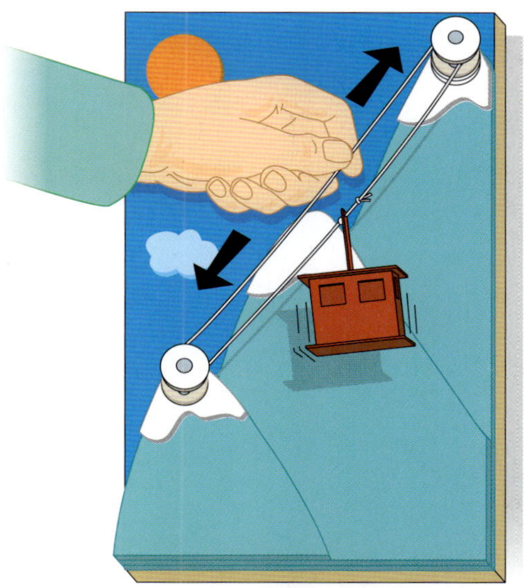

6 Lege den Bindfaden um beide auf den Berggipfeln befestigte Garnrollen. Miss die Länge ab und knote den Bindfaden so zu, dass er recht gespannt ist. Überstehende Enden schneidest du ab. Wenn du vorsichtig am Bindfaden ziehst, fährt deine Seilbahn den Berg hinauf oder herunter.

Skiheil!

Material

Holz-Wäscheklammern, Pfeifenputzer, Wattekugeln, flache Bastelhölzer oder Eisstiele, kleine Gummiringe, Zahnstocher, Farbe, verschiedene Pinsel, Stoffreste, Klebstoff, Moosgummi

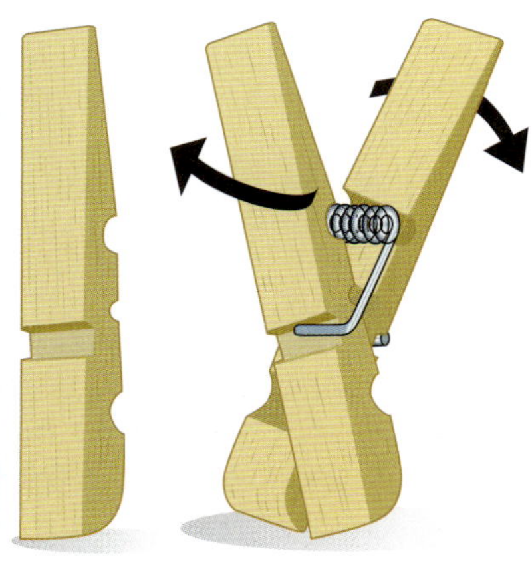

1 Am leichtesten geht es, wenn du im Bastelladen Wäscheklammer-Einzelteile kaufst.

Wenn du nur ganze Wäscheklammern hast, musst du sie in der Gegenrichtung der Feder auseinander drehen, um sie in zwei Hälften zu teilen. Aber Vorsicht, dabei kannst du dir wehtun!

2 Bemale Wäscheklammern, Bastelhölzer, Zahnstocher und Wattekugeln für die Köpfe mit kräftigen Farben. Lasse die Farbe gut trocknen.

Die warm eingepackten kleinen Skiläufer sind bereit zur Abfahrt!

3 Wickle einen Gummiring um 2 Klammerteile, stich einen Zahnstocher in eine bemalte Wattekugel und dann zwischen die beiden Klammernhälften. Klebe die Verbindungsstelle, damit der Körper zusammenhält.

4 Rolle ein kleines Stück Pfeifenputzer zu einer Bommel für die Mütze des Skiläufers. Klebe sie auf, drücke sie einige Minuten an und lasse sie trocknen.

5 Knote das Ende eines Pfeifenputzers um den Hals des Skiläufers. Bestreiche die Klammern oben mit Klebstoff, wickle den Pfeifenputzer als Pulli um den Körper.

6 Schlinge 2 Stücke Pfeifenputzer für die Arme um den Hals. Klebe Pfeifenputzer als Stiefel um jedes Bein.

7 Klebe die Hände um Zahnstocher, auf die unten eine kleine Moosgummischeibe gesteckt wird. Klebe den Skiläufer auf Bastelhölzer und lege ihm einen Schal um.

Schneekristalle

Material

farbiges Seidenpapier,
Bleistift, Lineal,
Schere, Ziermotiv-Bastelschere

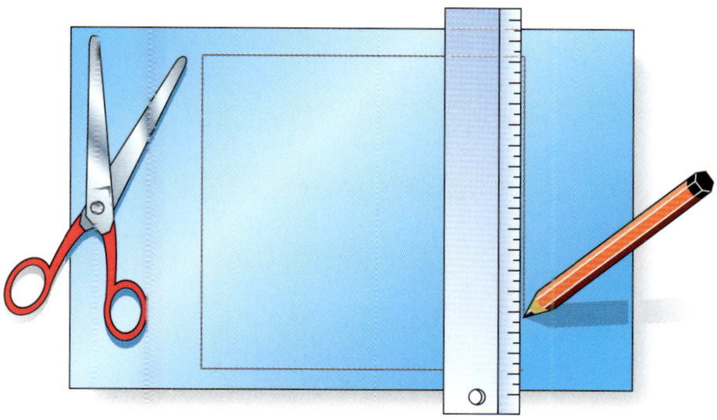

1 Zeichne ein Quadrat von 20 cm Seitenlänge auf ein Blatt Seidenpapier. Schneide es mit der Schere aus.

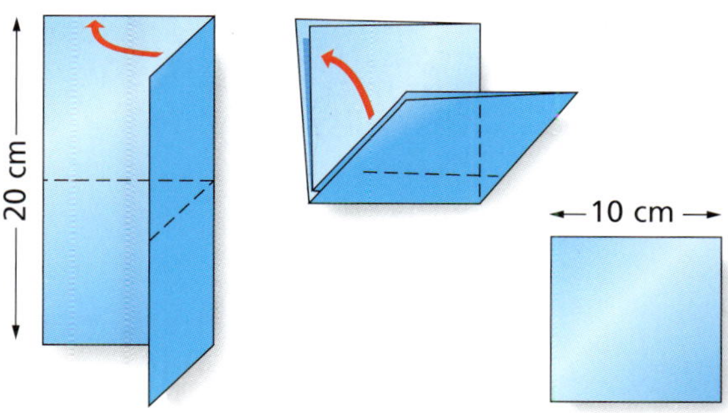

2 Falte das Quadrat in der Mitte und dann noch einmal, sodass sich ein Quadrat mit 10 cm Seitenlänge ergibt.

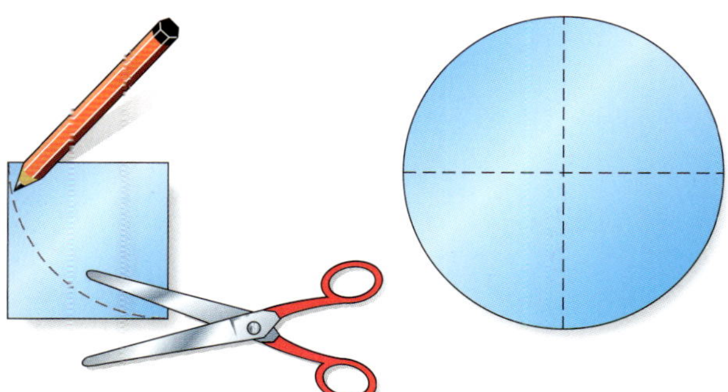

3 Zeichne mit dem Bleistift einen Viertelkreis von Ecke zu Ecke des Quadrats. Schneide ihn mit normaler oder Ziermotiv-Schere aus. Beim Auseinanderfalten erhältst du einen Kreis.

4 Falte den Kreis in der Mitte und dann noch einmal, sodass sich ein erstes Dreieck ergibt. Nun falte erneut, sodass du ein etwa 7 cm breites Dreieck erhältst.

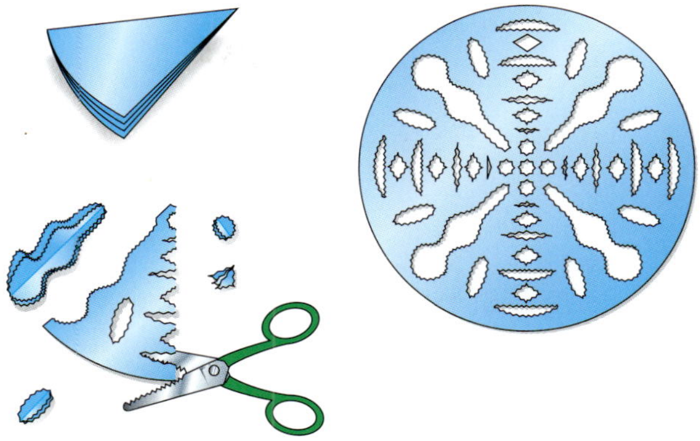

5 Schneide mit der Ziermotiv-Schere das Dreieck von beiden Seiten mehrmals ein und falte es auseinander. Bastle mehrere Schneekristalle und einen Schneemann aus Wattebäuschen für eine Winterlandschaft.

Ein kleiner, weicher Schneemann!

Verzeichnis der verwendeten Materialien

Vorlagen

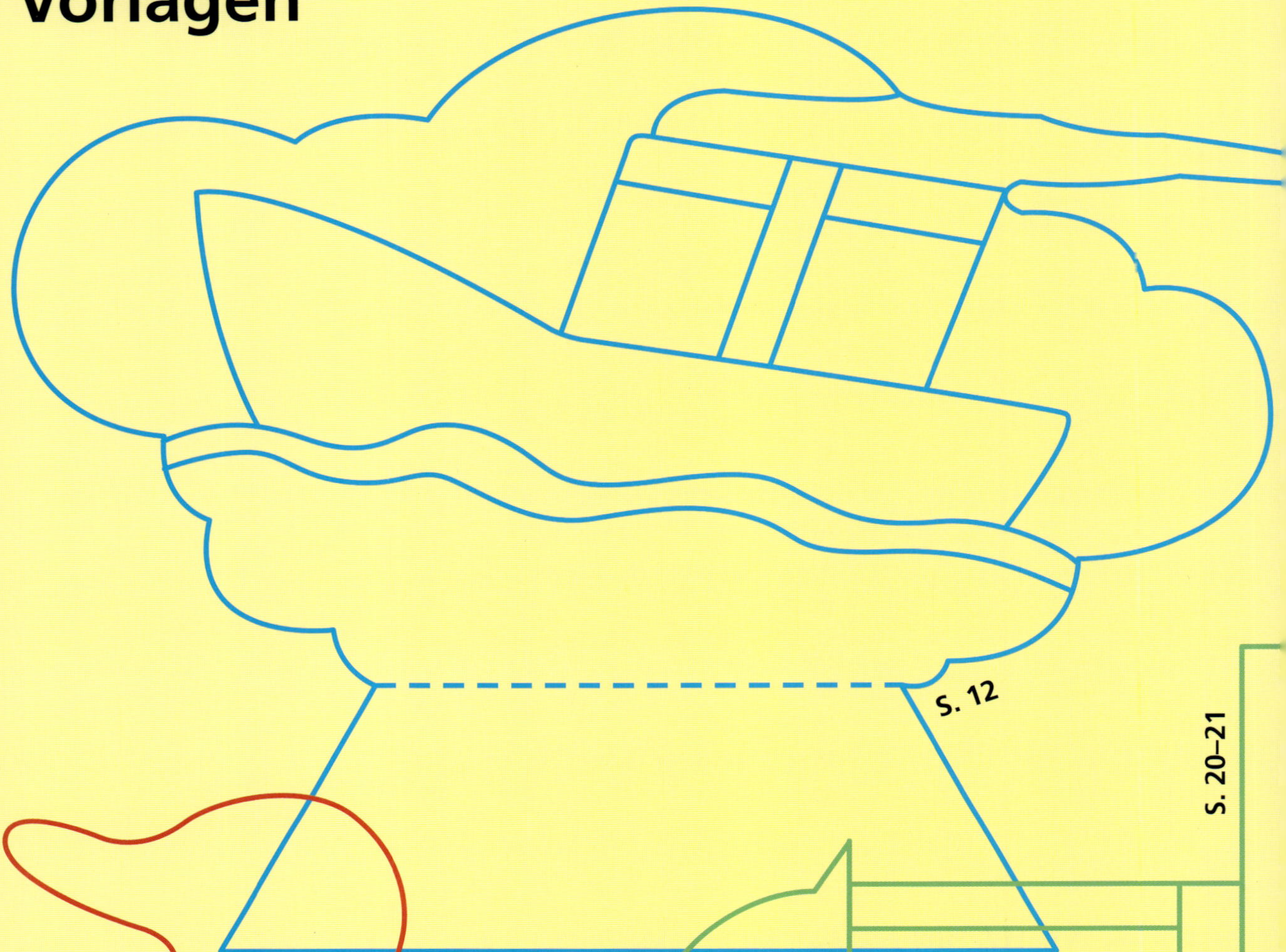

S. 12

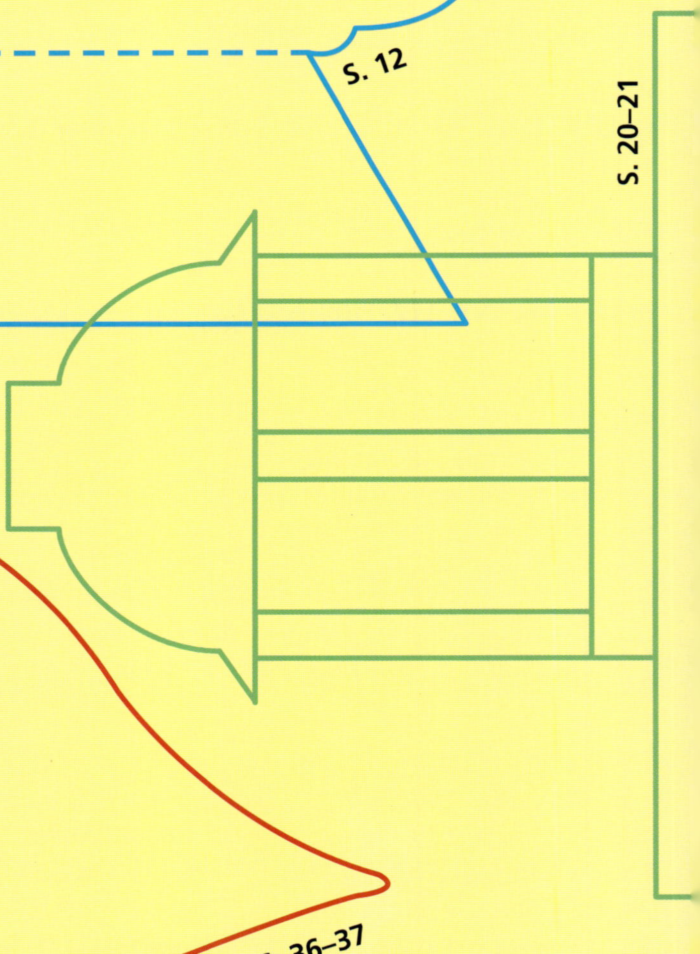

S. 20–21

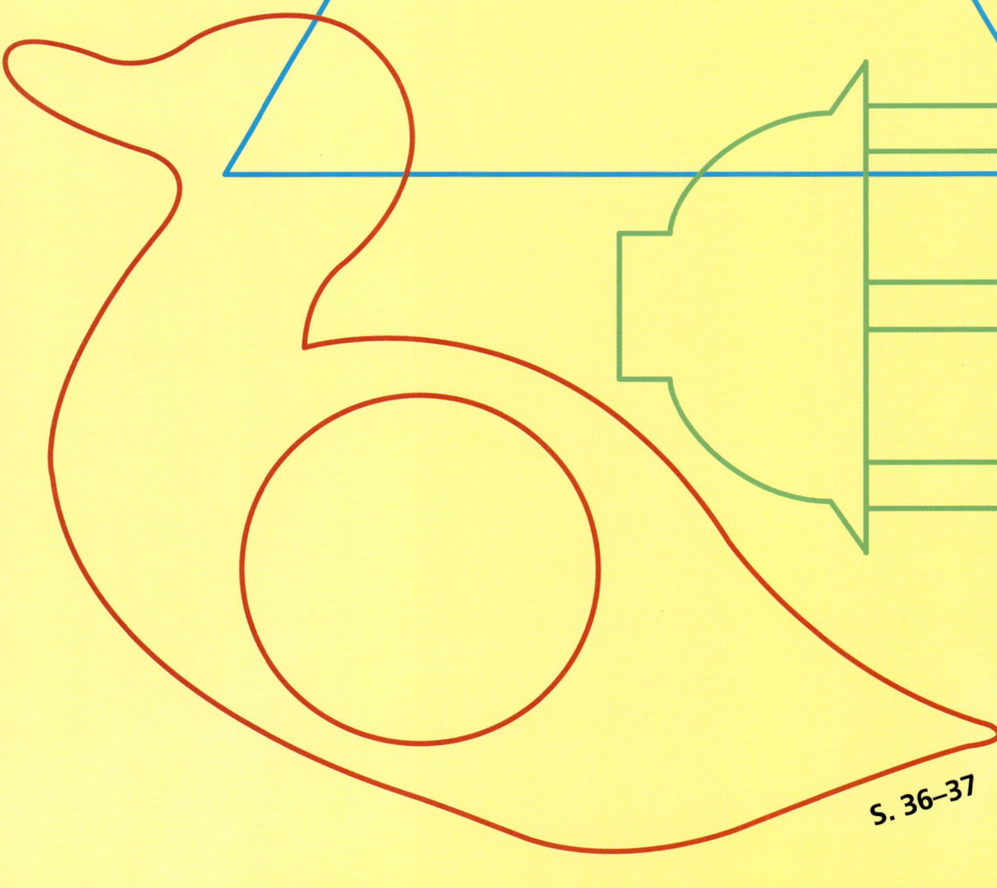

S. 36–37

S. 66–67

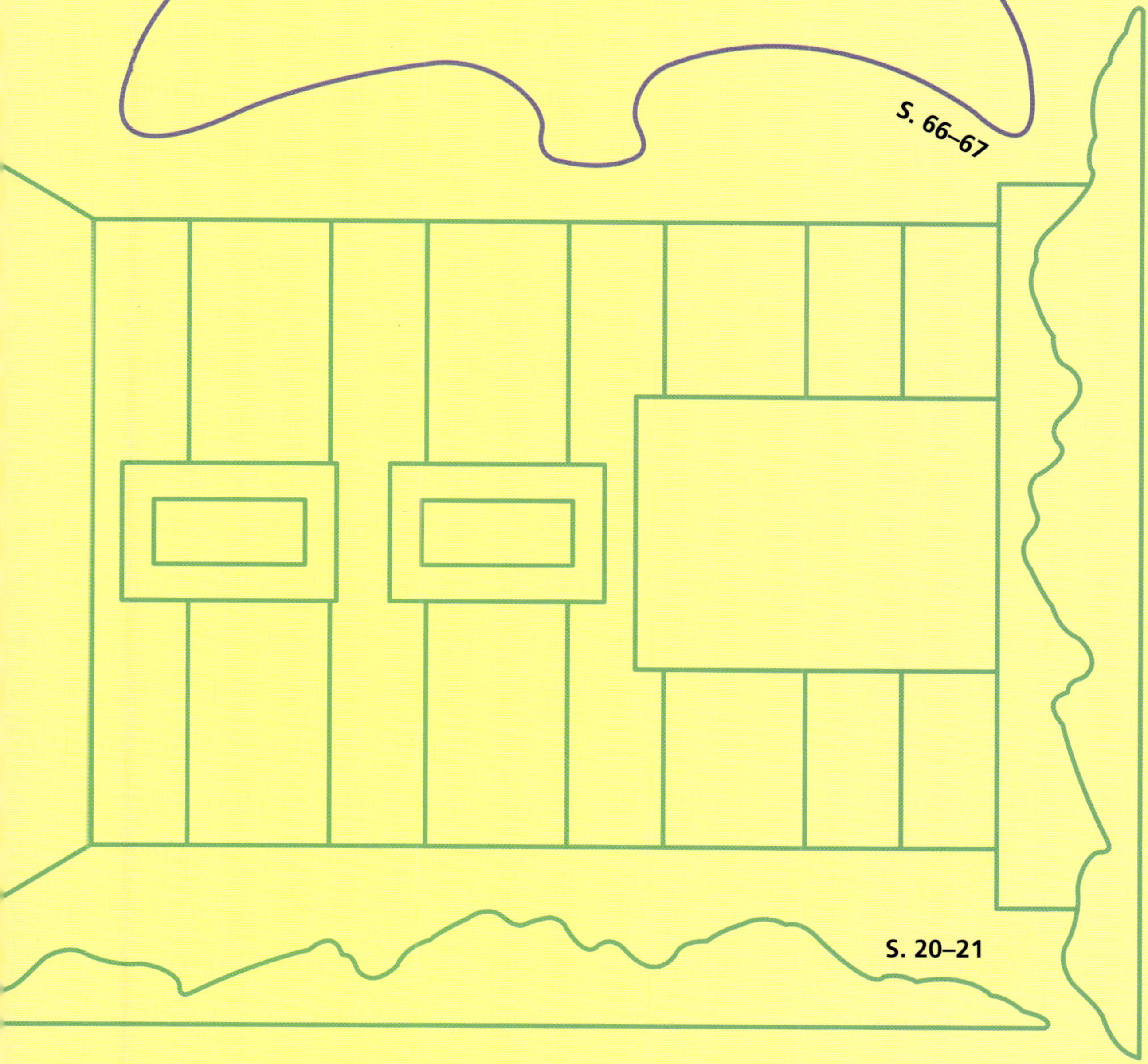

S. 20–21

S. 36–37

S. 58–59

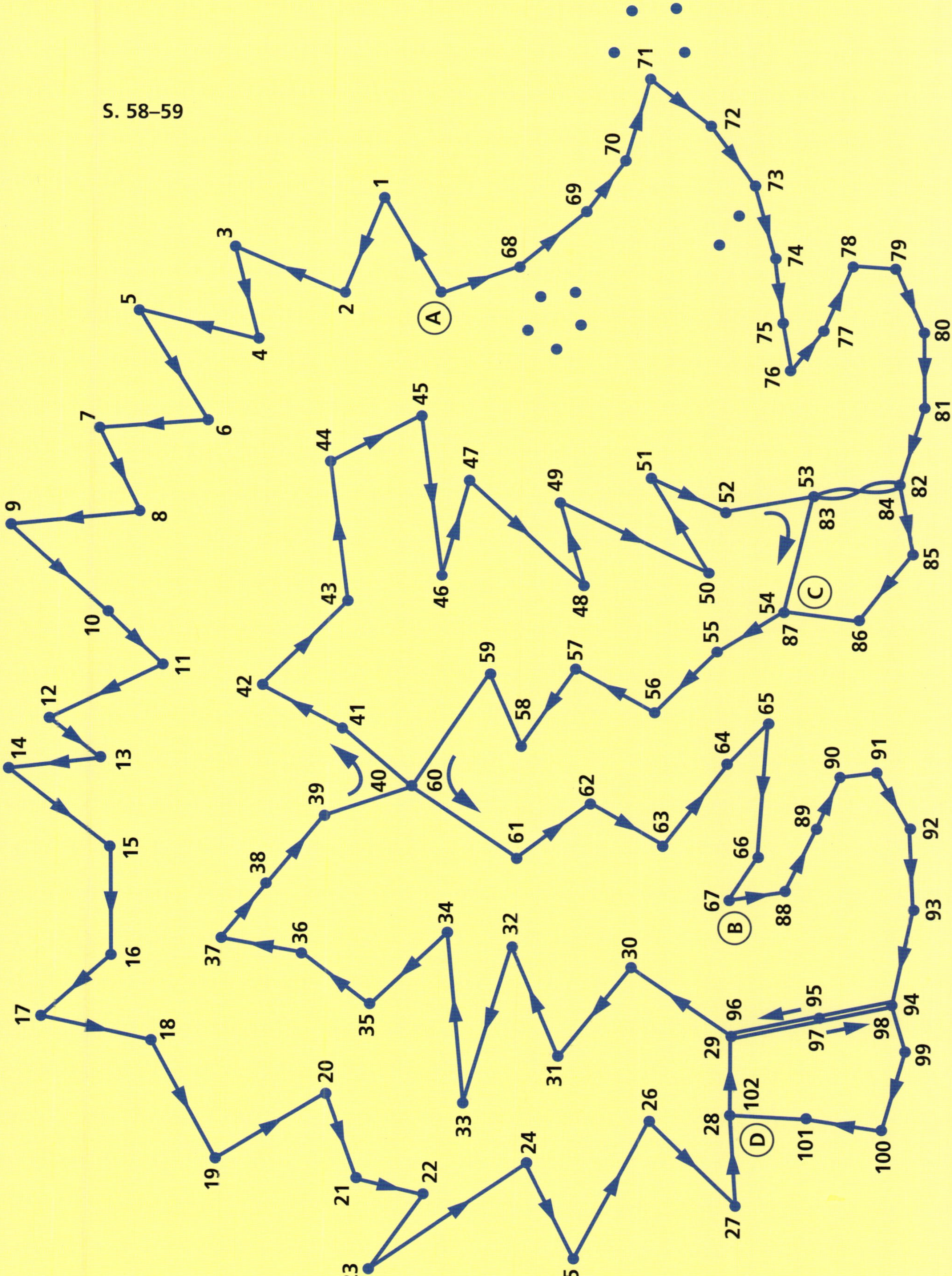
A
B
C
D
1
2
3
4
5
6
7
8
9
10
11
12
13
14
15
16
17
18
19
20
21
22
23
24
25
26
27
28
29
30
31
32
33
34
35
36
37
38
39
40
41
42
43
44
45
46
47
48
49
50
51
52
53
54
55
56
57
58
59
60
61
62
63
64
65
66
67
68
69
70
71
72
73
74
75
76
77
78
79
80
81
82
83
84
85
86
87
88
89
90
91
92
93
94
95
96
97
98
99
100
101
102

S. 60–61

S. 62–63
S. 62–63
zweimal
vergrößern
S. 60–61
S. 86–87

S. 68–69

Die Gesichter für die Vorder- und Rückseite der Eierwärmer auf S. 78–79 sind auf derselben Vorlage abgebildet. Die gestrichelte Linie stellt die untere Haargrenze dar.

S. 78–79

S. 68–69

S. 70–71 und
S. 76–77

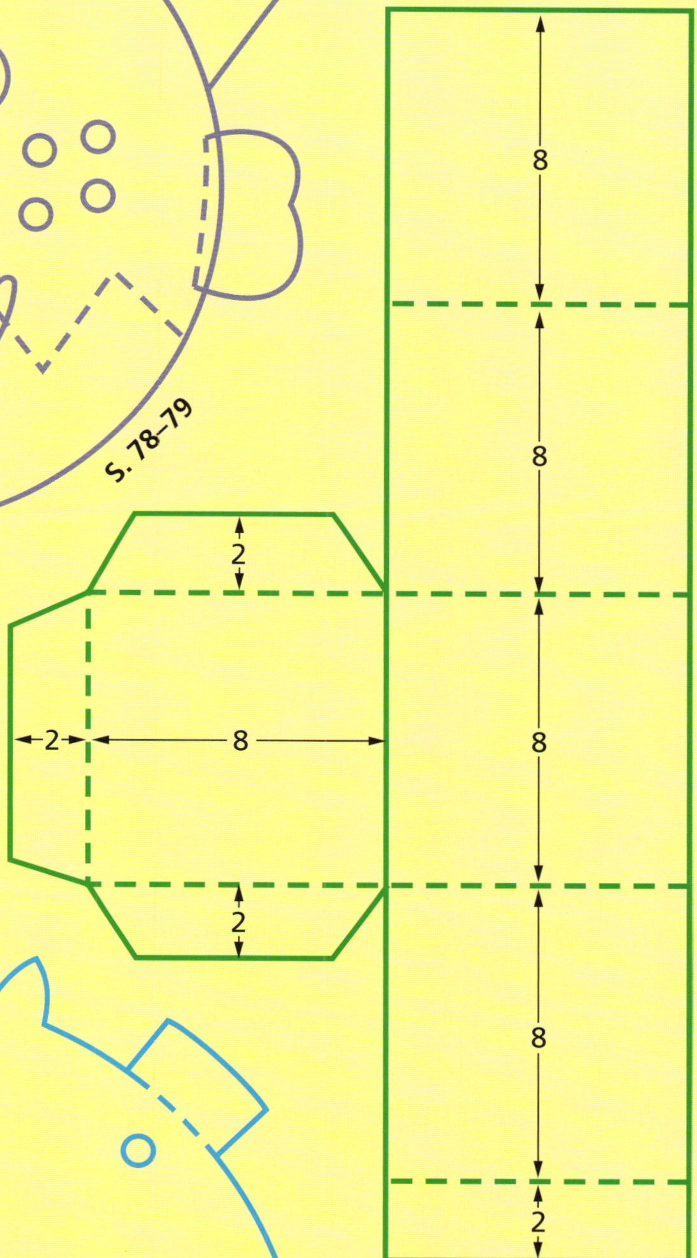

Zweimal vergrößern.
Die Maße sind
in cm angegeben.

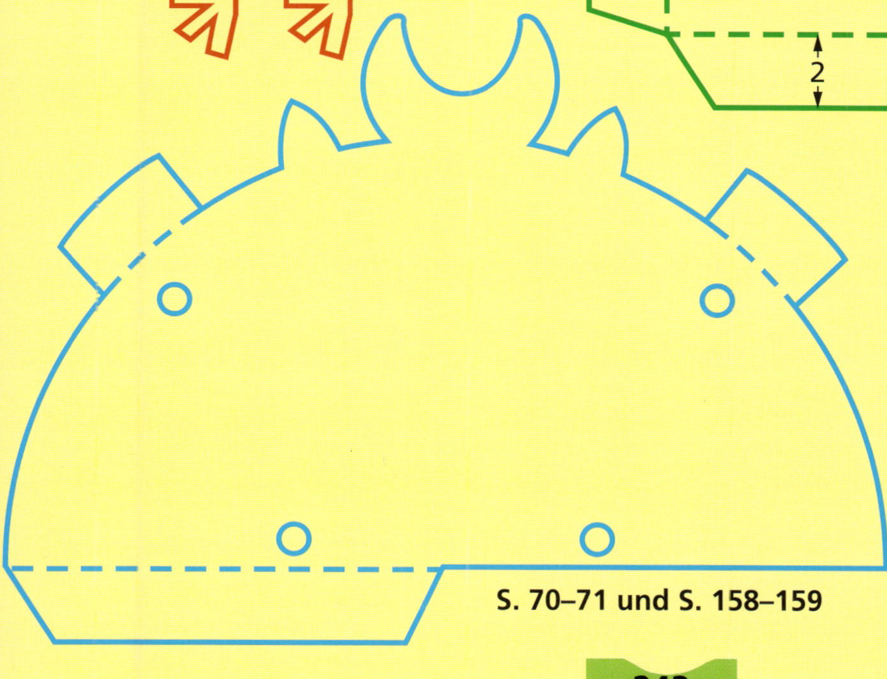

S. 70–71 und S. 158–159

S. 84–85

S. 66–67, 92–93, 204–205, 210–211

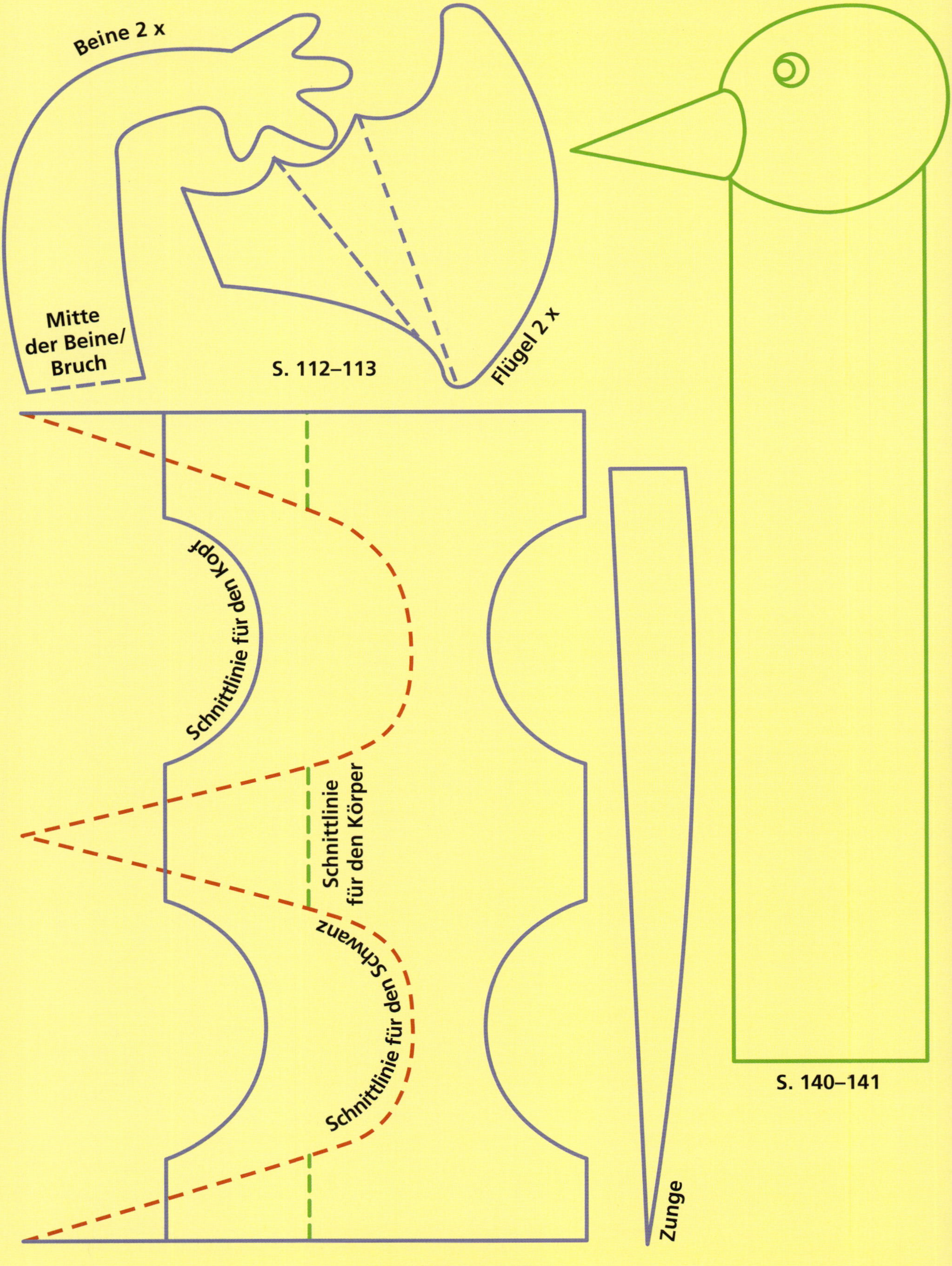

Beine 2 x
Mitte der Beine/ Bruch
S. 112–113
Flügel 2 x
Schnittlinie für den Kopf
Schnittlinie für den Körper
Schnittlinie für den Schwanz
Zunge
S. 140–141

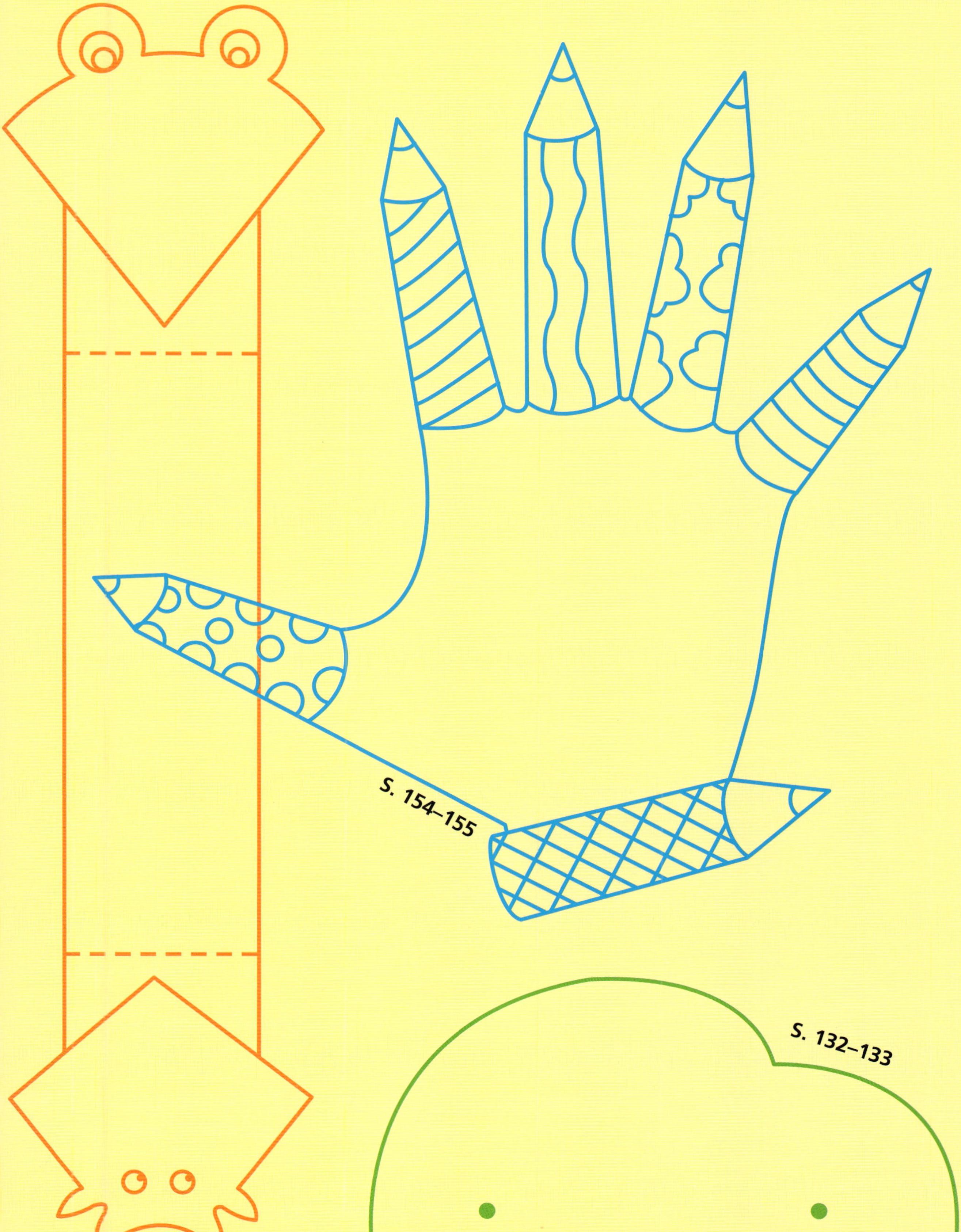

S. 140–141

S. 154–155

S. 132–133

S. 170–171
S. 156–157
S. 154–155
Platz für den Kegel

Mitte der Maske/Bruch
S. 154–155
S. 170–171

S. 172–173
S. 166–167
Mitte des Hasen/Bruch

S. 172–173

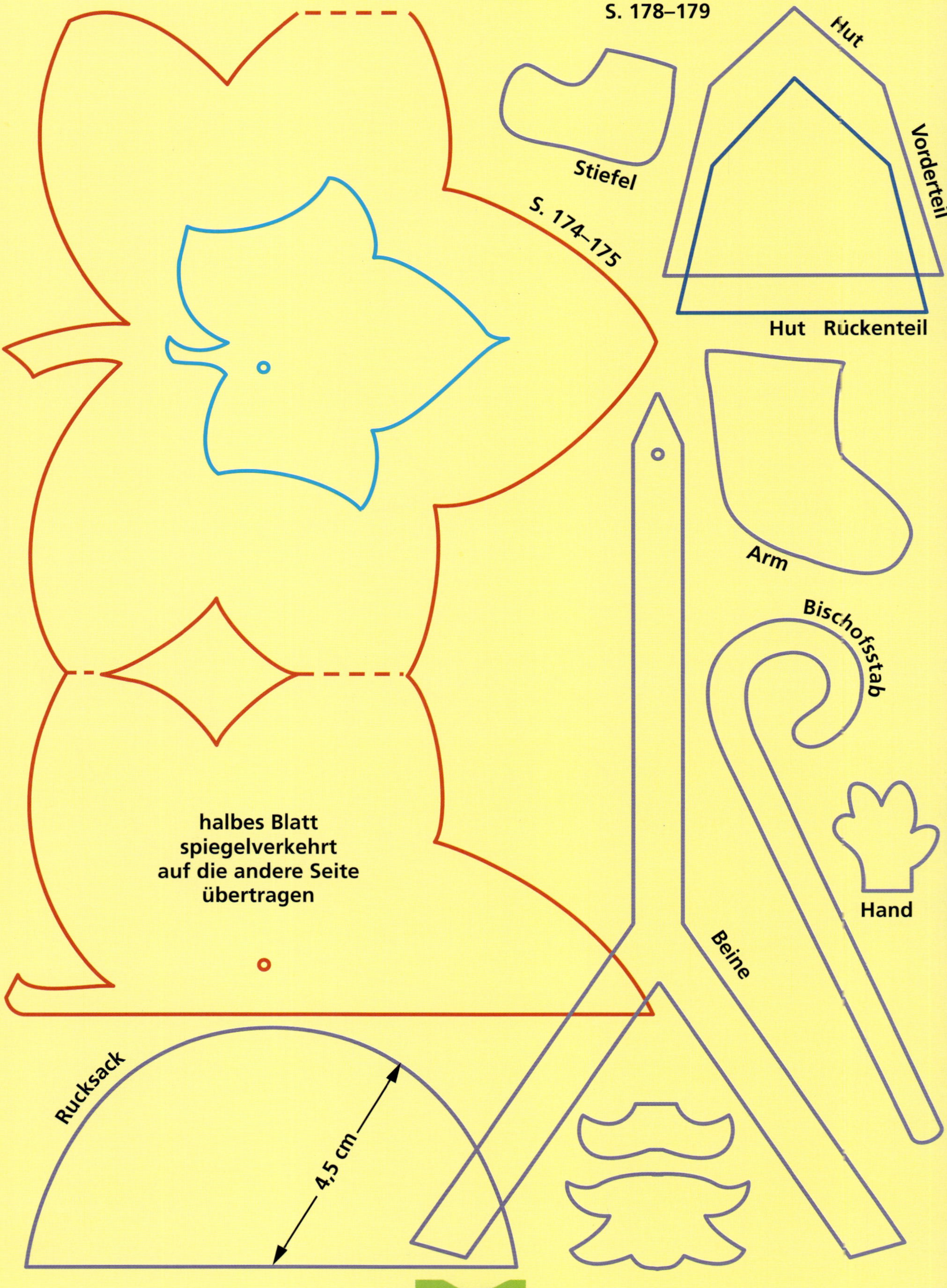
S. 178–179
Hut
Vorderteil
Stiefel
S. 174–175
Hut Rückenteil
Arm
Bischofsstab
Hand
Beine
halbes Blatt
spiegelverkehrt
auf die andere Seite
übertragen
Rucksack
4,5 cm

S. 140–141

S. 200–201

S. 202–203

S. 206–207

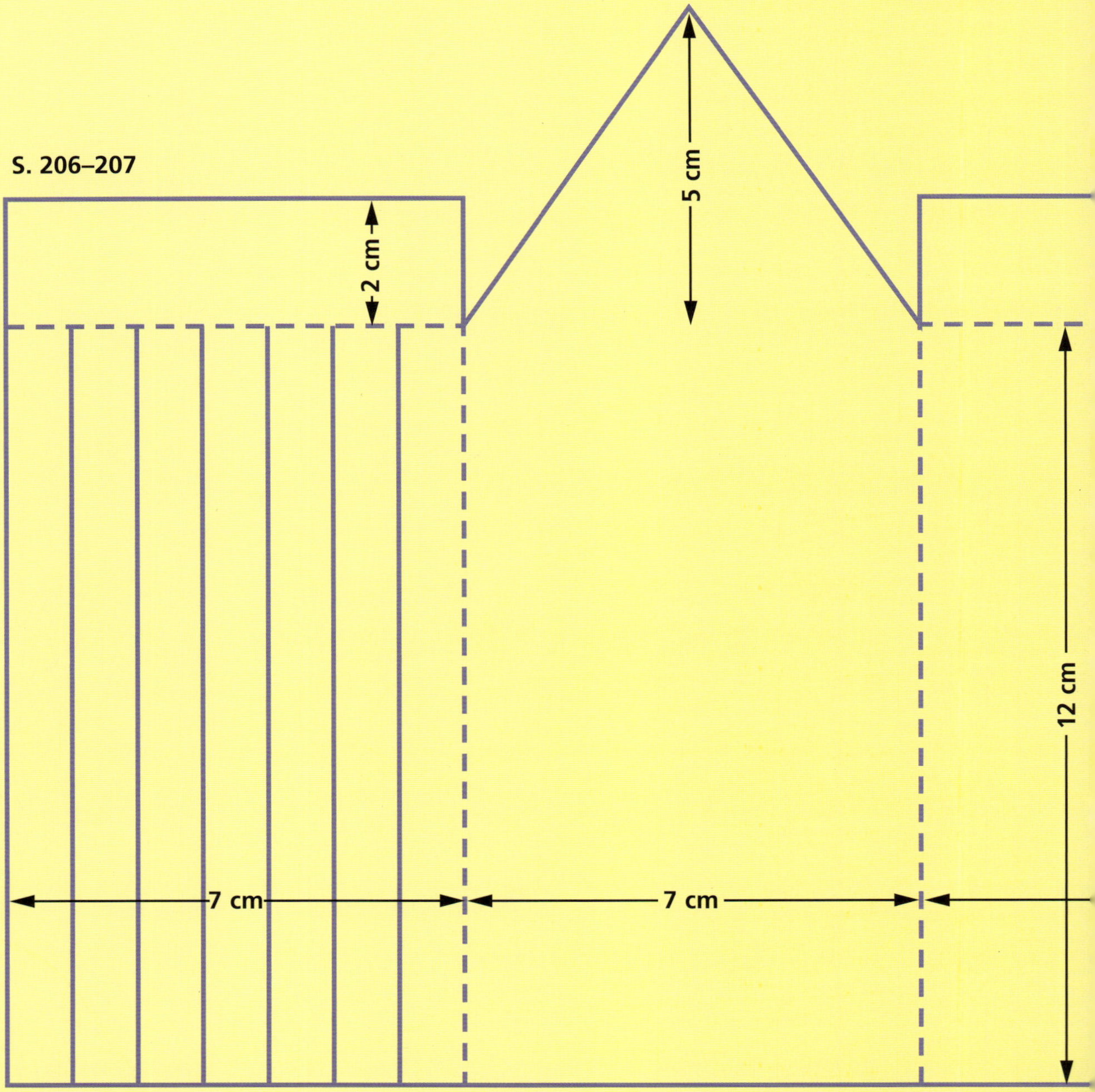

S. 96–97

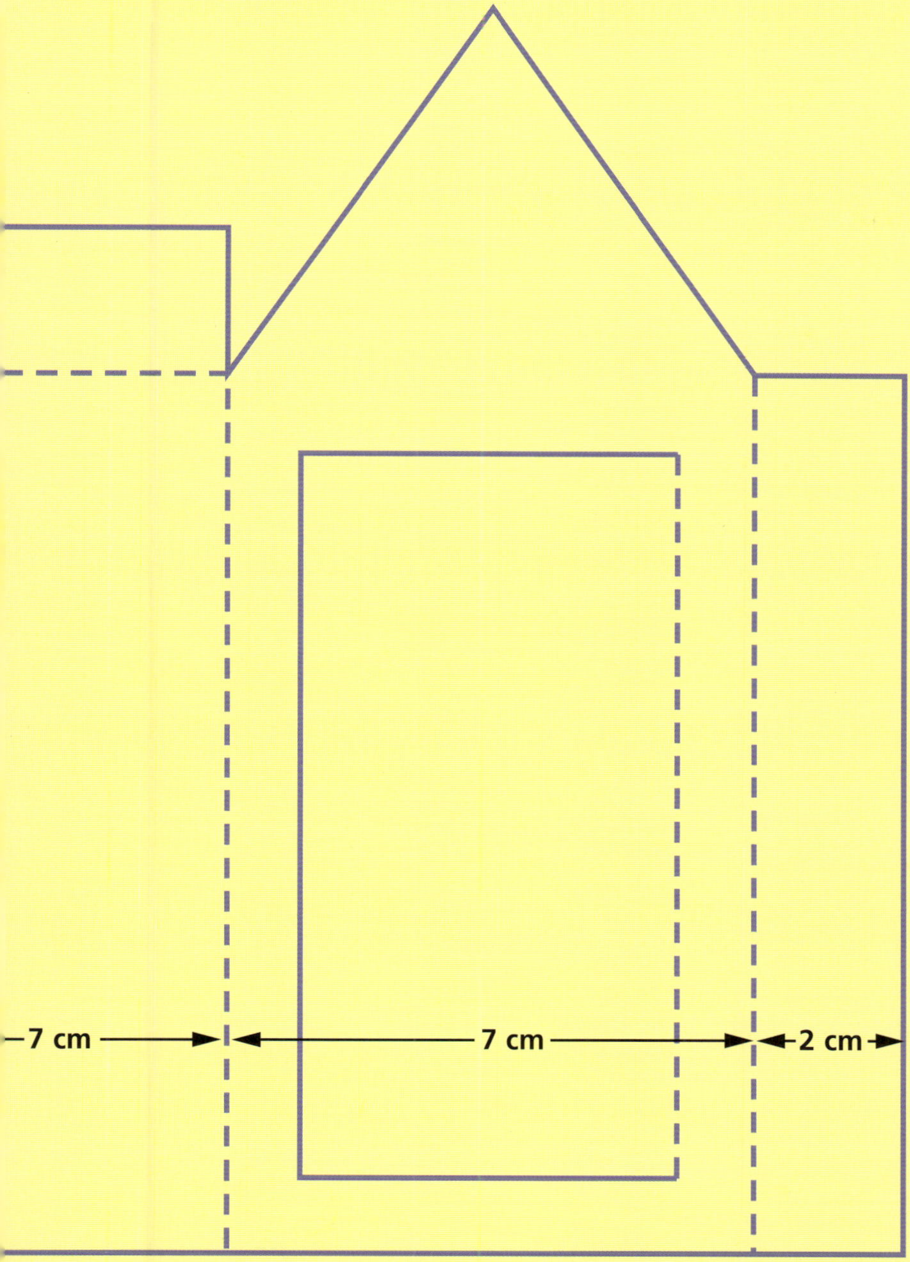

S. 214–215

S. 228–229

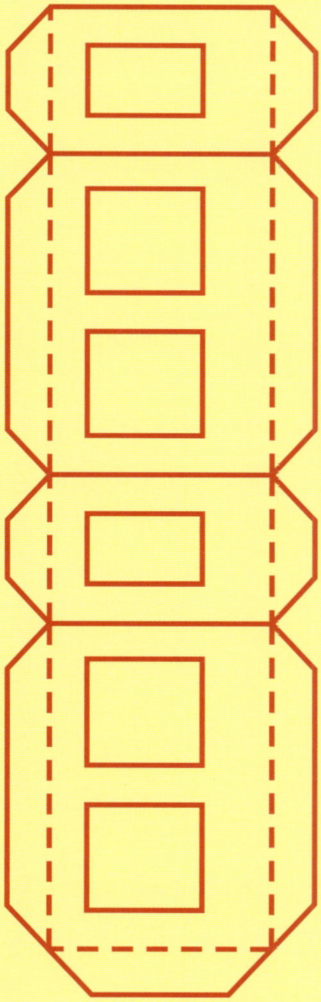

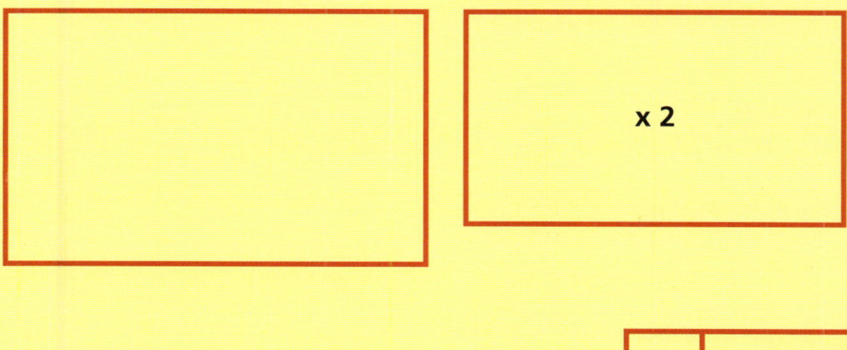

An diesem Buch haben mitgearbeitet:

Bastelarbeiten:

Nathalie Auzemery
Seiten 13, 24–25, 40–41, 46–47, 64–65, 80–81, 116–117, 118–119, 136–137, 168–169, 182–183, 186–187, 188–189, 232–233.

Maïté Balart
Seiten 48–49, 74–75, 94–95, 102–103, 170–171, 184–185, 196–197, 208–209, 216–217, 224–225.

Denis Cauquetoux
Seiten 104–105, 106–107, 112–113, 122–123, 126–127, 132–133, 178–179, 194–195, 228–229.

Marie Chevalier
Seiten 16–17, 28–29, 30–31, 42–43, 50–51, 90–91, 149, 153, 160–161, 164–165, 176–177, 180–181, 192–193, 226–227.

Muriel Damasio
Seiten 82–83, 108–109, 120–121, 124–125, 166–167.

Vanessa Lebailly
Seiten 38–39, 44–45, 58–59, 84–85, 100–101, 110–111, 114–115, 130–131, 172–173, 230–231.

Fanny Mangematin
Seiten 12, 20–21, 62–63, 66–67, 70–71, 76–77, 86–87, 92–93, 96–97, 138–139, 140–141, 150–151, 152, 154–155, 156–157, 158–159, 174–175, 200–201, 202–203, 204–205, 206–207, 210–211, 214–215.

Céline Markovic
Seiten 14–15, 72–73, 218–219.

Natacha Seret
Seiten 18–19, 22–23, 26–27, 32–33, 34–35, 36–37, 54–55, 56–57, 60–61, 68–69, 78–79, 88–89, 128–129, 142–143, 144–145, 146–147, 148, 162–163, 198–199,212–213, 220–221, 222–223.

Illustrationen:

Laurent Biondel, Sandrine Beauvais, Yannick Garbin
Seiten 5, 6–7, 8–9, 36–37, 38–39, 40–41, 42–43, 44–45, 46–47, 48–49, 50–51, 54–55, 56–57, 58–59, 60–61, 62–63, 64–65, 66–67, 68–69, 116–117, 118–119, 120–121, 122–123, 124–125, 126–127, 128–129, 130–131, 132–133, 172–173, 174–175, 176–177, 178–179, 180–181, 182–183, 184–185, 186–187, 188–189, 220–221, 222–223, 224–225, 226–227, 228–229, 230–231, 232–233, 236–237, 238–239, 240–241, 242–243, 244–245, 246–247, 248–249, 250–251, 252–253, 254–255.

Duo Design
Seiten 136–137, 138–139, 140–141, 142–143, 144–145, 146–147, 148–149, 150–151, 152–153.

Gilles Poing
Seiten 22–23, 24–25, 26–27, 28–29, 30–31, 32–33, 34–35, 82–83, 84–85, 86–87, 88–89, 90–91, 92–93, 94–95, 96–97, 154–155, 156–157, 158–159, 160–161, 162–163, 164–165, 166–167, 168–169, 170–171, 192–193, 194–195, 196–197, 198–199, 200–201, 202–203, 204–205 und Entwurf der Piktogramme.

Léonie Schlosser
Seiten 8–9, 12–13, 14–15, 16–17, 18–19, 20–21, 70–71, 72–73, 74–75, 76–77, 78–79, 80–81, 100–101, 102–103, 104–105, 106–107, 108–109, 110–111, 112–113, 114–115, 206–207, 208–209, 210–211, 212–213, 214–215, 216–217, 218–219.

Fotos:
Dominique Santrot

Grafische Gestaltung:
Isabelle Bochot

Umschlag:
Marlies Müller

Redaktionelle Beiträge:
Catherine Talamoni

Aus dem Französischen:
Christiane Schoelzel

Wir bedanken uns bei Loisirs et creations.

Nach den Regeln der neuen Rechtschreibung

© Genehmigte Sonderausgabe für
Tandem Verlag GmbH,
Birkenstraße 10,
D-14469 Potsdam
© Editions Fleurus
Titel der französischen Ausgabe :
ABC Fleurus, Activité Bricolage Création

Alle Rechte vorbehalten

Printed in China

ISBN 978-3-8331-9566-2